KB126531

갈등을 관리하는 방법

갈등에 대처하는
7가지 전략
70가지 전술

갈등을
관리하는
방법

피터 T. 콜먼, 로버트 퍼거슨 지음
김미양 옮김

Making
Conflict
Work

마리북스

갈등, 권력, 변화에 관한 이야기

여러분은 갈등을 얼마나 잘 해결하고 있는가? 직장에서 직속 상사나 다른 부서의 상사, 내가 관리해야 하는 까다로운 직원들을 생각해보라. 그 외에도 갈등을 품고 있는 대상은 많다. 다혈질인 상사, 짜증스러운 직원, 무례하고 요구 사항이 많은 고객, 입사 동기이지만 지금은 나의 부하로 있는 동료, 사이코패스 같은 CEO……

여러분이 점점 나이를 먹는다고 해도, 아무리 직장을 오래 다녀도, 졸음을 꾹 참고 갈등 관리 교육을 받는다고 해도 갈등은 완전히 사라질 수 없다. 세계적인 베스트셀러가 된 온갖 대화법 관련 책이나 인간관계 책들을 보면 좀 나아질까? 그 책들을 수없이 읽는다고 해도 소용없다. 조직에서 먹이사슬의 위아래에 있는 사람들과 문제가 생기면 여러분은 점점 지쳐가다가, 결국은 해결할 수 없다고 느낄지도 모른다. 상사가 모든 카드를 쥐고 멍청이 노릇을 할 때는 어떻게 해야 할까? 정말 의지하는 직원이 끊임없이 징징거리며 힘들게 할 때는 어떻게 해야 할까? 아주 중요한 고객이 기분이 상해서 화를 내면 또 어떻게 해야 할까?

샘은 회사의 조직 개편으로 자신보다 서른 살이나 어린 여성에게 업무 보고를 해야 한다는 소식을 들었다. 그는 조용히 사무실로 가서 속을 끓였다. 샘이 이사벨라를 좋아하고 존중했던 만큼 이 쓰라린 속은 그저 개인적인 감정 때문은 아니었다. 샘은 1980~1990년대에 제조업계에 뛰어들어 베테랑 반열에 올라섰고, 그것을 증명할 만한 산전수전의 상흔도 가지고 있었다. 그러면 무엇 하겠는가. 이제부터는 MBA 과정을 수료한 지 몇 년 되지 않은 누군가의 명령을 받아야 했다. 샘은 이사벨라와 의견이 달라도 재빨리 묵인하고 그 의견에 따랐다. 최대한 접촉을 피하려고 했기 때문이다. 그 결과, 두 사람의 업무 관계는 서로에게 매우 고통스러워졌다.

카를로스는 3억 달러(약 4,000억) 규모의 섬유 회사를 경영하게 된 신임 CEO다. 그는 다른 경영자들과 마찬가지로, 회사가 글로벌 비즈니스에서 더욱 성장하려면 세금 부담을 최대한 줄여야 한다고 판단했다. 수익 배분 방식인 이전移轉가격TP, transfer price 모델을 혁신하면 충분히 가능하다는 사실을 알았다. 이전가격을 책정하는 현행 시스템은 개별 제조 현장에는 유리했지만, 해외 판매에는 사실

갈등을 관리하는 방법

상 불이익을 가져다주는 경우가 많았다. 카를로스는 이전가격 책정에 큰 변화를 주어야 했는데, 강력한 반대에 부딪힐 것은 불 보듯 훤했다.

카를로스는 최고재무책임자CFO, Chief Financial Officer인 토니에게 이전가격 모델을 설계해달라고 요청하고, 다른 사람들의 의견도 들어보라고 제안했다. 토니는 매우 명석하고 그 분야의 지식이 풍부했기에 혼자서도 빠르게 훌륭한 모델을 개발했다. 토니는 상황이 급하게 돌아가자 다급해져서 자기 혼자 개발한 새로운 이전가격 모델을 회사에 배포했다. 조직 전반의 관리자들은 세부 사항을 놓고 실랑이를 벌였으며 곧 갈등에 휩싸이게 되었다. 저항은 예상보다 훨씬 더 컸다. 카를로스는 토니에게 더욱 참여율이 높은 프로세스로 모델을 개발해달라고 요청했다. 그러나 이를 강요하지는 않았다.

카를로스는 "내 리더십이 약했기 때문입니다. 우리는 결국 다시 시작해야 했습니다"라고 회상했다. "토니와 나는 수년간 동등한 관계였습니다. 토니는 훌륭한 두뇌와 강한 의지를 가졌어요. 토니에게 명령을 내릴 권한이 나에게 있는 것은 아니었지만, 그래도 이번에는 내가 토니를 지휘해야 하는 상황이었습니다. 이 계획을 성공시키기 위해 그에게 더욱 협력적인 태도를 취하라고 요구해야 했습니다. 그런데 나는 토니가 혼자서 만든 모델을 발표하는 것을 그저 지켜만 봤지요. 그의 모델은 훌륭했지만, 나는 본능적으로 그 과정이 잘못됐다는 것을 알았는데도 제지하지 않았죠."

갈등과 권력이 결합하면 그 결과는 폭발적이다

갈등, 권력, 변화. 이 중요한 화두 앞에서 자유로울 사람이 얼마나 있을까. 상사, 임원, 규제 당국, 경찰관, 교수, 부모……. 이 세상의 권력자들이라고 할 수 있는 이들과 갈등을 겪게 된다면? 이 책은 그 이야기들을 다룬다. 갈등 상황에서 권력을 가지지 못한 사람들이 만들어낼 수 있는 도전과 기회의 이야기다. 더 나아가서 입사 동기로 같이 출발한 동료가 지금은 나의 상사라면, 또 생각하기도 싫지만 부하였던 직원이 상사가 된다면 어떻게 해야 할까? 권력의 이동으로 새로운 갈등이 만들어졌을 때, 그 상황에서 어떻게 대처해야 하는지도 얘기한다.

갈등은 불길과 아주 비슷하다. 불은 붙으면 커지고 더욱 거세진다. 그로 인한 고통과 손실은 말도 못 하고 돌이킬 수 없는 피해를 가져온다. 갈등은 집중력을 흐트러뜨리고 조직원들이나 구성원들 사이에 거리를 만들어 이탈하게 한다. 그리하여 때때로 우리에게 찾아온 기회를 놓치게 만들고 관계도 파괴한다. 갈등은 대개 사람을 불안하게 만든다. 불안은 다시 불안을 낳아 결국 그릇된 판단으로 상황을 더욱 악화시키기도 한다. 갈등은 시간을 낭비하게 하고 생산성을 떨어뜨린다. 팀워크와 사기를 저해하고, 도둑질이나 태업(사보타주) 같은 비생산적 행동을 증가시키며, 조직원이나 구성원의 신체 건강과 정신 건강을 해칠 수 있다. 그렇게 갈등은 더욱 확

갈등을 관리하는 방법

산된다.

힘은 흔히 에너지에 비유되곤 한다. 이를 두고 물리학자들은 일을 할 수 있는 능력, 즉 일을 완수할 수 있는 능력으로 정의한다. 힘, 즉 권력을 얻기 위해 우리는 온갖 노력을 다한다. 하지만 권력을 가졌다고 해도 늘 유리한 것만은 아니다. 거기에도 함정, 제약, 오해 등이 난무한다. 관계에서 권력과 권위를 가지게 되면 종종 높은 기대, 요구, 의무, 책임이 따르므로 의외로 위축될 수 있다. 이제 막 부모가 된 사람, 사장 혹은 CEO에게 물어보라. 이 사실을 잘 알 수 있다. 물론 권력이 없는 것보다는 있는 것이 훨씬 낫다.

이처럼 갈등과 권력이 결합하면 그 결과는 폭발적일 수 있다.

참으로 안타까운 일이지만, 갈등과 권력은 함께 움직이는 경향이 있다. 사람들은 갈등에 처하면 거의 반사적으로 그 상황, 그 관계에서 누가 힘의 우위에 있는지 바로 인식하게 된다. "이봐, 너는 '내 밑에서' 일하니까 물러서!" 또는 "와, 그렇게 취해버리면 그 입 좀 닥치라는 말도 못 꺼내잖아." 아니면 "나한테 모욕적인 말을 한 번만 더 하면 변호사를 구해 당신이 나를 만난 것을 후회하도록, 다시는 나를 만나지 않게 해달라고 빌도록 만들겠어." 이처럼 갈등은 힘의 차이에 초점을 맞춘다.

마찬가지로 권력의 이동, 힘의 차이는 종종 갈등을 유발한다. 계급 갈등, 인종 갈등, 성별 갈등, 세대 갈등……. 집단과 집단의 갈등은 거의 대부분 권력 때문에 벌어진다. 어떤 불이익을 받는 소수집단이 자신들의 권리를 요구하고자 조직을 구성한다면? 이 또한 결국은 권력의 문제다. 노조 파업도 마찬가지로 권력의 문제다. 직장에서 직급이 강등되면 갈등이 생긴다. 한 사람이 승진하면 이 또한 누군가에게는 시기심과 분노를 불러일으키고, 조만간 갈등으로 드러날 수 있다.

갈등과 권력은 서로 어떤 영향을 미칠까?

갈등과 권력은 서로 어떤 영향을 미칠까? 이 상관관계를 이해해야 갈등을 더욱 효율적으로 관리할 수 있다. 하지만 거의 대부분의 사회에서는 여전히 권력의 차이를 공개적으로 얘기하기 꺼린다. 아니 금기시한다. 더욱이 직장 내 갈등은 대부분 동등한 직급에서 발생하지 않는다. 권력의 서열을 무시하지 못하는 경우가 많기 때문이다. 그런데도 업무 갈등, 협상 계획, 심지어 갈등 관리 교육에 관한 논의가 전무한 실정이다. 많은 관리자가 상사, 고객, 동료, 부하 직원들과 갈등하느라 자기 시간 중 25~40퍼센트를 소모한다. 이런 업무 환경에서는 자연히 갈등 관리에 고비용을 들이게 된다.[1]

이 권력의 금기는 지금 전 세계적으로 우리와 함께 일하는 단체들에서 목격됐다. 유엔이 좋은 사례다. 유엔은 국제 협력과 평화 증진을 사명으로 하는 곳이다. 유엔 지도부와 직원들은 건설적

갈등을 관리하는 방법

인 갈등 해결 방법을 모색하고 업무에 적용해야 했다. 유엔의 인사 HR 부서는 유엔 직원들의 교육 프로그램을 개발하기 위해 컬럼비아대학의 국제협력·갈등해결센터International Center for Cooperation and Conflict Resolution(일반적으로 ICCCR이라고 함)에 연락했다. ICCCR 설립자인 모턴 도이치Morton Deutsch가 창안한 협력적 협상을 기반으로 직원들을 교육하기 위해서였다.

이 교육은 유엔에서 실제로 발생한 사건들을 바탕으로 했다. 참가자들이 세 가지 업무 갈등 시나리오를 가지고 역할 연기를 하면서 협상 스킬을 키우는 교육이었다. 첫 번째 시나리오는 유엔의 한 업무팀에서 발생한 다문화 갈등이었다. 두 번째 시나리오는 두 명의 동료가 공동작업에 대한 책임과 성과를 두고 갈등을 겪는 상황이었다. 여기까지는 괜찮았다. 이 훈련, 특히 역할극은 익숙한 갈등을 생생하게 재현해 기본적인 문제와 원원 협상 원칙을 명확하게 보여줬다. 또한 참가자들은 사무실이나 직책의 '실제 세계'로 돌아가기 전에 자기 기술을 연습하고 다듬을 수 있었다.

그러나 세 번째 시나리오에서 훈련이 중단됐다. 이 시나리오는 유엔에서 흔히 발생하는 상사와 부하 직원 사이의 갈등을 다루었다. 누구랄 것도 없이 이 사례는 협업에 능숙한 참가자들조차 당황하게 만들었고, 강사들에게도 실망감을 안겼다. 상사 역할을 맡은 참가자들은 곧바로 자신의 권위와 평판을 보호하고, 자기 의견을 강력하게 피력하는 명령, 통제 모드로 전환했다. 그들은 경청하는 것도, 아니 경청하고자 애쓰는 것조차 그만두었다. 공감은 현장에서 사라졌다. 협상은 경쟁적인 권력 다툼으로 변질됐다.

부하 직원 역할을 맡은 참가자들은 힘이 미약한 처지에서 무력한 처지까지는 되지 않도록 복종과 경직이라는 이상한 조합을 시도했다. 그들은 무기력하고 수동적인 모습을 보였을 뿐만 아니라 합리적인 해결책도 자동으로 거부했다. 양쪽은 자신들의 입장을 빠르게 정해 파고들었다. 물론 상사가 '이길' 때까지 말이다.

아이러니하게도 이 사건은 단순히 상사의 횡포가 원인은 아니었다. 대체로 양쪽 모두에게 협상할 이해관계가 있었는데도, 이 훈련 시간의 90퍼센트는 상사가 직원의 고충과 불만 사항을 듣는 데 할애됐다. 그러고 나서 상사는 '해야 할 일'을 명분으로 내세워 그 같은 직원의 우려들을 묵살했다. 유엔의 위계질서 속에서 굳어진 수직적 갈등은 참가자들이 헤쳐나가기에 너무도 어려운 것으로 드러났다.

이제 세계는 평평해졌다지만, 대부분의 조직들은 그렇지 않다. 우리는 유엔의 모든 전문직 직원을 대상으로, 그리고 전 세계 문화권에서 교육을 진행하는 동안 이 문제에 직면했다. 하지만 유엔의 인사 담당자들은 이 문제를 언급한 적이 없었고, 이 문제로 고심할 준비도 되어 있지 않았다.

유엔의 역학 관계는 전형적이다. 연구 결과에 따르면, 높은 권력을 가진 사람이 갈등을 겪으면 지배적이고 착취적인 방식으로 행동하는 경향이 강하다.

미국 무역 협상가들을 대상으로 한 다양한 연구, MBA 학생들을 대상으로 한 실험실 연구, 관리자나 상사들을 대상으로 한 설문 조사를 보면 다음 사실을 알 수 있다. 권력이 더 높은 쪽은 갈등과 협상의 상황에서 '명령과 통제command-and-control', '받아들이든 말든take-it-or-leave-it', '받아들이든 고통받든take-it-or-suffer' 방식을 선호한다는 것이다.[2] 이와는 대조적으로, 갈등할 때 권력이 낮은 쪽은 대항 전략을 채택하는 경향이 있다. 복종하는 듯 행동하거나, 유엔 직원들처럼 협조하는 척하거나, 교묘하게 회피하거나, 이념적으로 공격하는 등의 형태이다. 그리고 샘의 경우처럼 권력 이동으로 관계에 변화가 생기면 그와 관련된 모든 사람에게 끔찍한 불안정성을 가져올 수 있다.

업무상 갈등에는 핵심적인 감정의 고리가 있다

갈등 당사자들 사이에는 분명 권력과 권한의 차이가 존재한다. 이 책은 그 차이가 갈등을 관리하는 방법을 근본적으로 변화시킨다는 것을 전제한다. 이미 시중의 베스트셀러들에 나와 있는 통상적 갈등 해결 방법들은 동료와 분쟁을 겪거나 갈등할 때는 매우 유용하다. 협상, 흥정, 문제 해결, 중재, 조정 등등 말이다. 하지만 위아래 지휘 체계가 분명한 관계에서 발생하는 갈등은 완전히 다른 게임이며, 규칙이 바뀌면 전략과 전술도 바뀌어야 한다. 갈등이 발생하기 쉬운 업무 환경이라면, 조직에 정치적인 상황이 존재한다면 이야기는 달라진다. 리더나 관리자, 직원 모두 더욱 다양한 갈등 관리 전략, 전술을 갖추고 있어야 한다. 그래야 더욱 정교하고 효과적으로 활용할 수 있다. 우리는 이를 '갈등 지능conflict intelligence'이라고 부른다.

업무상 갈등에는 핵심적인 감정의 고리가 있다. 관리자와 직원의 눈에는 분명하게 보이지만, 트레이너와 컨설턴트는 놓치기 쉬운 요소다. 비즈니스와 산업에서 갈등은 계산된 전략 게임 같은 실무적 문제이지만, 업무 충돌은 여전히 인간과 연관되어 있다. 이성적인 조직 세계에서도 갈등이 불거지면 감정이 이성을 압도하는 경우가 많다. 힘이 없는 사람들은 동기부여가 떨어지고 좌절감을 느끼며, 때로는 교묘한 형태의 보복과 태업을 행할 수밖에 없도록 몰린다. 학자들은 지금 우리가 감정과 관계에 세심한 관심을 기울이지 못하기 때문에, 갈등을 이해하고 받아들이는 데도 차이를 보인다고 지적한다.

권력 차이에서 오는 갈등을 효율적으로 관리하고, 조직 내에서 갈등으로 소모되는 상당한 에너지를 줄여야 한다. 그 에너지를 중요한 목표를 이루는 데 집중할 수 있도록, 이 책은 다양한 연구와 사례를 토대로 유용한 지침을 제공한다. 컬럼비아대학 연구실에서

갈등을 관리하는 방법

15년 이상 수행한 실증적 연구, 세계적인 조직과 단체에서 실시한 테스트를 바탕으로, 복잡미묘한 업무 갈등 관리에 필요한 전략과 기술, 그리고 이를 뒷받침하는 획기적인 통찰력을 제공한다. 갈등 해결 분야에서 가장 권위 있는 실증 연구들을 통합하고, 여러 관리자와 경영진의 인터뷰와 조직 내 사례들도 활용했다.

세계적으로 인정받는 갈등 해결 전문가인 피터 T. 콜먼은 컬럼비아대학의 티처스 칼리지Teachers College와 지구 연구소The Earth Institute의 심리학 및 교육학 교수다. 그는 ICCCR과 '협력, 갈등, 복잡성에 관한 상위연구모임AC4, Advanced Consortium on Cooperation, Conflict, and Complexity'을 이끌고 있다. 콜먼은 사회적 권력과 건설적 갈등을 주제로 수십 년간 연구하면서 광범위한 저술 활동을 해왔고, 뉴욕주 공인 중재자이자 숙련된 컨설턴트이기도 하다.

로버트 퍼거슨은 20년 이상 심리학자이자 경영 코치로 활동하며 경영진, 관리자, 기업가들이 갈등을 해결하고 개인과 팀에 효과적으로 영향을 미치도록 돕고 있다.

그리고 콜먼과 퍼거슨 두 사람은 엄격한 대학 학문과 현장의 통찰력을 결합해, 업무 갈등을 위기에서 기회로 만드는 아이디어, 단계별 방법, 기술 구축 훈련을 제공한다.

보통 업무 갈등 연구라고 하면 암울한 이야기를 많이 담고 있다. 하지만 갈등은 효과적이고 창의적이며 혁신적인 조직을 만드는 데 도움이 되는 면도 있다.[3] 건설적인 갈등 협상은 조직 내 리더십, 의사 결정, 자원과 위험 관리의 질을 향상시킨다고 밝혀졌다. 심지어 실적의 순이익을 높이고 직원들의 관계를 더욱 돈독하게 만들기도 한다.

그렇다면 업무 갈등이 성과 향상, 혁신, 관계 개선보다는 불만과 번아웃을 유발하는 결정적 요인은 무엇일까? 두 명 이상이 함께 일하는 조직에서 근무해본 적 있는 사람이라면 누구나 고민하는 문제다. 식당, 학교, 위생 부서, 다국적기업 등 모두 다 해당된다.

갈등이 플러스 요소로 작용하게 하려면?

갈등이 여러분에게 마이너스가 아니라 플러스 요소로 작용하게 하려면 어떻게 해야 할까? 이 책은 거기에 초점을 맞추고 있다. 틀에 박힌 사고와 행동 습관을 버리고, 사회생활을 하면서 매일 부닥치는 다양한 종류의 갈등에 민첩하게 적응하고 대처하는 방법을 안내한다. 그런데도 이렇다 할 해결책을 찾지 못하면 그럴 때는 또 어떤 일들을 해야 하는지도 알려준다.

여러분은 회사에서 자신에게 권력을 행사하는 사람과 갈등을 겪게 되면 어떻게 할 것 같은가? 그에게 굴복하거나 비위를 맞춰 직장을 지키고 싶은 마음이 클 것이다. 그런데 종종 권력이 높은 사람이 '지기도' 한다. 부하 직원과 의견이 충돌해 분쟁이 일어날 때도 마찬가지로 까다롭기 때문이다. 자신에게 정작 필요한 것은 얻지 못하고 시간만 낭비한다. 부하 직원의 성난 요구를 들어주느라 많은 에너지만 소비할 뿐 갈등으로 얻는 소득은 하나도 없는 꼴이다.

왜 그럴까? 망치를 가지고 있으니 망치를 사용했기 때문이다. 갈등이 생겼을 때 권력을 가진 사람들은 기본적으로 요구하고 통제한다. 이는 리더의 리더십을 손상한다. 갈등 지능을 갖춘 관리자와 직원은 다르게 대응한다.

어느 중견 제조 회사의 CEO인 라파엘은 2009년 대불황에 맞닥뜨렸다. 그는 회사 예산을 긴축하는 방안을 만들기 위해 중간 관리자들로만 여러 태스크 팀을 꾸렸다. 자원을 삭감하면 갈등이 일어날 것이나, 그러지 않으면 경제가 위축되는 상황에서 치명적일 수도 있었다.

라파엘은 우선 여러 경영진과 논의해 몇 가지 비용 절감 목표를 세웠다. 그런 다음, 여섯 팀을 구성해 3개월 안에 2,800만 달러(약 372억 원)를 절감할 방법을 찾으라고 지시한 후 한발 물러나 있었다. 물론 비용 절감과 관련한 비즈니스 사례를 제시하고, 목표 수치를 수립하고, 태스크 팀들에 적절한 리소스를 제공했다. 이후 그는 주간 요약 보고만 받았을 뿐, 더 구체적인 지시를 내리지 않았다.

그는 "내게는 독단적으로 결정할 권한이 있었습니다"라고 말했다. "경제 위기 때문에 필요하다고 주장할 수도 있었죠. 하지만 나는 그러고 싶지 않았습니다. 독재 정권에서는 겉으로 드러나는 갈등이 적을지 모르지만, 숨겨진 갈등과 소극적·공격적 저항은 끔찍합니다. 갈등을 불러일으키는 어려운 결정을 내릴 때 적응력을 발휘해야 한다고 배웠습니다. 내가 모든 결정을 내리고 싶지는 않습니다. 다른 사람들도 책임을 지길 기대한다면 경계를 설정한 다음, 시간을 충분히 주고 기타 필요한 자원도 제공해야 하지요."

태스크 팀들은 원래 목표했던 12주보다 빠른 9주 만에 과제를 완수했다. 절감 목표도 2,800만 달러에서 200만 달러(약 26억 원)나 초과 달성했다.

라파엘은 "솔직히 2,500만 달러(약 332억 원) 절감을 원했지만 2,800만 달러 절감으로 목표를 늘려 잡은 것이죠"라고 인정한다. "그리고 나는 24개월 후에 그 절감액을 실제로 보고 싶다고 말했습니다. 우리는 15개월 만에 그 성과를 확인했습니다. 나는 태스크 팀들이 올바른 절감 방안을 찾을 수 있다고 확신했지만, 그보다 더욱 절실한 게 있었습니다. 바로 이런 어려운 결정에 그들이 얼마나 헌신적인 마음으로 임하는가였죠. 나는 그런 헌신을 끌어내기 위해 그들이 기꺼이 경기에 참여해 마음 놓고 뛸 수 있는 경기장을 제공했을 뿐입니다."

위대한 지도자인 넬슨 만델라Nelson Mandela는 많은 모순을 지닌 사람이었다. 마을 추장의 아들로 태어난 만델라는 권위에 대한 존

갈등을 관리하는 방법

경심을 키웠다. 그러나 그는 남아프리카공화국의 친아파르트헤이트 당국에는 맞서서 수십 년 동안 끈질기게 싸웠다. 지역 추장이자 군주의 고문이었던 아버지 가들라 헨리 음파카니스와^{Gadla Henry Mphakanyiswa}가 늘 합의를 거쳐 의사 결정을 내리는 모습을 보고 배웠다. 만델라는 경청하고, 격려하고, 협력하고, 연합하는 법을 터득했다. 한편 그는 권투 선수와 재판 변호사로 매일 몇 시간씩 몸과 마음을 갈고닦았다. 절제할 줄 아는 더욱 강인하고 압도적인 힘을 길러 집요한 투사로 성장했다.

몇 년 후 만델라는 아프리카민족회의^{ANC, African National Congress}의 지도자가 되어 비폭력이라는 핵심 가치를 공유했다. 그는 비협조와 시민 불복종의 대가로 전국적인 대규모 행진과 재택 시위를 무수히 조직했다. 이런 전략들이 실패해 거리에서 정부군의 잔인한 폭력과 마주하자 그는 지하로 숨어들었다. 2년 동안 칩거하면서 당의 무장 지부를 설립하고 군사 전략, 군수, 사보타주, 게릴라전을 연구했다.

하지만 만델라는 선견지명이 있었는지 사람이 아닌 사물을 폭력의 대상으로 삼았다. 국가를 통치 불능의 상태로 만들자면, 인간에게 폭력을 쓰기보다 에너지망, 교량, 통신탑과 같은 사물을 파괴하는 것이 훨씬 효과적이었다. 그렇게 하면 남아프리카공화국 국민들과 국제사회에 소외되지 않고, 그 여파도 덜 심각했다. 그는 본능적으로 이를 간파했던 것이다.

만델라는 이후 로벤 섬에 수감되어 27년 동안 정치범으로 복역했다. 감옥에 갇혀 있는 동안 그는 주짓수 전술을 발전시켰으며, 당국의 규칙과 법을 이용해 자신의 낮은 지위를 지렛대로 삼아 당국을 무력화하는 방법을 터득했다. 그는 교도소 안내서를 연구하고 규칙들을 외운 다음 한 구절 한 구절 인용해, 폭력적인 교도관들의 행동을 통제하는 데 사용했다. 또한 많은 교도관과 조용히 친분을 쌓았다. 그들의 개인적인 사정과 자녀 이름까지 알고 지내는 사이로 발전했다.

결국 아프리카너(남아프리카공화국에서 아프리칸스어를 제1언어로 쓰는, 보통 네덜란드계 사람) 정부가 석방 조건을 타진해왔다. 그때 만델라는 끈질기게 협상에 임했다. 협상 와중에 정부가 잉카타자유당Inkatha Freedom Party 정적들에게 무기를 제공해 만델라의 정당인 아프리카민족회의를 붕괴시키려까지 했는데도 만델라의 태도는 달라지지 않았다. 그 사실을 알고 나서도 만델라는 협상 테이블에 남아 있기로 결정했다. 드디어 1990년, 만델라는 남아프리카공화국 대통령에 당선됐다. 만델라는 피해를 입고 분열된 조국의 모든 국민을 통합하고자 손을 내밀며 진정으로 위대한 인간의 연민과 우아함, 자비를 몸소 보여주었다.

아파르트헤이트에 대항해 수십 년간 투쟁하며 통합된 민주적 다민족 남아프리카공화국으로 나아가는 여정이었다. 만델라는 의장이자 권투 선수, 비폭력 운동가이자 폭력 무장 투사, 권한을 위임받은 수감자이자 공세에 시달리는 대통령이기도 했다. 그는 자신이 처한 이런 모순적인 상황마저도 모두 자신의 역량과 전략으로 활용했다. 그에게는 급변하는 세상에 적응하고 세상을 더 나은 곳으로 바꾸기 위해 이 모든 도구가 필요했다. 리더십을 발휘하는 데도 필요했다. 오바마 대통령은 만델라 추모식에서 "만델라가 이룬 업적 중에서 필연적인 것은 아무것도 없었다"라고 말했다.

새로 부임한 이사벨라에게 보고하라는 지시를 받은 제조 회사의 40년 경력 베테랑인 샘의 이야기를 다시 한번 보자. 여러분도 물론 기억하시겠지만, 샘은 처음에는 이사벨라를 피하거나 달래려고 할 수 있는 모든 노력을 다했다. 다행히 이사벨라는 샘이 변화를 받아들이기란 얼마나 어려운 일인지 감지했다.

이사벨라는 자신이 새로운 직책을 맡게 되었지만, 팀 전체의 성공을 위해서는 샘의 지식과 경험이 필요했다. 그에게 이 상황을 분명히 밝히며 다가갔다. 이사벨라는 샘의 결정을 무시하지도, 무엇을 해야 할지 지시하지도 않았다. 대신 그의 말을 주의 깊게 경청하고, 많은 문제를 심도 있게 논의했다.

시간이 지나자 샘은 이사벨라의 노력을 높이 평가하고 다시 참여했다. 그는 40년 동안 쌓아온 업무 지식과 비즈니스 통찰력을 발휘하고 공유했다. 이는 이사벨라가 환영하는 자원이었고, 샘은 자기 전문성을 보상받을 수 있었다. 실제로 두 사람은 훌륭한 호흡을 자랑하며 부서의 성과를 공식적으로 인정받았다.

리더와 관리자부터 사원까지 조직의 상하를 막론하고 모든 직원이 이미 검증된 전략과 기술을 활용해 갈등이라는 위험 과제를 헤쳐나갈 수 있다. 많은 조직이 '더 평등하고' '더 민주적인' 조직이 되려고 노력한다. 직원들이 더 높은 목표를 세우고 더 큰 가치를 지향하도록 리더십을 발휘해 더욱 '혁신적'인 조직을 만들고자 노력하는 시대다. 시대의 흐름은 분명 이러한데, 아직도 여전히 너무 많은 조직이 근면, 성실을 강조하고 창의성을 억누르며 분노를 조장한다. '우리 조직은 이미 완벽한 조정을 거쳤다.' 경영진이 이 같은 착각에 빠져 있으면 조직은 계층 갈등에 갇히게 된다.

이런 갈등은 종종 정보의 흐름, 문제 해결, 혁신, 조직 적응, 사기士氣, 심지어 생존까지 저해한다. 오늘날의 조직들은 급변하는 환경에 유연하게 대응해야 한다. 그렇게 하려면 정보, 아이디어, 의견을 위로도 아래로도 공유해야 한다. 서로 신뢰하고 창의성을 존중하는 분위기가 필요하다. 위협적인 요소도 조금은 필요하다. 이와 함께 갈등을 잘 헤쳐나갈 수 있는 적응력도 필요하다.

이 책은 모든 직급에 있는 리더들의 고민에 해답을 제시한다. 조직에서 벌어지는 갈등과 권력을 탐색하는 데 필요한 지도를 제공한다. 연구를 토대로 드러난 여러 권력-갈등의 함정도 설명한다. 권력-갈등은 때때로 조직에 활기를 불어넣기도 하지만 역시 위험하기도 하다. 위험한 조직 내 권력-갈등의 불길을 돌리려면 7가지 기본 전략이 유용하다. '자비, 지지 구축, 지배, 회유와 순응, 자율성, 적응, 저항'이 바로 그것이다. 이런 전략들에 통달하려면, 갈등이 발생했을 때 자신의 대응 방식과 그 결과를 좌우하는 요인을 평가해보는 것이 좋다. 이 책에서는 여기에 필요한 자기평가 도구, 조직평가 도구, 갈등 관리 역량 개발 체크리스트 등도 제공한다.

차례

머리말 갈등, 권력, 변화에 관한 이야기   5

1장 │ 갈등과 권력의 본질

> 사람들 사이에 존재하는 상대적 힘의 차이   32
> 우리가 세워놓은 무의식적 권력 이론   44
> 권력에 접근하는 방식   48
> 하드 파워, 소프트 파워, 스마트 파워   54
> 일차 권력과 이차 권력의 구분   56

2장 │ 권력-갈등의 함정들

> 감정이 갈등을 지배한다   60
> 하향식 권력-갈등의 함정   67
함정 1. 권력병에 들게 한다 | 함정 2. 권력에 취해 초낙관주의에 빠진다 | 함정 3. 다른 사람들을 안중에 두지 않는다 | 함정 4. 자기 힘을 과신해 상대방을 얕본다 | 함정 5. 규칙은 강자를 위한 것이라고 믿는다 | 함정 6. 명령하고 통제하려 든다 | 함정 7. 야망으로 눈이 멀어버린다 | 함정 8. 권력감의 소용돌이에 휩싸인다

> 상향식 권력-갈등의 함정　78

함정 1. 지레 머리를 숙인다 | 함정 2. 낮은 기대에 갇혀버린다 | 함정 3. 상대적 무력감으로 폭발한다 | 함정 4. 쉽게 분열되고 정복당한다 | 함정 5. 상사와 평등하다고 착각한다 | 함정 6. 피해자 의식에 사로잡힌다 | 함정 7. 무력감의 소용돌이에 휩싸인다

> 동등한 권력-갈등의 함정　88

함정 1. 갈등 교착상태에 빠져버린다 | 함정 2. 지위와 권력을 유지하기 위해 지지 않으려 한다 | 함정 3. 영역 다툼에 매달린다

3장 | 갈등 지능

> 7가지 기본 갈등 상황　96
> 7가지 갈등 관리에 필요한 7가지 사고방식　106
> 나는 갈등에 어떻게 대응하는가?　113
> 7가지 사고방식을 전략화해 갈등 적응력을 키우는 법　118
> 지능적 갈등 행동의 6가지 기준　123

4장 | 실용적 자비 전략

> 함께하는 협력적 권력　126
> 무엇이 갈등에 자비로워지도록 만들까?　129
> 자기평가 | 나는 갈등에 자비로운 리더일까?　133
> 조직평가 | 자비 전략이 통하는 조직에서 일하고 있을까?　136
> 자비롭되 실용적이어야 할 6가지 이유　139
> 지배력을 동원해야 할 때도 있다　142

> 실용적으로 자비를 실천한다는 것   145

> 10가지 자비 전술   149

전술 1. 권력의 파이를 확대하라 | 전술 2. 긍정적 감정을 적립하라 | 전술 3. 반대를 해야 한다면 천천히 하라 | 전술 4. 여러분의 팀도 여러분과 함께 책임 지게 하라 | 전술 5. 예스를 대답으로 받아들이지 마라 | 전술 6. 갈등처럼 느껴지지 않도록 갈등 프레임을 다시 짜라 | 전술 7. 통제권을 내려놓고 옳아야 한다는 강박에서도 벗어나라 | 전술 8. 협력할 수밖에 없도록 만들어라 | 전술 9. 은밀한 갈등을 감지하면 콜롬보처럼 움직여라 | 전술 10. 권력은 갈등 후 회복을 위해 사용하라

> 자비 전략을 위해 꼭 알아야 할 것들   174

☑ 실용적 자비를 위한 역량 개발 체크리스트   176

5장 | 지지 구축 전략

> 권력 장악 관계에서 권력 공유 관계로   180

> 무엇이 갈등 중에도 지지하게 만들까?   184

> 자기평가 | 나와 갈등하고 있는 리더를 얼마나 지지하는가?   187

> 조직평가 | 지지 전략을 사용하기 좋은 조직인가?   190

> 갈등 속에서도 지지해야 할 6가지 이유   193

> 서로 지지하는 관계로 발전하려면 시간이 필요하다   196

> 효과적으로 지지한다는 것   198

> 10가지 지지 구축 전술   200

전술 1. 긍정적인 관계로 만들어라 | 전술 2. 갈등 협상을 위한 초기 조건을 주의 깊게 구축하라 | 전술 3. 비공식 네트워크를 구축하라 | 전술 4. '우리' 문제로 만들어라 | 전술 5. 문제 말고 여러 가지 해결책을 가져가라 | 전술 6. 평화로운 영향력 캠페인을 벌여라 | 전술 7. 전문 영역에서 영향력을 발휘하라 | 전술 8. 최대한 빨리 갈등 교착상태에서 벗어나라 | 전술 9. 권력자에게서 얻고 싶은 게 있다면 똑같이 주어라 | 전술 10. 리더의 사소한 결점과 치명적 결점을 구분하라

> 지지 구축 전략을 위해 꼭 알아야 할 것들   224

☑ 지지 구축을 위한 역량 개발 체크리스트   226

6장 | 건설적 지배 전략

> 갈등을 강력하게 헤쳐나가야 할 때   230

> 갈등이 생기면 무엇이 지배력부터 행사하게 만들까?   234

> 자기평가 | 갈등 상황에서 얼마나 지배하려 드는가?   238

> 조직평가 | 얼마나 지배적인 환경에서 일하는가?   241

> 건설적 지배력을 행사해야 할 6가지 이유   244

> 거짓 순응이 조직의 생존을 위협한다   247

> 현명하게 지배력을 발휘한다는 것   250

> 10가지 지배 전술   252

    전술 1. 권위를 명확히 세워라 | 전술 2. 하드 파워를 완충해주는 소프트 파워를 키워라 | 전술 3. 직원들을 면밀하게 모니터링하라 | 전술 4. 지배권을 위임하라 | 전술 5. 첫수부터 지배력을 발휘하라 | 전술 6. 집단 의사 결정을 체계화하라 | 전술 7. 권력의 기반을 넓혀라 | 전술 8. 점진적으로 지배력을 강화하라 | 전술 9. 유능한 지배자 주위로 보호막을 쳐라 | 전술 10. 강경한 태도를 취하라

> 지배 전략을 위해 꼭 알아야 할 것들   274

☑ 건설적 지배를 위한 역량 개발 체크리스트   276

7장 | 전략적 회유와 순응 전략

> 고압적·독단적 권력자에게 굴복할 수밖에 없을 때   280

> 무엇이 권력 앞에서 회유하고 순응하게 만들까?   285

> 자기평가 | 권력자와 갈등하면 순응부터 하는가?   287

> 조직평가 | 얼마나 회유하고 순응해야 하는 조직인가?   290

> 전략적으로 회유하고 순응해야 할 6가지 이유   293

> 무력감도 부패한다   295

> 효율적으로 회유하고 순응한다는 것   297

> 10가지 회유와 순응 전술   301

전술 1. 자신을 억압해도 일단 달래줘라 | 전술 2. 괴롭히는 사람에게 오히려 친근하게 다가가라 | 전술 3. 투명인간이 되어 감시를 피하고 시간을 벌어라 | 전술 4. 독재적인 상사가 자신에게 의존하게 만들어라 | 전술 5. '노!'보다 '예스!'라고 더 자주 말하라 | 전술 6. 상사에게서 천사의 모습을 이끌어내라 | 전술 7. 인맥을 활용해 상사를 압박하라 | 전술 8. 갈등 상황을 재구성하고 새로운 가능성을 제시하라 | 전술 9. 수동 공격적 전술들은 은근하게 행사하라 | 전술 10. 허락받는 것은 '잊어도' 사과하는 것은 잊지 마라

> 회유와 순응 전략을 위해 꼭 알아야 할 것들   318

☑ 전략적 회유와 순응을 위한 역량 개발 체크리스트   320

8장 | 선택적 자율성 전략

> 자율성 행사의 타이밍, 상대방이 나를 더 필요로 할 때   324

> 무엇이 갈등 스트레스 없이 자율적으로 일하고 싶게 만들까?   329

> 자기평가 | 갈등 속에서 얼마나 자율적으로 행동하는가?   331

> 조직평가 | 자율성을 지향하는 조직에서 일하는가?   334

> 선택적 자율성으로 갈등에 대응해야 할 6가지 이유   337

> 지나친 자율성은 승진을 방해한다   339

> 효과적으로 자율성을 행사한다는 것   341

> 10가지 자율성 전술   343

전술 1. 탁월한 가치를 제공하라 | 전술 2. 독립적으로 일할 수 있는 전문가가 되어라 | 전술 3. 경쟁에서 벗어나 틈새시장을 찾아라 | 전술 4. 정중하게 독립을 선언하라 | 전술 5. 목표에 도움이 되지 않는 일은 피하거나 미뤄라 | 전술 6. 게이트키퍼를 구하라 | 전술 7. 일단 행동하라 | 전술 8. 목표에 어긋나면 우회로를 이용하라 | 전술 9. 때로는 정해지지 않은 길로도 가라 | 전술 10. 다음 출구에서 내릴 준비를 하라

> 자율성 전략을 위해 꼭 알아야 할 것들   363

☑ 선택적 자율성을 위한 역량 개발 체크리스트   365

9장 | 효과적 갈등 적응력 전략

> 변화에 적응해야 살아남는다   370

> 갈등 적응력=적응력+성실성+피드백   373

> 무엇이 갈등 속에서 적응력을 발휘하게 만들까?   376

> 자기평가 | 자연스럽게 갈등에 적응할 수 있는가?   378

> 조직평가 | 얼마나 적응적인 환경에서 일하는가?   381

> 갈등에 적응해야 할 6가지 이유   384

> 적응력을 발휘해 갈등에 대처한다는 것   386

> 10가지 갈등 적응력 전술   388

전술 1. 상대방에게 맞는 전략들을 혼합하라 | 전술 2. 현재 상황을 흔들어라 | 전술 3. 시스템을 바라보라 | 전술 4. 현재에 적응하며 건설적인 내일로 나아가라 | 전술 5. '셔틀 외교'를 실천하라 | 전술 6. 경쟁 상대에게서도 적응력을 배워라 | 전술 7. 부드럽게, 그러나 자기 중심을 잡고 움직여라 | 전술 8. 직간접적 방법을 모두 동원해 더 큰 이익에 집중하라 | 전술 9. 팀워크로 함께 적응력을 향상하라 | 전술 10. 하이브리드 적응 전략을 새로 개발하라

☑ 갈등 적응력을 위한 역량 개발 체크리스트   415

10장 | 원칙적 저항 전략

> 저항과 혁명, 갈등에 대처하는 마지막 선택   420

> 무엇이 저항을 불러일으키는가?   426

> 자기평가 | 얼마나 저항심을 타고났는가?   430

> 조직평가 | 조직이 저항할 수밖에 없게 만드는가?   433

> 원칙적 저항을 고려할 필요가 있는 6가지 이유   436

> 만성적 저항은 자신을 고립시킨다   438

> 갈등에 효과적으로 저항한다는 것   440

> 10가지 저항·혁명 전술   442

설득 전술 1. 상대방의 이익에 호소하라 | 설득 전술 2. 도덕적 가치에 호소하라 | 설득 전술 3. 그냥 거부하라 | 설득 전술 4. 더 크게 말하라 | 설득 전술 5. 더 널리 알려라 | 권력 전술 6. 자기 힘을 모아라 | 권력 전술 7. 동맹과 지원군을 모아라 | 권력 전술 8. 권력자의 규칙을 역이용하라 | 권력 전술 9. 조직적 비협력을 통해 권력자의 권력을 줄여라 | 권력 전술 10. 권력을 쟁취하라

> 저항 전략을 위해 꼭 알아야 할 것들   457

☑ 원칙적 저항을 위한 역량 개발 체크리스트   458

맺음말 5단계 갈등 관리   461

부록 갈등 지능 목표 설정과 갈등 계획 설문지   470

미주   475

1장

갈등과
권력의 본질

사람들 사이에 존재하는
상대적 힘의 차이

갈등은 본질적으로 나쁜 것이 아니다. 갈등은 삶의 전반에서 발생하는 지극히 자연스럽고 당연한 현상이다. 갈등은 서로 다른 이해관계, 주장, 선호도, 신념, 감정, 가치, 아이디어 또는 진실이 충돌할 때 일어나는 일이다.

갈등은 불안을 유발하기도 하므로 사람들의 극단적인 반응을 불러일으킬 수 있다. 갈등에 지나치게 사로잡혀 항상 갈등을 일으키거나, 갈등을 극도로 두려워해 어떤 대가를 치르더라도 갈등을 피하려 할 수 있다. 지나치게 형식적이거나 경직된 방식으로 접근하거나, 즉흥적이고 엉성하게 대응할 수도 있다. 되도록 빨리 갈등을 극복하고 싶어 하는 사람들이 있는 반면, 갈등을 고수하며 오래전의 불만까지 떠올려 되새기는 사람들도 있다. 어떤 사람들에게 갈등은 전략을 가지고 계획적으로 접근해야 하는 게임이나 과제다.

갈등을 관리하는 방법

또 다른 사람들에게는 지극히 개인적이고 감정적인 경험이다.

갈등은 좋지 않다는 인상이 강하지만, 적절히 잘 활용하면 긍정적인 역할을 한다. 갈등이 잘 해결되면 사람들은 만족감을 느끼고, 그 경험을 기반으로 배우거나 혁신할 수 있으며, 결과적으로 더욱 가까워질 수 있다.

그러나 갈등은 또한 파괴적이고 고립감을 느끼게 한다. 갈등이 제대로 해결되지 않으면 사람들은 불만, 좌절감, 억울함을 느끼고 분노와 소외감에 휩싸인다. 직장에서는 업무 만족도와 팀 만족도를 떨어뜨리고, 사고를 경직시키며, 심리적 불만과 번아웃을 증가시킨다.[1] 부부 갈등도 심해지면 면역 체계가 손상되고, 관상동맥 칼슘 수치(심장 질환의 위험 요인)가 높아지며, 상처가 잘 아물지 않고 감염에서 느리게 회복되는 것으로 밝혀졌다.[2] 갈등이 계속되고 해결할 수 없다고 느껴지기 시작하면 불행해진다.

수십 년 동안 갈등을 연구하면서 우리는 끊임없이 한 가지 질문에 대한 해답을 갈구했다. '왜 어떤 갈등은 끔찍한 파국을 맞는 반면, 어떤 갈등은 아주 원만하게 잘 해결될까?' 이는 세계에서 가장 영향력 있는 사상가들이 평생 고민한 주제이기도 하다. 손자孫子, 아리스토텔레스Aristoteles, 카를 마르크스Karl Marx, 지크문트 프로이트Sigmund Freud, 쿠르트 레빈Kurt Lewin, 메리 파커 폴릿Mary Parker Follett, 마하트마 간디Mahatma Gandhi, 마틴 루서 킹 주니어Martin Luther King Jr., 넬슨 만델라, 모턴 도이치 등이 대표적이다.

　보통 그 해답은 두 가지 맥락에서 구할 수 있다. 바로 사람과 장소다. 사람의 성격, 인생사, 감수성(민감성), 기질, 성별, 교육, 문화적 교육, 언어, 충동 조절 수준, 기타 특성 등이 어우러져 갈등에 대응하는 방식에 영향을 미친다. 갈등이 일어나는 장소의 문화적인 양식과 가치, 법률, 당국이나 기타 제삼자의 존재, 만연된 폭력, 관습과 예법, 온도 등도 갈등이 어떻게 전개될지에 영향을 미친다.

　하지만 그보다 사람과 장소, 이 두 가지 요소가 서로 어떻게 작용하는가가 더욱 중요하다. 예를 들어, 고향에서 교통경찰과 충돌했다고 상상해보자. 또 팔레스타인 요르단강 서안지구에 있는 검문소의 국경 순찰대원과 충돌했다면? 이때 여러분이라면 어떤 반응을 보였을 것 같은가? 그리고 충동적이고 변덕스러운 동료가 같은 상황에 처했다면 어떻게 대응할지 비교해보자. 갈등이 어디로 치달을지는 갈등 중인 사람들이 가진 성격도 많은 영향을 미친다. 성격에 따라 그 상황에 어떻게 세부적으로 대처할지가 결정된다.

　수십 년 동안 사회과학자들은 연구실과 현장에서 갈등의 승패 연구를 계속해왔다. 갈등 해결의 열쇠를 쥔 사람과 환경의 측면들을 연구하며 바쁜 나날을 보냈다. 그 과정에서 우리는 갈등의 본질에 대해 많이 알게 되었다. 그리고 갈등의 성격과 결과에 아주 중요한 영향을 미치는 몇 가지 요인이 있다는 사실을 발견했다.

갈등을 관리하는 방법

우리 연구실에서는 전문 갈등 중재자 149명을 대상으로 설문 조사를 실시했다. 갈등 관리 전략과 결과에 영향을 미치는 여러 갈등의 유형에는 어떤 중요한 차이가 있는지 규명하려는 것이었다. 그들에게 최근 갈등을 중재한 경험들을 최대한 자세히 설명해달라고 했다. 그 중재가 잘 진행됐든 안 됐든 무슨 일을 했는지, 왜 그랬는지, 결과는 어땠는지 알려달라고 말이다. 그들의 응답을 분석한 결과, 갈등 과정과 결과는 다음 세 가지 주요 요소에 가장 큰 영향을 받는다는 사실을 발견했다.

| 갈등 강도 | 엄밀히 말하면 갈등 강도는 갈등을 해결하는 데 필요한 에너지 요구량과 같다. 갈등은 견디기 쉬운 갈등, 관리하기 쉬운 갈등부터 도무지 해결의 실마리조차 보이지 않는 갈등까지 다양하다. 분쟁 당사자들 사이에 있었던 모든 일, 감정 수준, 갈등 기간, 갈등의 복잡성, 그 관련 우려 사항이나 이슈의 중요성, 관련자들의 신원(인종, 계층, 성별 포함)…… 이런 요소들이 갈등과 관련 있는지 포괄적으로 파악한다. 갈등 강도가 낮으면 불안, 불합리, 극단적인 행동을 덜 유발하며 분쟁 당사자들의 논쟁적인 반응도 적어진다. 결과적으로 에너지가 덜 든다.

| 갈등 구조 | 갈등 구조는 (갈등을 인식하는 방식이 아니라) 갈등과 관련된 실제적이고 객관적인 목표를 나타낸다. 갈등의 목표는 협

력적인 윈윈win-win(통합이라고도 함. 분쟁 당사자들이 동일한 근본적 관심사를 공유함)부터 경쟁적인 윈루즈win-lose(제로섬이라고도 함. 분쟁 당사자 A가 목표를 달성하는 유일한 방법은 분쟁 당사자 B가 지는 것뿐임)까지 다양할 수 있다. 예를 들어, 부모가 사춘기 아들의 통금 시간을 두고 다툴 수 있지만, 근본적으로 두 사람 모두 아들의 건강과 안전을 우려하는 공통의 관심사를 공유한다. 하지만 이혼하는 부부가 공동재산을 누가 가질지를 놓고 다투는 경우, 갈등 구조는 더 경쟁적이다. 갈등이 경쟁적일수록 더 강경하고 논쟁적이며 상대방을 제압하려는 반응을 이끌어낸다. 또한 갈등이 더 쉽게 확대되어 훨씬 파괴적인 패턴을 초래한다.

| 갈등 투명성 | 갈등이 겉으로 드러나는 정도를 말한다. 개인적인 관계나 일적인 관계나 서로 투명성이 떨어질수록 갈등의 원인이 되는 경우가 많다. 일반적으로 갈등이 겉으로 분명하게 불거질수록 토론, 협상, 중재를 거쳐 건설적으로 해결하기가 더 쉽다. 그러나 갈등을 투명하게 드러낸다고 꼭 좋다고만 할 수 없는 상황도 있다. 분쟁 당사자들이 스스로 무엇이 문제인지 잘 파악하지 못하는 경우, 고민의 지점을 공유할 타이밍이 좋지 않은 경우, 갈등을 드러냈을 때 미치는 사회적·정치적 파장이 심각한 경우 등이다.

이번 연구에서 이 세 가지 갈등 요소의 영향과 효과에 대해 알게

갈등을 관리하는 방법

되어 매우 흥미로웠다. 갈등 강도는 분쟁 당사자들 사이의 행동 유형을 예측하는 가장 큰 변수였다. 갈등 강도가 높을수록 그들은 비우호적으로 더욱 불친절하고 무례하게 행동했다. 분쟁 당사자들이 공통 목표를 얼마나 공유하고 있는지는 그들이 합의에 도달할지, 그러지 못할지를 예측하는 가장 큰 변수였다. 갈등의 쟁점이 분명할수록 분쟁 당사자들은 중재 프로세스가 공정하다고 생각했으며 해결책을 찾을 가능성도 더 높아졌다.

낮은 강도의 협력적이며 노골적인 갈등은 높은 강도의 경쟁적이며 은밀한 갈등보다 훨씬 관리하기 쉽고 긍정적인 결과를 가져올 가능성이 높다. 그러므로 우리의 가장 기본적인 목표는 갈등이 후자의 방향으로 진행되지 않도록 하는 방법, 이미 발생한 갈등을 해소하는 방법을 더욱 잘 이해하는 것이다.

이를 위해서는 갈등을 은밀한 문제에서 공개적인 문제로 바꾸는 일이 수반돼야 한다. 그 과정에서 여러분과 다른 당사자들은 갈등을 더욱 잘 이해하게 될 것이다. 나아가서 오해, 공통점, 타협 가능한 지점도 파악할 수 있을 것이다. 또한 분쟁 당사자들에게는 자신을 성찰하고 숙고할 줄 아는 역량이 필요하다. 무엇이 갈등의 쟁점인지, 자기 우선순위가 무엇인지, 자신이 왜 그런 식으로 반응하게 되는지 더 잘 이해하려면 말이다. 또한 분쟁 당사자들에게는 타인을 먼저 존중하는 질문 능력도 필요하다. 갈등과 관련된 다른 사람들의 근본적인 우려를 파악하고, 그들이 왜 그러한 우려를 숨기고 싶어 하는지 알 수 있게 해주기 때문이다.

또한 갈등 강도를 높은 강도에서 낮은 강도로 낮춰야 할 수도 있다. 위협, 두려움, 불안, 충동적인 반응이 사라지고 가능성, 희망, 이성을 되찾을 수 있도록 말이다. 그 시작은 보통 자신과 분쟁 당사자들이 갈등에서 벗어나 다시 뭉쳐서 협력할 계기를 마련하는 것이다. 먼저 분쟁 상황에서 벗어날 수 있는 시간과 공간을 확보하는 일부터 해보라. 갈등 강도를 낮추거나 높이는 방법들에 대해서는 4~10장에서 요약해 설명하겠다.

갈등을 완화하려면 분쟁 당사자들의 공통 관심사와 이해관계를 찾아야 한다. 그 역학 관계를 건설적인 방향으로 전환할 수 있도록 잠재적인 공통 영역을 파악하는 것이 도움이 된다.

70년에 걸친 체계적 갈등 연구를 토대로 우리는 아주 중요한 사실을 배웠다. 갈등은 흔적을 남긴다는 것이다. 아무리 사소한 갈등이라도 갈등의 잔재는 계속 남는다. 갈등은 우리 자신에 대한 느낌, 갈등과 연관된 다른 사람들에 대한 느낌, 갈등이 발생한 장소에 대한 느낌에 영향을 준다. 갈등은 그 느낌들로 형성된다.

모턴 도이치는 갈등 해결 분야의 창시자들 중 한 사람으로, 40년 전쯤 컬럼비아대학 실험실에서 중요한 사실을 발견했다. 도이치는 10여 년 동안 갈등에 관한 일련의 실험 연구를 진행해오던 중이었다. 자신이 개발한 트럭 운전 보드게임인 '아크메-볼트 트럭 운전

갈등을 관리하는 방법

게임Acme-Bolt Trucking Game'을 이용해 학생들과 함께한 연구였다. 이 연구 전반에 걸친 데이터 패턴에서 흥미로운 점이 발견되기 시작했다. 그는 특정한 갈등 조건이 지속된다는 사실을 알아차렸다.

연구진이 협동 모드(목표가 같거나, 배경이 비슷하거나, 의사소통 방식이 개방적이거나, 같이 협력한 적이 있는 경우)인 실험 참가자들을 대상으로 연구를 시작하면, 참가자들은 갈등 상황에서 협력하고 서로의 차이를 건설적으로 해결했다. 그 덕분에 둘 다 승리할 때까지 계속 협동할 가능성이 매우 높았다. 같은 참가자들이 다시 게임을 한다면 같은 일이 일어날 것이다.

반면, 연구진이 경쟁 모드로 게임을 시작하게 하면, 실험 참가자들은 게임 내 갈등을 승패가 갈리는 갈등으로 인식하고 경쟁적으로 접근해 한쪽이 승리하거나 승자 없이 게임이 끝났다. 이런 패턴은 그들이 다시 게임을 해도 반복될 것이었다.

도이치는 이를 '사회관계에 관한 대략적 법칙Crude Law of Social Relations'이라고 불렀다. 협력적 갈등은 앞으로 더 많은 협력을 낳고, 경쟁적 갈등은 더 많은 경쟁을 낳는다는 것이다.

이는 초기에 어떻게 갈등에 접근하고 해결하느냐에 따라(협력적이든 경쟁적이든) 현재 사건을 넘어 미래에도 영향을 미칠 수 있다는 이야기다. 갈등의 손익은 간단하다. 우리는 되도록 파괴적인 갈등(분쟁 당사자 중 한쪽 또는 모두가 불만족하거나 불만을 품는 경우)을 최소로 줄이고, 건설적인 갈등(모든 분쟁 당사자가 충분히 만족하거나 적어도 불만은 품지 않는 경우)을 최대로 끌어내기를 원한다.

맞는 말이다(여러분도 그렇게 생각할지 모른다). 이 모든 내용이 완벽하게 일리가 있다. 하지만 '진짜' 문제는 따로 있다. 잔인한 상사, 짜증스러운 직원, 이런저런 요구가 끊이지 않는 고객, 고압적인 신탁 관리인, 궁핍한 노조 대표, 기타 직장에서 만나게 되는 결코 예사롭지 않은 사람들과 갈등이 있을 때 어떻게 해야 하는가다. 어떻게 하면 이런 사람들을 건설적으로 대할 수 있을까?

우리는 수년 동안 전 세계의 정부, 다국적 조직, 민간 기업, 대학, 군대에서 일하는 관리자, 임원, 기타 직원들을 대상으로 한 교육과정과 워크숍에서 이런 우려들을 들어왔다. 지금도 동일한 질문과 의견을 지속적으로 듣는다.

"상사와 의견이 다른데 상사가 그로 인한 갈등을 싫어한다는 것을 알게 되었다면?"

"직원과 의견이 다를 때는 건강한 의견 교환이 이루어지도록 최선을 다합니다. 저는 직원들이 저를 위해 일하기보다 저와 함께 일하기를 원합니다. 그런데도 부하 직원들은 저에게 무언가를 말하거나 의견을 제시하기를 꺼리는 것 같습니다."

"제 상사는 솔직한 의견 교환을 원한다고 말하지만, 처음부터 상사가 진정으로 원하는 게 무엇인지 우리 모두 알고 있습니다. 그런데 왜 제 목을 내밀어야 하나요?"

"제가 승진해서 오래도록 동료로 함께 일한 친구들을 관리하게 되었는데, 그들 중 한 명은 그 상황을 감당하지 못했어요. 정말 끔찍했죠."

"제 관리자는 괴롭힘을 일삼아요. 그가 저에게 소리를 지르거나 닥치라고 할 때 갈등 해결 기술을 사용할 수나 있을까요?"

"엄밀히 말하면 저는 다른 팀장들과 같은 수준이지만, 그들은 회의 때마다 논쟁적이고 비꼬는 태도로 저를 제압하려 합니다."

갈등의 역학을 악화시키고 복잡하게 만드는 것은 무엇일까? 아마도 그 첫 번째 요인은 권력일 것이다. 권력을 가졌거나, 가지지 못했거나 말이다. 아니면 권력을 쌓아두거나, 너무 많이 공유해 분산하거나. 권력을 위임하거나, 남용하거나도 문제다. 권력과 싸우거나, 다른 사람들이 권력에 쉽게 접근하도록 하거나, 권력을 이용해 다른 사람들에게 지배력을 행사할 때도 마찬가지다. 이처럼 사람들 사이에 존재하는 힘의 차이는 갈등의 흔한 원인이다. 갈등은 사람들이 예민하게 힘의 차이를 인식하게 만든다.

우리가 이 책을 쓰는 주된 이유도 이 때문이다. 권력이 갈등 관리에 미치는 영향과 갈등이 권력 역학에 미치는 영향은 갈등을 연구하는 학계, 특히 갈등 관리의 실무나 교육에서 대체로 간과되어왔다. 갈등은 대부분 권력, 권위, 지위에서 차이가 나는 사람들, 집단들 사이에서 발생한다는 사실을 고려하면 이런 격차는 분명하다.

우리는 사람들이 건설적인 갈등 관리를 위해 권력을 이해하고, 구축하고, 더 효과적으로 활용할 수 있도록 돕기 위해 이 책을 썼다.

권력은 사람마다 다른 의미를 갖는다. 우리는 경영 비전을 그린 메리 파커 폴릿의 연구에서 도출된 다소 직관적인 정의를 선호한다. 폴릿은 무역에 종사한 미국 사회복지사 출신으로, 갈등 해결과 경영 이론에서 빼놓을 수 없는 아주 위대한 인물이다. 1920년대에는 기업과 산업계의 노사 갈등을 해결하고, 시어도어 루스벨트 Theodore Roosevelt 대통령의 고문을 역임했다. 런던경제대학의 강연자로 초청받은 최초의 여성들 중 한 명이기도 했다.

폴릿은 통제와 강압으로 권력을 강조하는 기존의 관행에서 벗어나 조직 내 권력과 권한에 대한 새로운 급진적 견해를 제시했다. 그녀는 권력을 단순히 "일을 실현할 수 있는 능력"이라고 정의했다. 이를 바탕으로 우리는 권력을 "행동을 하게 하거나 하지 못하게 하여 일을 실현할 수 있는 능력, 행동하거나 행동하지 않을 수 있는 재량권"이라고 정의한다.

갈등에서는 상대적인 권력이 핵심이다. 즉 다른 이해 당사자들의 능력과 비교해 우리 능력으로 어떤 일이 일어나게 하거나, 일어나지 못하게 방지할 수 있느냐가 핵심인 것이다. 내 목표와 욕구를 여러분이 거부하거나 방해할 수 있을까? 내가 목표를 달성하고 욕구를 충족하도록, 혹은 내가 피해를 입지 않도록 여러분이 도와줄 수 있을까? 여러분을 위해 나도 똑같이 그렇게 할 수 있을까?

갈등을 관리하는 방법

상대적 권력을 정확하게 평가하려면 여러 요인이 영향을 미친다. 그중에서도 우리가 권력이라고 부르는 것을 어떻게 생각하는가가 핵심이다.

우리가 세워놓은
무의식적 권력 이론

　우리 연구실을 비롯해 다른 여러 연구실에서 수행한 일련의 연구에서 우리는 중요한 사실을 발견했다. 우리가 가지고 있는 암묵적 이론, 즉 리더십, 팔로워십(충성 정도), 지능, 권력 같은 추상적 요소에 관한 우리의 생각이 직장 내에서 인간관계와 성과에 주요한 영향을 미친다는 사실이다. 이 네 가지 요소는 회사라는 조직에서 일어나는 모든 일의 중심이지만, 사람들은 이에 대해 매우 다른 방식으로 생각한다. 이런 차이가 사람들의 태도, 감정, 행동에 영향을 준다.

　우리는 모두 권력에 관해 무의식적으로 어떤 가정들을 하고, 그 가정대로 움직인다. 세상을 이해할 때도 그것에 적극적으로 의존한다. 이런 암묵적 추측은 우리가 사건, 자기 자신, 타인에 관한 정보를 처리하고 이해하는 방식까지 좌우한다.

　　　　　　　　　　　　　　　　갈등을 관리하는 방법

예를 들어, 많은 관리자가 조직의 권력에 대해 가지고 있는 기본적인 가정은 권력의 파이가 정해져 있다는 것이다. 즉 권력은 희소 자원으로, 각자에게 돌아갈 수 있는 양이 한정되어 있다는 것이다. 내가 여러분에게 권한을 위임하면 나는 그만큼의 권한과 통제력을 잃게 된다. 이런 '고정 파이 이론'이 상사와 직원 사이에(동료들 사이에는 더더욱) 자동으로 권력 경쟁을 유발한다는 사실이 우리 연구로 밝혀졌다. 이 같은 윈루즈의 관점은 더 심각한 조직 내 정치와 권력 비축으로 이어지고, 갈등 상황에서 더욱더 지배 전략에 의존하게 만든다. 이는 부하 직원들을 지속적으로 감시하고 통제할 필요성도 증가시킨다.

또는 일부 관리자는 무의식적으로 권력을, 다른 사람들과 협력해 성장시키고 강화할 수 있는 것으로 바라본다. 이들은 직원들과 협력하면 모두 더 많은 권한과 영향력을 가질 수 있다고 믿는다. 우리의 연구 결과, 점증주의 이론incrementalist theory이라 불리는, 이처럼 협력적이고 점증적인 권력 이론을 가지고 있는 관리자들일수록 권력과 정보를 조직원들과 함께 공유하고, 조직원의 역량 강화를 지원할 가능성이 높았다.

여러분은 어떤 권력 이론을 가지고 있는가? 고정 파이 이론? 점증주의 이론? 아니면 둘 다?

갈등 상황에서 권력의 차이가 있을 때는 여러분의 기본 가정이 중요하다. 고정 파이 이론을 고수할수록 권력 정치와 갈등에 경쟁적으로 접근할 가능성이 높다. 반면 점증주의 이론을 가지고 있을수록 되도록 동료와 부하 직원에게 권한을 부여하고 자신의 권력과 자원을 공유할 가능성이 높다. 적절한 때 더욱 협력적이고 윈윈하는 접근 방식을 시도할 것이다.

그런데 우리는 대부분 자신이 권력과 갈등에 관해 어떻게 가정하고 있는지 제대로 알지 못한다. 그 가정이 권력과 갈등에 이러저러하게 대응하도록 유도하는데도 말이다. 이처럼 서로 다른 가정과 이론들을 염두에 두기만 해도 갈등을 통제하고 개선하는 데 도움이 될 수 있다.

권력, 즉 힘의 원천, 유형, 수단은 우리의 상상만큼 무한하다. 세계 챔피언 헤비급 복싱 경기에서 이기는 방법으로, 대놓고 상대방을 끊임없이 자극해 주먹을 날리게 하는, 그래서 지쳐서 스스로를 방어할 수 없게 만드는 법을 떠올린 사람이 있을까? (1974년 무하마드 알리Muhammad Ali가 자이르에서 조지 포먼George Foreman을 상대로 이 '로프 어 도프rope-a-dope' 전략을 구사하기 전까지는 말이다.) 혹은 전쟁을 끝내는 방법으로, 전사들의 배우자와 애첩을 움직여 그들이 폭력을 멈출 때까지 성관계를 갖지 못하게 하는 법을 떠올린 사람은 있을까? (아리스토파네스Aristophanes의 《리시스트라타Lysistrata》나 라이베리아의 리마 보위Leymah Gbowee처럼 말이다.) 아니면 주지사 선거에서 승리하는 방법으로, 통치에는 특별히 관심도 지식도 없는 우스꽝스러운 만화

갈등을 관리하는 방법

책 영웅으로 자신을 홍보하는 법을 떠올린 사람은? (1998년에 미네소타 주지사로 당선된 제시 벤투라Jesse Ventura처럼 말이다.) 권력은 어디에나 존재하면서 발견되고, 창조되고, 동원되기를 기다리고 있다.

학자들은 갈등 상황에서 권력에 맞서거나 권력을 활용할 때 특히 고려해야 할 몇 가지 중요한 특징을 밝혀냈다. 여기에서는 이 책의 나머지 부분에서 설명하는 갈등 관리 전략들에 직접적인 영향을 미치는 세 가지 주요 요소, 즉 권력에 접근하는 방식, 권력의 자원, 권력의 수준에 관해 얘기한다.

권력에 접근하는 방식

갈등 상황에서 권력에 접근하는 방식은 네 가지가 있는데, 권력을 어떻게 바라보고 이용하는가에 따라 구분된다. 타인을 지배하는 '권력 장악', 타인과 나누는 '권력 공유', 타인에게 의존하지 않는 '권력 독립', 타인 아래에 있는 '권력 의존'이 바로 그것이다. 저마다 고유한 가치가 있으며 각기 다른 비용과 결과가 따른다. 이 네 가지 방식의 권력을 모두 이해하고 능숙하게 사용할 때 우리는 가장 큰 이익을 얻는다.

미국 정치학자 로버트 달Robert Dahl은 권력이란 "다른 사람으로 하여금 (권력 행사 이외의 다른 방법을 취해서는) 그 사람이 하지 않을 일을 하게 만드는 능력"이라고 정의했다. 우리는 이런 접근 방식을 '권력 장악'이라고 부른다. 이는 상대방의 저항을 극복할 수 있는 능력과 연결된다. 또한 권력의 통제적 측면, 권력에 잠재된 강압적

측면을 강조해 권력을 질서, 효율성, 권위를 유지하는 메커니즘으로 바라본다. 이와 동시에 권력이 남용될 경우에는 억제해야 할 문제로도 간주한다.

'권력 장악'을 이해하는 것은 엄청나게 중요하다. 관리자는 직장에서 합리적인 수준의 질서와 효율성을 유지해야 한다. 그런데 부당한 반응이나 무반응으로 일관하는 사람들과 갈등을 겪을 수 있다. 부하 직원들이 적대적으로 나오며 합리적인 요구에도 응하지 않는 상황도 생길 수 있다. 이때 강압적인 권력은 불가피하게 실용적인 도구가 되어준다. 이 접근 방식은 6장에서 자세히 설명할 것이다.

하지만 조직에서 사람들을 통제하는 데 권력을 주로 사용하면 안 좋은 결과를 가져올 수 있다. 권력 행사의 대상이 되는 사람들에게 소외감과 저항감을 불러일으키게 된다. 이는 결국 신뢰를 기반으로 하는 다른 유형의 권력을 사용하지 못하도록 한다. 부하 직원들을 지속적으로 감시하며 규제할 필요성도 높아질 것이다. 부하 직원들이 업무 규정을 준수하고 일에 헌신하게 하는 것이 목표라면, 권력 행사에 전적으로 의존하는 전략은 비용이 많이 들 수 있다.

그 대안으로, 경영 전문가인 메리 파커 폴릿은 1920년대에 이렇게 주장했다. 직장이라는 조직에서 권력은 일반적으로 다른 사람들을 '지배하는 권력'으로 여겨지지만, 다른 사람들과 '함께하는 권력'도 개발할 수 있어야 한다.[3] 폴릿은 같이 발전하는 협력적이고 비강압적인 권력을 마음속에 그렸다.

타인과 나누는 '권력 공유'는 점증주의 이론에 기반한다. 이 이론은 권력을 모두에게 건설적이고 만족스러운 결과를 가져올 수 있는, 확장 가능한 자원으로 바라본다. 이런 권력은 사람들에게 서로의 능력과 역량을 기꺼이 발견하게 만든다. 상대가 그 능력과 역량으로 일에 기여한 바를 진심으로 감사할 수 있으며 더욱 발전하도록 격려한다. 또한 양쪽 모두의 생산성이 높아지도록 자기 자원을 흔쾌히 교환한다.[4] 여러분도 상상할 수 있듯이, 이는 권력을 행사하는 것과는 매우 다른 유형의 반응과 분위기를 조성한다.

폴릿은 직장에서 함께하는 권력을 키울 아이디어, 역량, 조건을 개발하면 강압적인 권력 전략을 상당히 덜 쓰게 할 수 있다고 제안했다. 이는 직원들과 관리자들에게 갈등을 관리하는 대안적 방식을 제시한다. 이런 방식으로 폴릿은 1920년대에 많은 조직의 생존을 위협했던 노사 간의 논쟁적이고 폭력적인 권력 투쟁을 극복했다. 그녀는 노사 양측이 서로의 상황을 개선하기 위해 협력하는 가치를 깨닫도록 독려함으로써 그렇게 할 수 있었다.

협력과 권력에 관한 연구는 폴릿의 생각을 대체로 뒷받침해왔다. 권력이 높은 사람과 낮은 사람 사이에 권력을 건설적으로 사용할 가능성을 높이려면 어떻게 해야 할까? 연구자들에 따르면 관리

갈등을 관리하는 방법

자들과 직원들이 업무, 보상, 결과 목표를 '공유하거나 협력해야 하는 대상'으로 간주하면 된다. 회사에서 경쟁적·독립적 목표보다 서로 협력하는 목표를 세웠을 때 상사와 부하 직원 간의 조력을 더욱 기대하고 서로 의지하며, 더욱 적극적인 지지, 더 많은 설득과 더 적은 강압, 더 신뢰하는 우호적 태도를 유도하는 것으로 밝혀졌다.[5] 이 접근 방식을 따르는 전략들은 4장과 5장에서 자세히 설명한다.

조직에서 권력을 함께 공유하며 접근하는 방식은 그 자체로 근원적인 단점을 지닌다. 권력 나누기에 지나치게 의존하면 강경파들이 선의의 몽상(궁극적으로 달성할 수 없는 이상주의적 비전)이라고 부르는 결과를 낳을 수 있다. 강경파들은 시장과 대부분의 조직 환경이 무자비한 정글과 같기 때문에 협력적인 권력을 바탕으로 서로 발전할 수 있는 가능성은 한계가 있다고 주장한다. 극단적인 경우에 권력 공유는 비효율성, 무책임한 리더십 관행, 만성적인 합의 추구, 직장 내 연고주의로 이어질 수 있다는 것이다.[6]

권력에 접근하는 세 번째 방식은 다른 사람들과 자신을 구별하는 '권력 독립'이다. 이는 본질적으로 독립성 또는 다른 사람들에게 의존하지 않는 데서 오는 힘, 즉 혼자서도 일방적으로 일을 처리할 수 있는 능력에서 비롯되는 힘이다. 갈등이 생겼을 때 방문을 쾅 닫고 잠그는 전략을 점점 더 많이 사용하거나, 부모의 모든 말과 훈계를 교묘하게 무시하는 사춘기 자녀를 둔 분들이라면 매우 친숙할 것이다.

'권력 독립'은 비즈니스 협상에서 특히 인기 있는 전략이다. 예를 들어, 협상에서의 권력 의존 이론에 따르면 "B를 지배하는 A의 힘은 B가 A에게 의존하는 정도와 같다".[7] 즉 협상에서 상대방이 나를 필요로 하지 않을수록 나보다 상대방이 더 많은 힘을 가지게 된다는 뜻이다.

일반적으로 이를 지지하는 실험실 연구 결과에 따르면, 더 매력적인 BATNA(협상을 통한 합의를 대신할 최선의 대안 또는 대체 수단을 통해 원하는 결과를 달성할 가능성[8])를 보유한 협상자는 협상 파트너에게 덜 의존하므로 상대방보다 더 큰 힘을 소유하게 된다. 상대방의 의존도를 높일 수 있는 협상자도 마찬가지다.[9] 독립적인 사람일수록 협상과 갈등에서 더 많은 선택권을 가지고 영향력을 행사할 수 있으므로, 다른 사람들이 가진 것과는 다른 별개의 힘을 가지게 된다. 이에 대해서는 8장에서 자세히 설명하겠다.

그러나 앞의 두 가지 형태와 달리, 독립적 권력의 사용은 일반적으로 다른 사람들과 함께할, 또는 다른 사람들을 거칠 필요가 별로 없는 업무나 비즈니스 상황에 국한된다. 그런데 이런 경우는 상호의존성이 점점 더 강해지는 오늘날의 업무 세계에서는 그리 흔하지 않다. 특히 집단주의와 팀워크를 중시하는 문화권에서는 독립적 권력을 사용하는 전략을 의심스러워하는 경향이 있다. 그런데도 이렇게 권력을 사용하는 방식은 적절한 순간을 위해 숨겨두면 좋은 방법이 된다.

갈등을 관리하는 방법

권력에 접근하는 마지막 방식은 종종 무시당하고 거의 언급되지 않는다. 이는 의존 관계를 토대로 다른 사람들의 도움과 지원을 얻어내는 방식이다.[10] 5장과 7장에서 지지와 회유를 설명하며 권력이 약한 쪽이 권력을 '빌리기' 위해 사용하는 다양한 전략을 알아본다.

권력이 낮은 사람들은 의존 관계에 의지해 자신에게 필요한 것을 충족할 수 있다. 하지만 의존 관계는 (많은 멘토-멘티 관계처럼) 상냥한 지원적 관계부터 (독재적인 리더와의) 억압적이고 모욕적인 관계까지 다양한 형태를 취한다. 성인들이 장기간에 걸쳐 의존하며 무력감을 경험하면 신체와 정신에 심각한 부정적 영향을 미치는 것으로 드러났다. 자신보다 권력이 더 낮은 사람들을 통제하면서 더욱 엄격해지고 비판적으로 변하며, 급기야 비이성적이고 폭력적인 경향을 보일 수 있다.[11]

하드 파워, 소프트 파워, 스마트 파워

　권력에는 기본적으로 '하드 파워hard power'와 '소프트 파워soft power'라는 두 가지 자원이 있다. 권력을 장악해 행사하든, 권력을 공유하든, 독립적 권력을 사용하든, 더 높은 권력에 의존하든 말이다.

　하버드대학의 조지프 나이Joseph Nye 교수는 미국의 외교통상협상 영역에서 하드 파워와 소프트 파워의 차이를 광범위하게 저술해왔다. 군사, 경제, 기술, 법률 같은 하드 파워 전술은 본질적으로 처벌 위협 또는 보상 약속으로 보통은 상대방의 의지에 반하는 행동을 강요하거나 장려하는 것이다. 따라서 이는 일반적으로 '권력 장악' 접근법과 관련이 있다.

　반면 소프트 파워는 강요나 강압이 아닌 문화적·도덕적·사회적·영감적 원천을 활용해 다른 사람들을 끌어들이고 협력하게 하는 능력을 의미한다. 즉 여러분이 원하는 결과를 다른 사람들도 원

갈등을 관리하는 방법

하도록 만드는 것이다. 나이 교수는 "유혹은 항상 강압보다 효과적이고 민주주의, 인권, 개인의 기회와 같은 가치들은 아주 매력적이다"라고 썼다.[12]

이런 차이는 조직 내 갈등에 쉽게 적용된다. 회사에서 고용하거나 해고하고, 보상하거나 처벌하고, 심지어 다른 사람을 위협하고 모욕할 수 있는 공식적 권한과 힘은 협상과 갈등에 사용되는 전형적 형태의 하드 파워다. 소프트 파워는 숙련된 문제 해결사나 높은 감성 지능, 온정, 명확한 도덕적 잣대를 가지고 있는 사람으로 명성을 쌓으면 발휘할 수 있다. 이런 유형의 영향력을 발휘하면 갈등을 예방하고 완화하며 해결하는 데 도움이 된다.

스마트 파워Smart power는 하드 파워와 소프트 파워를 전략적으로 결합해 원하는 결과를 달성하는 힘을 말한다.[13] 레이건 대통령 시절에 국무부 차관보를 지낸 체스터 크로커Chester Crocker는 스마트 파워를 다음과 같이 설명한다. "비용 면에서 효율적이면서도 정치적·사회적 정당성을 갖춘 방식으로 외교, 설득, 역량 강화, 힘과 영향력 행사를 전략적으로 사용하는 것이다."[14]

지금까지 비즈니스, 산업, 비영리단체의 갈등 관리에 대해 연구하고 논의할 때, 저항을 제거하는 부드러운 형태의 영향력(신뢰, 영감, 설득력, 인간관계 등)과 강경한 전략을 결합하는 전문적 기술은 거의 다루어지지 않았다.

일차 권력과
이차 권력의 구분

갈등에서 권력 역학은 두 가지 수준에서 작동하는 것으로 생각할 수 있다. 하나는 현장에서 사람들 사이에서 이루어지는 상호작용의 성격을 결정하고, 또 하나는 현장 자체의 성격을 결정한다.[15]

'이차 권력Secondary power'은 전통적인 의미의 권력 행사, 즉 관계에서 자신의 목표를 달성할 수 있는 힘을 말한다. 사회학자들이 '권력의 심층구조deep structure of power'라고 부르는 '일차 권력Primary power'은 더욱 근본적이고 보편적인 것이다. 즉 무엇이 좋고 나쁜지, 중요하고 중요하지 않은지, 가치가 있고 없는지에 대한 우리의 감각을 형성하는 힘이다.

일차 권력은 현장을 형성하는 기본적 활동(예를 들어 법, 이념, 도덕, 상징, 미디어, 정책, 의제, 의사 결정 과정 등)에 영향을 미치는 능력과 관련이 있다. 이차 권력은 현장에서 다른 사람들에게 영향을 미

갈등을 관리하는 방법

치기 위해 사용하는 다양한 전략, 전술과 관계가 있다.

조직에서 사람들은 종종 갈등 당사자들 중 한쪽에 유리하도록 왜곡된 갈등 게임 속에 던져지곤 한다. 이런 관점에서 볼 때 권력은 A와 B의 (권력 장악, 권력 공유, 권력 독립, 권력 의존) 관계에만 존재하는 것이 아니다. A와 B는 이미 확립되어 있는 일련의 규칙과 규범에서 자유롭지 못하다. 관리자의 역할은 역사적으로 명령을 내리는 방식으로 전해져 내려왔다. 그 때문에 관리자는 명령할 수 있고, 사람들이 자기 명령대로 따르기를 기대할 수 있다. 관리자는 직원들을 다스리고 그들의 헌신을 이끌어내기 위해 다양한 전략을 사용한다. 이러한 것들은 이차 권력의 형태이지만, 일차 권력으로도 가능하다.

일차 권력과 이차 권력을 구분하는 것은 매우 중요하다. 특히 급진적인 변화나 혁신이 필요한 상황에서 다양한 전략을 논의할 때 직접적인 역할을 할 것이다.

이제 여러분도 갈등의 아래 퍼즐 조각들을 어느 정도 이해했을 것이다.

- 두 가지 유형의 갈등(건설적 갈등과 파괴적 갈등)
- 갈등 관리를 좌우하는 세 가지 요소(갈등 강도, 갈등 구조, 갈등 투명성)
- 권력에 접근하는 네 가지 방식(권력 장악, 권력 공유, 권력 독립, 권력 의존)
- 권력의 두 가지 자원(하드 파워, 소프트 파워)과 권력 수준(일차 권력, 이차 권력)

이는 대부분의 업무 갈등을 건설적으로 관리할 수 있는 일련의 옵션을 제공한다. 다음 장에서는 이 같은 구분을 활용해 조직 내 권력과 갈등을 다루는 일곱 가지 전략을 더욱 자세히 설명한다.

현재로서는 조직에서 갈등이 생겼을 때 권력에 관해 내릴 수 있는 결론은 간단하다. 갈등 상황에서는 가능하면 효과적인 권력을 최대한 활용해야 한다는 것이다. 그렇다면 효과적인 권력이란 무엇을 의미할까? 간단히 말해 우리가 원하는 일이 일어나게 할 수 있는, 즉 우리가 원하는 일을 실현할 수 있는 능력이다.

세상의 모든 자원, 영향력을 행사하는 수준 높은 전략, 현장을 규정하는 통제력을 가지고 있다고 해서 반드시 효과적인 권력으로 이어지지는 않는다. 역사 속에는 권력을 축적하고 남용하거나, 의미 있는 결과를 얻지 못한 채 낭비한 권력 집단과 권력자가 무수하다. 현명한 판단력을 발휘해 상황에 맞게 권력의 종류와 규모를 적절히 사용해야 한다. 이것이 효과적인 권력을 행사하기 위한 핵심 요소다.[16] 그것은 또한 조직 내 갈등의 뿌리인 '감정 저장소'에 직접적인 영향을 미치기도 한다.

2장

———

권력-갈등의
함정들

감정이
갈등을 지배한다

　우리가 직면하는 갈등은 대부분 낯선 사람들과 일회성 교류를 하면서 일어나는 것이 아니다. 우리는 어떤 형태로든 지속적인 관계를 맺고 있는 사람들과 부딪치면서 갈등한다. 이렇게 우리가 마주하는 갈등의 성격은 정서적인 관계에 따라 크게 결정된다. 대체로 긍정적인 관계인지, 부정적인 관계인지, 아니면 긍정적·부정적 정서가 뒤섞인 관계인지가 중요하다.

　몇 년 전, MIT 슬론경영대학원과 UC 버클리의 재러드 커핸[Jared R. Curhan]과 그의 동료들은 갈등 협상을 할 때 사람들에게 정말로 무엇이 중요한지 파악하기 시작했다.[1] 연구진은 협상가들에게 제일 중요한 네 가지를 발견했다.

- 중요한 협상 결과에 대한 그들 자신의 감정

- 협상에 참여한 그들 자신에 대해 스스로 느끼는 감정
- 협상 과정에 대한 그들 자신의 감정
- 상대방과의 관계에 대한 그들 자신의 감정

한마디로, 감정이 지배한다.

물론 이는 수십 년 동안 협상 분야를 지배해온, 합리주의를 깔고 있는 전통적 가정에 도전하는 결과였다. 갈등 협상은 감정적이지 않은 이성적인 사람들이 가장 잘 수행하는, 순전히 경제적인 동기에 따른 기계적이고 전략적인 상호작용으로 제시되어왔기 때문이다.

1950년대 노벨상 수상자인 허버트 사이먼Herbert Simon과 제임스 마치James March의 초기 연구 이래로, 인간은 이성적이고 합리적인 의사 결정자로서 형편없다는 사실이 진작 알려졌다. 그런데도 협상 분야에서는 너무나 오랫동안 합리적인 모델에 집착해왔다.

많은 실용적인 갈등 관리 기법에서는 이렇게 권장한다. "갈등 중에 감정이 격해지면 그 감정이 가라앉을 때까지 기다렸다가 행동하라." "감정을 극복하고 상황을 '이성적으로' 바라보도록 노력하라." 이런 조언들은 감정이 갈등 중에 잠깐 생겼다가 사라지는 이례적 현상이거나 그저 불편함에 지나지 않을 때는 유용할 수 있다. 그러나 감정이 갈등의 이유가 아니라 갈등과 뒤엉켜 있을 때는 전혀 유용하지 않다.

우리는 단순히 감정에 휘둘리는 가련한 이성주의자이기만 한 것은 아니다. 갈등에서 감정은 그보다 훨씬 심오한 역할을 하는 것으로 밝혀졌다. 실제로 그때그때의 감정에 따라 우리는 다른 경험을 하고 쉽게 이해하기도, 좀처럼 이해하지 못하기도 한다.

이런 발견은 아래 연구자들의 연구에 기반한다. 수학적 모델링 접근법을 시도한 그들의 갈등 연구는 여러 면에서 감정이 이성을 압도한다는 사실을 보여주었다.

- (말콤 글래드웰Malcolm Gladwell의 《블링크》에도 언급되는) 워싱턴주에 있는 러브 랩Love Lab에서, 부부의 갈등과 이혼을 연구하는 존 가트맨John Gottman
- 미시간대학의 캡처 연구소Capture Lab에서, 비즈니스 및 산업계의 전략팀에서 일어나는 갈등을 연구하는 마셜 로사다Marcial Losada
- 노스캐롤라이나대학의 긍정 감정 및 정신생리학 연구소Positive Emotions and Psychophysiology Lab에서, 긍정성을 연구하는 바버라 프레드릭슨Barbara Fredrickson
- 독일 뮌헨의 루트비히 막시밀리안 대학과 뉴욕의 컬럼비아대학의 고난도 갈등 연구소Intractable Conflict Lab에서, 도덕적 갈등을 연구하는 카타리나 쿠글러Katharina Kugler와 피터 콜먼

이들을 비롯한 많은 연구자가 감정이 발단이 되어 갈등의 무대가 마련된다는 사실을 점점 더 발견하고 있다.

무수한 협상 연구가 진행되면서 대체로 갈등 상황에서 긍정적인

감정은 이롭고, 부정적인 감정은 해롭다는 결론에 도달했다. 그런데 놀랍게도 첫 번째 발견은 실제로는 부정적·대립적 충돌도 유익하고 필요하다는 것이다. 갈등 중인 연인이나 동료를 비롯해 갈등하는 사람들이 서로 내뿜는 알력 다툼은 갈등 당사자들에게는 실제로 긍정적인 효과를 가져왔다. 상대방과 자신의 관계, 그리고 자기 자신에게 더욱 중요한 것들(예를 들어, 자신이 바보일 수 있다는 사실)을 깨닫는 데 큰 도움이 되었기 때문이다.

감정 연구자들은 두 번째로 '부정성 효과negativity effect'를 밝혀냈다. 부정적인 경험과 감정이 긍정적인 경험과 감정보다 사람들에게 훨씬 더 크고 지속적인 영향을 미친다는 것이다.

이는 연구자들이 알게 된 세 번째 사실 때문에 중요하다. 바로 '감정 저장소emotions pool'다. 다른 사람과의 관계, 특정 상황에서 경험한 우리의 감정들은 시간이 지나면서 긍정적인 감정이든, 부정적인 감정이든 모두 감정이 저장되는 신경 저장고로 모인다. 사실 우리의 유연한 신경 가소성 뇌는 사람 또는 장소와 끊임없이 교류하며 변화한다. 그에 따라 우리도 긍정적인 경험에 더 이끌리거나, 아니면 부정적인 경험에 이끌리게 된다.[2]

배우자를 처음 만났던 곳을 떠올려보자. 디비저널 챔피언십 경기가 끝나기 몇 초 전, 막판 자유투를 던졌던 고등학교 체육관, 고등학교 시절 친구들과 어울리며 담배를 몰래 피웠던 코너 과자 가게로 돌아간다면? 어떤 기분이 드는가? 이런 장소들은 우리의 감성적인 추억이 깃든 곳이다. 마찬가지로 추억 속의 다른 사람들, 그리고 그들과의 관계에도 긍정적인 기억과 부정적인 기억이 공존하며, 대개 이 두 가지가 복합적으로 작용한다.

감정 저장소는 대부분의 갈등에서 중요하게 고려해야 할 사항이다. 갈등이 파괴적인 방향으로 전개될 수도 있고, 긍정적인 방향으로 전개될 수도 있는 무대를 마련해주기 때문이다. 퇴근 후 술자리에서 여러분이 얼마나 나쁜 놈인지 늘어놓는 동료의 이야기를 우연히 들었다면 어떻게 반응할 것인가? 상황에 따라 다를 것이다. 그렇지 않은가? 그동안 그 사람과 어떤 관계를 맺어왔는가에 따라 달라진다. 그 사람이 비록 여러분을 못살게는 굴었지만 따뜻하고 똑똑한 놈이어서 친근한 관계를 쌓았는지, 아니면 교활한 놈이어서 여러분의 일을 감시하며 등 뒤에 칼을 꽂을 때만 기다렸는지.

그동안 그 사람에게 가졌던 감정이 여러분의 반응에 영향을 미친다. 실제로 심각한 뇌 손상을 입은 환자들을 대상으로 감정과 의사 결정에 대한 연구를 한 적이 있었다. 그 결과, 감정을 경험하는 능력을 상실하면, 평가와 판단을 토대로 중요한 결정을 내리는 능력도 상실하는 것으로 나타났다.[3] 감정은 갈등 상황에서 내리는 의사 결정과 관련 있을 뿐만 아니라 의사 결정의 기초가 된다.

관계의 측면에서 긍정적 감정 저장소를 충분히 채운다면, 부정적인 감정의 여파를 줄이는 데 아주 큰 완충 역할을 한다. 이는 아주

갈등을 관리하는 방법

중요한 발견이다. 감정 연구자들은 사회적 갈등의 난이도를 예측할 때, 관계에서 긍정과 부정의 비율이 얼마나 중요한지 밝혀냈다.

로사다는 긍정적 감정과 부정적 감정의 비율이 4:1일 때 팀의 업무 성취도가 높다는 사실을 발견했다.[4] 가트맨에 따르면, 그 비율이 5:1이라면 안정적으로 행복한 결혼 생활을 하고 있을 것으로 예측할 수 있다(결혼에는 대부분의 업무 관계보다 감정과 정서가 더 중요하기 때문에 이는 당연하다).[5] 즉 직장인은 동료와 부정적으로 부딪치는 경험을 한 번 할 때마다 네 번의 긍정적인 경험을 해야 한다. 그래야 함께 겪게 될 불가피한 갈등을 유익하게 활용할 수 있다. 부부 사이에서는 부정적인 경험 한 번당 긍정적인 경험 다섯 번이 있어야 한다.

연구에 따르면, 긍정적인 경험과 부정적인 경험의 비율이 2:1보다 낮으면, 부정적으로 행동할 경향이 압도적으로 강해져 관계를 망치기 시작한다. 시간이 지나면 부정적 감정 저장소만 커지고 긍정적 감정 저장소는 사라져 관계는 재앙을 맞이하게 된다. 그러면 사소한 말다툼도 전면전으로 이어질 수 있다.

갈등을 건설적으로 관리하는 데 갈등 분석, 협상 계획, 전략, 통합적 문제 해결과 관련된 인지 과정이 중요하지 않다는 것은 아니다. 물론 중요하다. 하지만 거기에만 집중한다면 중요한 오류를 범하는 꼴이다. 감정은 우리가 정보를 인지적으로 처리하는 발판을 마련해준다. 이성적인 조직에서도 갈등 상황에서는 감정이 이성을 압도하는 경우가 많다. 갈등이 장기전으로 이어질 때는 더더욱 그렇다.

개인의 기질과 특정한 핵심 쟁점들은 우리가 감정적으로 어떤 유형의 갈등 함정에 잘 빠지고 쉽게 취약해지는지에 영향을 미친다. 하지만 연구에 따르면 우리가 직면하는 상황의 성격, 그리고 갈등 상황에서 다른 사람과 비교해 우리가 가지고 있는, 혹은 가지지 못한 상대적 힘이 이를 결정한다.

권력자들의 실수는 평범한 사람들의 실수보다 더 노골적으로 드러나는 경우가 많다(미국 대통령이나 도널드 트럼프Donald Trump, 세라 페일린Sarah Palin의 실수는 우리 모두가 알고 있다). 그런 그들만 덫에 취약한 것이 아니다. 상사, 상사의 상사, 부하 직원, 동료 등 먹이사슬의 위아래에 있는 모든 사람이 이 특유한 갈등의 함정에 놓여 있다.

갈등을 관리하는 방법

하향식
권력-갈등의 함정

다양한 형태의 권력은 종종 매혹적이고 중독성이 있으며, 남성과 여성을 모든 형태의 극단으로 몰아간다고 알려져 있다. 갈등 상황에서 권력을 가지고 있다면 권력이 없는 것보다 훨씬 낫다. 그런데도 갈등 상황에서 높은 권력을 행사할 때 몇 가지 함정에 빠지기 쉽다. 이는 우리의 인식, 가치관, 도덕, 행동에 영향을 미친다.

함정 1 권력병에 들게 한다

고전 코미디 영화 〈바나나 공화국Bananas〉에서 우디 앨런은 권력을 가진 사람들이 얼마나 도를 넘는지 신랄한 부조리로 포착한다. 이 영화에서 새로 '선출된' 중앙아메리카 가상 국가의 독재자 에 스포지토 대통령은 시민들에게 이렇게 공표한다. "잘 들으세요. 내가 여러분의 새 대통령입니다. 오늘부터 산마르코스의 공식 언어는 스웨덴어입니다. …… 또한 모든 시민은 30분마다 속옷을 갈아입어야 합니다. 속옷은 우리가 확인할 수 있도록 겉에 입어야 합니다. 또한 16세 미만의 모든 어린이는 이제 …… 16세입니다!" 군중 속에서 조용한 목소리로 주인공 필딩 멜리시(우디 앨런)가 친구에게 속삭인다. "스페인어로 '구속복'이 뭐지? 권력이 저 사람을 미치게 만들었어."

연구에 따르면, 권력을 가진 사람들은 권력이 낮은 사람들과는 매우 다른 심리적 경험을 하는 경향이 있다. 권력이 높은 사람은 권력이 낮은 사람보다 정보를 더 추상적으로 처리하고, 타인을 더 도구적으로 인식한다. 목표에 더 집중하고 자신감이 넘치며, 자제심이 별로 없다. 또한 권력을 휘두르는 것이 인지 과정을 방해해 복잡한 사회적 추론 능력을 떨어뜨리고, 도덕적 판단을 제한하며 고정관념에 사로잡히게 한다.[6]

특히 주목할 만한 실험실 연구를 살펴보자.[7] (권력을 가졌던 때를 떠올리며) 강력한 자기 힘을 느낀 참가자들은 사람의 신체 크기를 어느 정도 과소평가했다. 사람을 사진으로 보든 직접 대면하든 모두 마찬가지였다. 이 연구는 어떤 권력을 경험했느냐에 따라 사람들이 타인에게서 권력과 관련된 (신체 크기 같은) 단서를 잘못 인식하게 되고, 실제로 왜곡된 시선으로 바라본다는 것을 시사한다.

갈등을 관리하는 방법

이런 함정이 갈등 관리에 던지는 함의는 간단하다. 권력을 가지면 자기 눈을 믿어서는 안 된다. 갈등 상황을 읽는 그들의 시각은 매우 편향되어 있고, 자신한테 유리하게 왜곡되어 있으며 부정확할 가능성이 높다. 중요한 사안이 걸려 있다면 스스로를 점검하고 그 사안에 관해 이해한 바를 다른 사람들과 함께 확인해야 한다.

함정 2 권력에 취해 초낙관주의에 빠진다

권력자들이 자기 행동의 결과에 책임지지 않고 점점 더 무적의 상태가 된다는 사실도 연구를 토대로 밝혀졌다.

버나드 메이도프Bernard Madoff를 예로 들어보겠다. 1960년, 메이도프는 인명구조원과 스프링클러 설치자로 일하며 번 5,000달러(현재 기준으로 약 665만 원)로 페니 스톡 트레이딩 회사를 시작했다. 이후 그는 장인으로부터 5만 달러(현재 기준으로 약 6,655만 원)를 빌려 월스트리트에 버나드 L. 메이도프 투자증권회사를 설립했다. 그의 사업은 장인, 그리고 장인이 소개해준 친한 친구들과 그들 가족의 도움으로 서서히 성장했다.

메이도프 자신의 설명에 따르면 이 사업은 합법적인 투자 사업으로 시작했지만, 1990년대(FBI는 1970년대라고 주장함)에 부패한 폰지 사기로 발전했다. 월스트리트의 많은 사람이 그의 사업 관행을 공개적으로 의심하고 회사까지 여러 차례 사기 조사를 받았다. 그러는 동안에도 그는 계속해서 수천 명의 투자자에게서 수십억 달러(현재 기준으로 수조 원)를 사취했다. 2009년, 그는 미국 역사상 최대 규모의 금융 사기를 저지른 혐의로 연방 교도소에서 150년 형을 선고받고 복역하다가 2021년에 사망했다.

이런 일은 학자들이 '초낙관주의'라고 부르는 권력자들의 동력 때문에 벌어진다. 권력자의 초낙관주의는 무엇이든 자신이 원하는 대로 행동할 수 있고 말할 수 있다고 느끼는 자만과 오만의 형태를 띤다. 그래서 그들은 자신의 욕구와 필요에 따라 규칙을 위반하는 행동도 감행한다. 적발되지 않으면 처벌도 받지 않는다. 그러고 나면 규칙을 위반해도 어떤 (유의미한) 처벌도 없이 자신의 욕구나 필요를 충족할 수 있다는 보상을 받는다. 시간이 지나면서 그런 행동이 점점 강화되어 그들은 누구도 자신을 검거하거나 처벌할 수 없다고 믿고서 더 심각한 위반 행위로 넘어간다. 물론 검거되거나 처벌받을 때까지 말이다.

함정 3 다른 사람들을 안중에 두지 않는다

또한 높은 권력을 가진 사람들은 권력이 별로 없는 사람들에게 주의를 덜 기울이는 것으로 나타났다.[8] 협상에서 높은 권력을 가진

갈등을 관리하는 방법

쪽이 일반적으로 낮은 권력을 가진 쪽보다 상대방의 감정 표현에
덜 반응한다. 권력이 높은 사람은 다른 사람의 관점을 받아들이거
나 다른 사람의 배경 지식을 인정할 가능성이 낮으며, 얼굴 표정을
정확하게 판단하지 못한다. 부하 직원들에 관해서도 정확하게 기
억하지 못하며, 부하 직원 개개인의 고유한 특성을 구별하는 능력
도 떨어진다.

연구에 따르면 권력을 가진 사람들이 부하 직원에게 관심을 별
로 기울이지 않는 이유는 세 가지다.[9] 권력이 없는 사람들은 권력
자 자신의 목표에 별 영향을 미치지 못한다고 생각하기 때문에 관
심을 기울일 가치도 없다고 여긴다. 또한 권력에는 종종 추가적인
책임이 따르므로 주의가 산만해지곤 하는데, 그 때문에 다른 사람
들에게 주의를 기울이지 못할 수 있다. 마지막으로, 권력을 가진 사
람들은 불우한 사람들에게 너무 가까이 다가가지 않으려 한다. 그
들이 죄책감과 수치심을 불러일으키기 때문이다.

권력이 높아지면 다른 사람들이 보고, 생각하고, 느끼는 것을 이
해하는 능력이 저하되는 것 같다. 권력을 가진 사람에게 낮은 권
력의 사람이 안중에도 없어지면, 조직의 사기가 떨어지고 긍정성
이 감소해 갈등이 악화할 수 있다. 조직 내에서 이런 일이 자주 일
어나면 중요한 정보, 전문 지식, 피드백이 낭비되는 등 많은 비용이
발생한다.

함정 4 자기 힘을 과신해 상대방을 얕본다

협상에서 우세한 협상가들은 열세한 상대편이 사용할 수 있는 수단과 자원을 분석하고 추정하는 데 서툴다. 원조, 무역, 자원 분쟁을 둘러싼 여러 고위급 국제 협상을 연구한 결과, 학자들은 강대국의 협상가들이 일반적으로 힘의 차이를 전혀 고려하지 않는다는 사실을 발견했다.[10] 그들은 보통 협상에서 승리할 수 있을 만큼 자신들의 힘이 충분히 우월하다는 가정하에 협상을 진행했다. 그래서 힘이 약한 상대국이 협상에서 취할 수 있는 조치들에는 신경도 쓰지 않았다.

힘이 약해도 보기보다 훨씬 강한 경우가 많고, 힘이 강해도 자신들이 생각하는 것보다 약한 경우가 많다. 양쪽의 총체적 힘은 일반적으로 특정 협상의 결과를 예측하는 데 좋지 않은 지표다.

함정 5 규칙은 강자를 위한 것이라고 믿는다

장기간에 걸쳐 권력을 휘두르면 생겨나는 중독적 부작용들 중 하나는 규칙은 강자를 위한 것이라고 믿기 시작하는 현상이다.

이는 특히 정치권에서 흔히 볼 수 있는 일이다. 공직을 향한 열망이 큰 어느 중소 도시의 시장을 예로 들어보자. 그 시장은 의회

갈등을 관리하는 방법

의 승인도 없이 사람들에게 시 조례와 어긋나는 일을 하도록 정기적으로 시켰다. 사람들이 시장에게 너무 겁을 먹었기 때문에(혹은 어떤 호의를 기대했기 때문에) 그가 곤경에 처한 일은 없었다. 시장은 사람들에게 "마음에 안 들면 문을 두드리세요!"라고 여러 번 말하기는 했다.

그는 도시의 유지·보수 노동자들을 자기 농장에서 일하게 했다. 자기 집의 가구를 옮길 때도, 미국 하원의원에 당선되어 워싱턴으로 가져간 책상을 만들 때도 그들을 불러댔다. 지역 나이트클럽이 수익의 1퍼센트를 주지 않겠다고 거부했을 때는 아예 클럽을 폐쇄하겠다고 협박했다. 도시의 자원을 자기 것이라고 믿었듯이 시장은 권력도 마땅히 휘두를 자격이 있다고 생각했다.

캘리포니아 버클리대학에서 실시한 흥미로운(그리고 약간은 끔찍한) 일련의 연구에서 부유한 사람들이 규칙을 위반하고 법을 어기는 경향이 더 높은 것으로 나타났다.[11] 예를 들어 (BMW나 벤츠 같은) 고가 자동차 운전자는 보행자가 횡단보도를 건너고 있어도 멈추지 않을 가능성이 저가 자동차 운전자보다 3~4배나 더 높았다.

또한 부유한 실험 참가자는 연구가 진행되는 동안 어린이를 위해 따로 마련해놓은 사탕 더미에서 사탕을 2배 더 많이 가져갔다. 돈이 걸려 있는 주사위 게임에서 그들이 부정행위를 할 가능성도 4배 더 높았다. 부유층은 협상 중에 거짓말을 하고, 직장에서 도둑질 같은 비윤리적 행동을 지지할 가능성도 훨씬 높았다.

이런 패턴은 미국 전역의 진보주의자와 보수주의자 수천 명을 대상으로 실시한 30개 이상의 연구에서 일관되게 나타났다.

이런 연구들에서 부유한 사람들이 일시적으로 가난하다고 느끼게 되면 더 관대하고 이타적으로 변했다. 반면 부유하다고 느끼게 된 가난한 사람들은 더 이기적이고 자기중심적이 되었다.

이 함정은 양날의 검이다. 규칙을 어기고 다른 사람을 이기적으로 무시하는 행위는 본인에게도 나쁘지만, 여러분과 분쟁하는 상대방에게는 더더욱 나쁘다. 상대방이 10장에서 설명할 '저항'의 발판을 마련하는 데는 좋지만 말이다.

함정 6 명령하고 통제하려 든다

높은 권력을 가진 사람들은 갈등을 해결하려 할 때 고압적으로 통제하려 드는 데 익숙하다. 그러다 보니 다른 방식으로 대응할 능력을 상실하는 경향이 있다. 연구에 따르면, 권력을 가진 사람들은 쉽게 지배의 유혹에 빠진다. 협상에서 권력을 갖는다는 것은 발언 시간을 독점하고, 차례를 어기며 발언할 수 있다는 것과 같은 말이다.[12] 마찬가지로 권력이 큰 사람은 자신의 사적인 의견과 진짜 태도를 드러낼 가능성이 훨씬 높으며, 다른 사람의 태도나 설득에 영향을 덜 받는다.[13]

갈등을 관리하는 방법

국제 협상에 대한 사례 연구에서 강대국들은 모두 두 가지 전략 중 하나를 채택했다. "받아들이든 말든" 또는 "받아들이든 고통받든". 연구자들은 "강대국들은 자신들이 강하기 때문에 중요하게 해야 할 일이 더 많다고 여겼다. 그래서 양국 관계를 중요하게 생각하면서도 약소국의 관심사와 이해관계가 협소하다는 사실에 짜증을 냈다. 누구도 약한 상대에게 특별한 관용이나 너그러움을 보이지 않았다"라고 썼다.[14] 궁극적으로, 강력한 협상가들 중 상당수는 상대방보다 더 유연하게 행동해 가치를 창출하는 데 실패했다.

언제부턴가 '지배가 답이다'라고 느껴지기 시작하면 아마도 더 이상 옳지 않을 가능성이 높다.

함정 7 야망으로 눈이 멀어버린다

윌리엄 셰익스피어William Shakespeare의 스코틀랜드 귀족 맥베스를 아는가? 그는 야망에 사로잡혀 출세 가도를 달렸다. 그러나 (사랑스러운 아내도 함께 욕망했지만) 성공을 향한 열망이 너무 강하고 맹목적이었기 때문에 맥베스는 왕을 살해해 자신의 탄탄한 경력을 망가뜨렸다. (셰익스피어가 '마녀'라고 불렀던) 임원진조차 그를 말릴 수 없었다.

강한 힘을 가질수록 개인은 점점 더 낙관적이고, 자기 선택에 자신감을 드러내며 행동 지향적으로 변화한다. 이처럼 낙관적으로 변할수록 위험에 이끌리게 되어 권력이 높은 사람은 권력이 낮은 사람보다 위험을 훨씬 선호하고 더 위험한 선택을 한다.[15] 또한 높은 권력을 가진 사람은 약자를 위한 자제나 공감 없이 더욱 적극적이고 공격적으로 자기 목표를 추구한다.

권력은 방종을 부른다. 맹목적인 야망을 가진 사람들은 주변에서 무슨 일이 일어나는지 알아차리지 못한다. 나르시시즘에 빠져 다른 사람의 감정, 반응, 관심사를 간과한다. 정치적 가치관이 다르거나 자기 잇속에 부합하지 않는 관계는 무시한다. 리더들만 이런 행동을 하는 것은 아니다. NBA 드래프트를 불과 몇 달 앞두고 NCAA 디비전 1 농구 프로그램의 스타 선수들이 '동네 친구들'과 싸웠다는 이유로 징계를 받은 적이 있었다. 그때 스타 선수들의 영향력 있는 동문들이 전화를 걸어 대학에 다니지 않는 선수들의 부모를 협박했다. 이는 명백히 어리석은 행동이지만, 권력과 맹목적인 야망이 합쳐지면 비열한 전술로 이어질 수 있다는 것을 보여준다.

함정 8 권력감의 소용돌이에 휩싸인다

연구에 따르면, 권력이 미치는 심리적·사회적·행동적 영향이 조직에서 한꺼번에 작용하면 하향식 지배의 부작용들이 더욱 뿌리를 내리는 악순환에 빠져 극복하기 매우 어려워질 수 있다.[16] 다시 말해 갈등의 강력한 함정이다. 권력을 가진 사람은 권력을 행사한 다양한 심리적 경험을 바탕으로 다른 사람들이 의존하는 중요한 자원들을 통제한다. 이는 회사에서 권력을 가진 사람에게 더 높은 지위를 부여하고, 중요한 자원에 지속적으로 접근할 수 있도록 보장한다. 이 같은 상황은 권력이 낮은 사람들, 그리고 회사를 더욱 분권화하고 적응력 있는 조직으로 변화시키려는 사람들에게는 극복하기 어려운 문제로 보일 수 있다.

상향식
권력-갈등의 함정

앞서 설명한 것처럼 힘, 즉 권력은 절대적인 자질이나 자산이 아니다. 힘은 상황에 따라 상대적이다. 어떤 상황에서는 권한이 적을 수 있고, 또 어떤 상황에서는 권한이 많을 수 있다. CEO는 전화 한 통으로도 수백만 달러(수십억 원)와 수많은 삶을 좌우할 수 있다. 하지만 그런 CEO라도 붐비는 콘퍼런스 센터에서 화장실을 사용하려면 줄을 서서 기다려야 한다. 대부분은 자신의 역부족을 더 자주 경험하지만, 거의 모든 사람이 언젠가는 무력한 상태를 경험하게 된다.

사람들은 오랫동안 낮은 권력의 위치에 머물러 있으면 감정적 갈등의 함정에 빠지기 쉽다. 여기에서는 흔히 발생하는 몇 가지 상향식 권력-갈등의 함정을 간략하게 설명한다.

함정 1 | 지레 머리를 숙인다

에드는 12년 동안, 그의 아버지는 25년 이상 공장의 작업 현장에서 일했다. 두 사람은 상사와 관리자가 걸핏하면 바뀌는 것을 보아왔고, 개중에는 더 나은 사람도 있었다. 두 사람 모두 그들이 무슨 말을 하든, '더 윗사람'에게 무엇을 요구하든 별로 중요하지 않다고 느꼈다. 모든 안전 규칙을 준수하고, 정시에 출근하고, 휴식 시간을 넘기지 않고, 생산 할당량을 채우기만 하면 급여를 받을 수 있었기 때문이다. 에드는 자신이 직장에서 몇 가지 일은 더 해낼 수 있다고 믿었지만 분명 한계가 있었다.

그래서 새로운 상사가 무엇을 원하느냐고 물었을 때 에드는 더 많은 시간외근무와 더 나은 환기 시설, 더 긴 휴식 시간을 원한다고만 말했다. 에드는 교육 혜택이나 수익 분배, 관리자 직급으로 승진할 기회는 고려하지 않았다. 그는 자기 목표를 '현실적인' 선에서 유지하는 것을 좋아했다.

권력이 낮은 사람은 열망과 포부, 기대치가 낮고 단기적으로 생각해 계획하는 경향이 있다. 연구에 따르면 권력이 낮은 개인은 더 많은 사회적·물질적 위협, 특히 높은 지위에 있는 사람들의 신임을 잃을 수 있다는 위협에 노출되어 있다. 그리고 이런 위협들이 자기 행동에 가하는 제약을 더 예민하게 인식하는 것으로 나타났다.[17]

또한 권력이 낮으면 부정적인 영향에 더 취약하고 위협과 처벌, 타인들의 이해관계에 더 큰 관심을 보인다. 정보를 처리할 때는 더 신중하고 절제된 자세를 취하고, 더 억눌린 사회적 행동을 보이기 쉽다. 부하 직원들은 자기 상황을 개선하고 권력의 격차를 줄이기 위해 상향식 영향력을 행사하려고 시도해도 상사가 자신의 목소리를 무시한다고 느낄 가능성이 높다.

협상을 할 때도 권력이 낮은 사람이 처음으로 제안할 가능성은 낮다. 그러나 첫 번째로 제안하면 더 많은 자원이 축적되어 더 많은 권력을 확보할 수 있는 것으로 나타났다. 예를 들어 연구에 따르면, 초봉을 협상한 학부생들은 입사 첫해에 평균 5,000달러(약 665만 원)를 추가로 벌었다.[18] 5,000달러가 큰 금액이 아닌 것처럼 보일 수 있다. 하지만 인상률과 이자율 모두 보수적인 3퍼센트 비율임을 고려하면, 60세가 되었을 때 연봉 협상을 선택한 사람들은 56만 8,834달러(약 7억 5,740만 원)를 더 받게 된다!

함정 2 낮은 기대에 갇혀버린다

1968년, 고전적인 '교실의 피그말리온' 연구가 발표됐다. 이 연구에서 교사들은 일부 학생은 (거짓으로) 한 해 동안 지적으로 크게 성장할 것이라고 믿도록 유도한 반면, 다른 학생들에게는 그렇

갈등을 관리하는 방법

게 하지 않았다. 연말에 교사가 향상될 것으로 예상한 학생들은 실제로 향상됐는데, 이들의 평균 IQ 상승폭은 대조군 학생들이 보인 IQ 상승폭의 2배에 달했다.[19] 연구에 따르면 교사의 기대가 이 차이에 크게 기여한 것으로 나타났다. 교사는 발전할 것으로 예상되는 학생들에게 더 많은 관심과 지원을 제공했다. 그러한 격려가 대조군 학생들보다 더 빠르게 발전하는 데 도움이 된 것이다.

'피그말리온 효과'는 조직에 속한 성인들에게도 그대로 적용된다. 한 연구에서 연구자들은 실험 참가자들을 대상으로 조직 시뮬레이션을 하면서 관리자와 직원 역할 중 하나를 부여했다. 그들은 그 역할이 무작위로 배정됐음을 알고 있었다. 그런데도 관리자 역할을 맡은 사람을 직원 역할을 맡은 동료들보다 더 유능하다고 평가했다.[20]

상사의 낮은 기대치는 낮은 위치에 있는 사람들에게 강한 심리적 제약을 가한다. 갈등 상황에서 그들의 열망, 기대, 행동을 더욱 제한하고 직장에 대한 부정적 감정 저장소의 깊이를 더한다.

함정 3 상대적 무력감으로 폭발한다

1971년, 심리학자 필립 짐바르도Philip Zimbardo는 스탠퍼드대학에서 권력과 역할에 관한 실험을 했다. 짐바르도는 학생 24명을 모집해 심리학과 건물 지하에 만든 모의 교도소에서 '교도관'과 '죄수'로 생활하도록 했다. 교도관 역할을 맡은 학생들은 죄수들에게 무력감을 느끼게 만들라는 지시를 받았다. 곧 교도관들은 의도적으로 죄수들에게 위협적인 권위를 행사했다. 이에 죄수들은 분노해 둘째 날에 폭동으로 폭발했다. 실험은 단 6일 만에 중단해야 했다.

이 논란의 여지가 있는 실험을, 무력감이 분노와 격분을 불러일으킨다는 증거로 해석하는 사람이 많다.[21] 현실에서는 생계, 직업 선택, 심지어 안전과 자유에 대한 감각에까지 영향을 미치는, 복잡하고 실질적인 권력 차이가 존재한다. 그런 실제 상황에서는 분노가 한 번에 1도씩 끓어오르면서 파괴나 봉기를 일으키는 티핑 포인트까지 서서히 가열된다.

무력감은 잠재된 분노과 격분을 불러일으켜 갈등에 건설적으로 참여하는 능력을 손상한다. 이는 심각한 건강 문제, 경직성 악화, 폭력적인 행동, 자신보다 높은 위치에 있는 사람을 방해해 제지하고 싶은 강한 욕구로 이어질 수 있다. 하버드 경영대학원의 로자베스 모스 캔터Rosabeth Moss Kanter 교수는 권력만 부패하는 것이 아니라는 사실을 상기시킨다. 상대적 무력감도 "비관주의, 학습된 무기력, 수동적 공격성"을 증가시켜 부패할 수 있다.[22]

이런 갈등에는 똑같이 파괴적이고 호전적이며 강압적으로 대응하는 것이 옳다고 느껴질 수 있다. 하지만 장기적으로 그런 대응이 실행 가능하고 효과적인지 자문해봐야 한다.

갈등을 관리하는 방법

쉽게 분열되고 정복당한다

높은 권력 집단에게 억압받는 낮은 권력 집단은 종종 다른 더 낮은 권력 집단의 구성원을 표적으로 삼아 불만을 터뜨리기가 더 쉽다고 생각한다. 그들이 권력자들에게 조종당해 쉽게 분열되고 정복되는 이유다.

이는 자원이 풍부한 아프리카, 아시아 식민지에 거주하는 원주민들의 권력을 빼앗으려고 많은 식민국들이 사용한 고전적 전략이었다.

남아프리카공화국에서는 P. W. 보타Pieter Willem Botha가 이끄는 친아파르트헤이트 성향의 아프리카너 정부에 대항해, 아프리카민족회의와 잉카타 자유당 같은 단체들이 자연스럽게 동맹을 맺었다. 그러나 그들은 정부의 공작과 선동으로 분열되어 결국에는 서로 적대적이 되었다. 정부가 자신들을 더 쉽게 통제할 수 있도록 허용한 꼴이 되고 만 것이다.[23]

분쟁이 길어지면 낮은 권력으로 인해 쌓이는 부정적 감정과 스트레스가 큰 타격을 준다. 하지만 낮은 권력 집단이 문제를 처리하고 관리하는 방식도 다양한 형태를 취할 수 있다. 서로를 비난하는 것은 전혀 생산적이지 못하다.

일부 직급이 낮은 직원은 자신과 상사 사이의 권한과 지위 차이를 부정하거나 무시하기로 한다. 이는 낮은 직급에서 오는 심리적 스트레스를 줄이는 데 도움이 되지만, 때로는 상명하복식 지휘 체계의 현실에 부딪힌다.

에이바는 태평양 북서부에 있는 K-12 사립학교에 와달라는 하워드의 제의를 받고 흥분했다. 9학년부터 12학년까지 관리하는 책임자로 일해달라는 제안이었다. 에이바는 자신에게 권한도 어느 정도 있으니 하워드와 평등한 업무 관계를 기대했다. 하워드는 교장이라는 직책을 가진 만큼 공식적 권한을 가지고 있었다. 그런 그가 목표를 달성하기 위해 함께 일한다는 것에 대해 거듭 얘기했기 때문이다.

에이바의 목표 중 하나는 학업 프로그램을 강화하는 것이었다. 각 핵심 과목의 교사들이 커리큘럼 코디네이터 역할을 할 수 있게 권한을 부여해, 모든 교사가 동시에 혁신에 참여하도록 하고 싶었다. 학기가 시작되고 몇 주 후, 에이바는 하워드에게 자기 아이디어를 제안했다. 하지만 단호하게 호의적이지 못한 답변이 돌아왔다. "아니요, 나는 그렇게 하고 싶지 않습니다."

"돌이켜보면 나는 변호사처럼 논쟁을 벌였어요. 하워드도 그 토론에 동참한다고 생각했기 때문이에요. 우리는 결국 서로 의논해서 해결책을 찾아가는 동등한 권한을 가진 동료라고 생각했거든요. 그러나 그는 변호사라기보다는 판사 같았고 대화를 중단시켰습니다." 하지만 이미 결심을 굳힌 에이바는 몇 달을 기다렸다. 결국 다른 교육행정가들과 교사들을 설득해 하워드에게 제안하게 했다. 이듬해에 하워드는 그녀가 처음 제안한 대로 교사들을 커리큘럼 코디네이터로 임명하는 것을 허용했다.

4년 동안 이 패턴은 반복됐다. 에이바는 자기 생각을 제안하고 주장했지만 번번이 묵살됐다. 하워드에게 영향력을 미쳐 설득하려면 대리인들까지 내세워야 했다. 하워드와의 관계에서 자기 영향력이 점점 줄어든다고 느낀 에이바는 좌절감으로 매우 불행해졌고 결국 사임했다.

"나는 하워드가 교장으로서 자신의 권력을 어떻게 사용할지 순진하게 생각했습니다. 그는 갈등이 생기면 매우 지배적인 자세를 취했고, 나의 심사를 괴롭히는 데 권력을 사용했지요. 하지만 다른 사람들은 그를 움직일 수 있었어요. 그들은 수다를 떨고 농담을 주고받으며 그의 말도 안 되는 우스갯소리에 웃음을 터뜨리곤 했죠. 그의 환심을 사려고 에둘러 아첨하는 것처럼 보였어요. 마치 황제에게 절이라도 하는 것 같았지요. 하지만 변호사처럼 논증적으로 접근하며 설득하는 내 방식은 비참하게 실패했습니다. 그쪽이 훨씬 더 효과적이었죠."

갈등이 생겼을 때 낮은 권력의 사람들은 불이익을 당했다는 피해자 의식을 내세운다. 피해자로서 동료들과 외부의 관심을 받고 도덕적으로도 더욱 높은 지위를 차지하는 데 익숙해진다. 이런 피해자 의식은 갈등 상황에서 더욱 독선적인 태도를 취하게 한다. 또한 갈등을 해결하는 데도 경직된 태도로 강한 저항감을 드러내기 쉽다.

이 함정에 빠지는 사례는 많다. 이혼 분쟁에서는 자신보다 배우자가 더 큰 잘못을 저질렀다고 느낀다. 그 때문에 이혼소송 과정에서 극단적이고 심지어 불가능한 요구를 하는 경우가 잦다. 노동조합의 파업도 같은 함정을 드러내는 경우가 있다. 조합원들이 기업이나 회사로부터 괴롭힘을 당하거나 무시당한다고 느껴서 그 고통을 분담하기 위해 파업을 끝없이 끌어간다.

국제 무대에서 낮은 권력 집단이 엘리트 집단과 갈등하면서 곤경에 처해 언론의 주목을 받고, 그 결과 폭넓은 지지층을 확보할 때도 자주 볼 수 있는 현상이다. 높은 지지를 이끌어내면 협상 테이블에서 낮은 권력 집단의 열망과 요구가 상당히 강해진다. 아니면 아예 협상을 하지 않으려 들기도 한다. 직장에서도 대인 관계 문제에 책임을 지지 않고, 갈등을 해결하려 하기보다 피해자임을 내세울 때 이런 현상을 볼 수 있다.

갈등 협상 중인 낮은 권력 집단의 열망을 높이는 것이 문제라는 이야기는 아니다. 오히려 대부분의 낮은 권력 집단은 더 높은 목표를 세워야 더 큰 이익을 얻을 수 있다. 그러나 분쟁에서 피해자로 인정받으면서 주어진 지위가 협상에 대한 반발과 저항으로 이어진다면 이는 값비싼 함정이 된다.

함정 7 무력감의 소용돌이에 휩싸인다

분쟁이 일어나면 권력이 낮은 쪽이 더 힘들어한다. 권력이 높은 분쟁 당사자보다 갈등 상황을 더 정확하게 파악할 수 있지만, 그 시야는 훨씬 어둡고 지루하며 비관적이기 때문이다. 다시 말하지만, 이 연구는 낮은 권력으로 인한 여러 영향이 함께 작용해 극복하기 어려운 제약을 만들 수 있음을 시사한다.[24] 힘이 약한 사람들의 심리적 경험은 그들을 억눌러 위축시킨다. 이는 힘을 가진 사람들이 힘을 잃지 않고 그들에 대한 통제력을 유지하도록 도와준다. 완벽한 늪이다.

동등한
권력-갈등의 함정

일반적으로 평등한 힘의 갈등은 불평등한 힘의 갈등보다 더 건설적인 협상을 이끌어낸다. 서로 힘이 동등하면 합의에 도달하기 쉽고, 합의에 도달하기까지 시련도 적다. 더 많이 양보하고, 피해를 덜 입히는 전술을 사용한다.[25] 그러나 상대방과의 힘의 균형에 익숙하지 않은 분쟁 당사자에게는 몇 가지 함정이 기다리고 있다.

함정1 갈등 교착상태에 빠져버린다

실험실 연구와 국제 협상의 사례 연구 분석에 따르면, 상대적으로 동등한 권력을 가진 동료들 사이의 갈등은 어느 쪽도 항복하지 않으려 해서 교착상태가 더 길어지기도 하는 것으로 나타났다.[26]

이런 상황에서는 불평등한 힘의 관계에서보다 갈등을 공개적으로 드러내고 확대할 가능성도 더 높다.

루시와 칼라는 비영리 교육기관의 신입 직원이었다. 루시는 칼라가 오래된 유인물을 사용하는 것을 발견하고 지적했다. 칼라는 너무 바빠서 최신 유인물을 모아 복사할 시간이 없었다고 설명했다. "저를 위해 그렇게 해주신다면 새 유인물을 사용할게요." 루시는 오래된 유인물이 구식이고 완벽하지 않으며, 조직의 방향을 제대로 반영하지 못한다고 말했다. 이에 칼라는 "예전 유인물도 충분히 좋은 것 같은데요"라고 답했다. 루시는 자기 관점이 옳다고 느꼈지만 더 이상 왈가왈부하지 않았다. "칼라의 의견에 동의하지 않지만, 칼라를 감독할 권한이 나한테 없으니까 내가 할 수 있는 일은 전혀 없었어요."

물론 유인물만 문제였다면 별문제가 되지 않았을 것이다. 두 직원은 다른 문제들로 더 크게 갈등하기 시작했다. 루시는 자기 조직이 커뮤니티와 다른 조직들에 제공하는 교육 효과를 평가하는 방법을 개선하고 싶었다. 그래서 루시는 몇 가지 평가법을 제안했고, 곧 사용하려 했다. 칼라는 다른 접근 방식을 원했다. "변화에 관해 우리가 먼저 명확히 규정해야 우리 교육에 대해서도 평가를 내릴 수 있습니다. 그러지 않으면 현실과 동떨어진 통계자료를 수집하는 데 불과할 것입니다. 우리의 큰 그림은 무엇인가요?"

두 사람 모두 타당한 지적을 했지만, 교착상태에서 벗어날 수는 없었다. 둘 다 상사가 나서서 갈등을 '해결'해주기를 바랐다. 그때까지 그들은 평등하다는 의식에 사로잡혀 더 많은 권한을 가진 사람이 이 무승부를 깨야 한다는 잘못된 믿음 속에 갇혀 있었다.

함정 2 지위와 권력을 유지하기 위해 지지 않으려 한다

권력이 높은 위치에 있는 사람들은 지배해본 경험이 많아서 더 쉽게 지배하려 든다. 똑같은 권력을 가진 사람과 갈등을 겪는다면 그들은 어떻게 할까? 합의에 이르기보다 상대방보다 자신의 지위를 더 확고히 하는 데 더 많은 관심을 보인다.[27]

작지만 성공적으로 자리 잡은 회사에서 영업 관리자로 있는 패트릭과 제조 관리자로 있는 빌의 경우가 그러했다. 그들이 사소한 일로 의견 충돌을 보였을 때 게임은 시작됐다.

두 사람 모두 정책, 채용, 계약, 전략 등 어떤 일에서든 이기고 싶어 했다. 당연히 둘 다 자동적으로 상대방을 지배하려 했다. 논쟁적이고, 끈질기게 논리적이며, 고집이 센 두 사람은 함께 이길 수 있는 방법은 없다고 믿었다. 그리고 각자 자신의 지배 스타일로 부서를 운영했다.

이는 여러모로 효과가 있었다. 회사는 매년 수익을 내고 성장했다. 각 부서는 관리자의 스타일에 따라 조금씩 마찰을 빚었지만, 누

갈등을 관리하는 방법

구도 그들의 마이크로매니지먼트를 탓하지 않았다. CEO는 두 사람의 접근 방식과 결과에 만족했고, 두 사람이 서로를 다그치는 것을 "창의적인 긴장감"이라고 표현하며 좋아했다. 그는 그들을 높이 평가하면서 "승자들의 팀"을 자랑하곤 했다. 그러나 리더급 이하의 직원들에게는 별 관심을 기울이지 않았고, 직원들의 사기에 관해서도 질문하는 일이 거의 없었다. CEO가 "결과가 스스로를 증명한다"라는 말을 입버릇처럼 했고, 두 사람은 모두 그렇게 하기로 결심했다.

그런데 어느 날 주요 계약에 문제가 발생하자 조직 전체로 갈등이 파급됐다. 수백만 달러(수십억 원)가 걸려 있는 계약이었기에 직원들은 본능적으로 서로에게 책임을 전가했다.

CEO는 책임 전가가 아니라 해결책을 원한다고 말했다. "저는 손실을 최소화하고, 장기적으로 이 고객과 더 잘해나갈 기회로 삼고 싶습니다." 그는 패트릭과 빌에게 문제 해결을 위해 함께 일할 것을 지시했다.

하지만 패트릭과 빌에게는 "아직 끝나지 않은 게임"이었다. 둘다 이기지 못하는 것이 지는 것보다 더 나쁘다고 믿었다. 그래서 그들은 서로 싸우며 겨루었고, 급기야 서로를 향한 경멸감을 고객에게 들키고 말았다. 결국 둘 다 패배했다.

영역 다툼에 매달린다

낮은 권력의 사람들끼리 갈등에 처하면 그들은 불안해하는데, 상대방의 행동에 영향을 미칠 힘이 없다고 서로 느낀다. 그래서 자신이 가진 미미한 지위를 방어하는 데 특히 신경을 쓰는 경향이 강하다.[28] 그들은 다른 아랫사람에게 그것을 들킬까 봐 두려워한다.

엘리자베스는 큰 대학의 심리학과 조교수로 처음 채용됐을 때 다른 젊은 연구자들과 함께 연구할 수 있다는 생각에 들떴다. 그녀는 경찰과 소방관의 정신 건강을 조사할 창의적 아이디어가 넘쳤다. 그런 만큼 젊은 학자들이 독창적인 사고로 추진력을 발휘할 연구 분야를 구축하기를 바랐다.

엘리자베스는 회의를 준비하고, 실현 가능한 공동 연구에 관한 자신의 생각을 이메일로 보내며 동료들을 논문의 공동 저자로 초청했다. 하지만 일 년 만에 그녀는 낙담했다. 엘리자베스는 동등한 동료들 사이의 협업은 실현하기 어렵다는 것을 깨닫게 되었다. 바로 영역 다툼, 의견 불일치, 이기주의 등이 문제였다. 엘리자베스와 같은 직급의 동료들은 단일 연구 프로젝트의 방향이나 전략, 경력상 이점에 합의하지 못했다.

그사이에 경험 많은 교수들이 자기 연구에 참여하라고 권유했다. 그러면 "다른 연구자들의 관심을 끌며" 연구를 시작할 수 있다는 것이었다. 결국 엘리자베스는 동등한 연구자들과 함께 혁신적인 연구를 하기는 어렵다는 결론에 도달했다. 그보다 상급 연구자들과 함께해 자기 이미지를 쌓는 것이 더 중요하다고(적어도 더 잘할 수 있는 일이라고) 판단했다. 그녀는 혁신을 시도하기 전에, 더 높은 수준의 연구 경력과 권력을 쌓기로 목표를 바꾸었다.

우리가 권력과 권위의 관계에 안주할 때 간과하지 말아야 할 중요한 사항이 있다. 그 관계에는 일반적으로 누구에게도 최선의 이익이 되지는 않을 특정한 감정적 성향, 가치관, 행동 경향이 내포되어 있다는 것이다. 사실 여기에 설명된 함정은 대부분 불리하게 작용한다.

이러한 권력-갈등의 함정은 우리가 '갈등 지형'이라고 부르는 언덕과 계곡, 즉 가정, 학교, 직장에서 매일 오가야 하는 감정적 관계의 지형을 구성한다. 이 같은 경향과 함정을 잘 알지 못하면 우리는 그 유혹과 부정적인 결과에 더 취약해진다.

이런 함정들을 잘 관리하려면 그저 알아차리기만 해서는 안 된다. 이 같은 경향에 이끌려도 저항하고, 갈등 상황에서 우리에게 불리한 행동이 아니라 '유리한' 대안적 행동을 취할 수 있는 역량과 기술을 개발해야 한다.

3장

갈등 지능

Making Conflict Work

7가지
기본 갈등 상황

갈등에서 무력감이 그토록 해롭고 갈등의 함정이 조직의 상하위 계층 사다리를 따라 만연해 있다면 리더, 직원, 관리자, 임시직, CEO, 컨설턴트, 인턴은 무엇을 해야 할까? 이런 상황에서 어떻게 살아남아 성공할 수 있을까?

피터 콜먼은 20대 중반에 뉴욕에 있는 리젠트 병원이라는 영리 개인 정신병원에서 일하게 되었다. 콜먼은 청소년(정신 질환이나 약물중독으로 입원한 12~25세 사이의 청소년)을 담당하는 과에서 정신건강보조원MHA, Mental Health Associate으로 고용됐다. 전문 스태프들이 시키는 일만 하면 되는 낮은 직급이었다. 대학 졸업 후 처음으로 위계가 있고 고도로 정치적인 업무 조직에 발을 들여놓은 것이었다.

정신병원은 특히 복잡한 정치적 구조를 가지고 있다. 경영진(CEO, COO, 인사 책임자 등)의 공식 권력 외에도 정신과 의사들(진

갈등을 관리하는 방법

짜 권력), 심리학 박사들(가짜 권력), 간호사들(정말 진정한 권력), 보험회사(전능함), 노조 대표와 환자 옹호자들(일부 권력), 환자들과 그 가족(적은 권력), 그리고 MHA 같은 나머지 직원들(권력 제로)이 함께 일하기 때문이다.

리젠트는 병원 업무에도 간섭하는 것으로 알려진 어느 대기업의 계열사였다. 그래서 콜먼은 처음 병원에 입사했을 때 대체로 톱니바퀴 취급을 받았고 자주 혼란스러웠다. 그가 이해할 수도 없고, 아무런 영향도 미칠 수 없는 다른 사람들의 권력 투쟁 한가운데에 휘말리게 되는 일이 너무 많았다. 그는 무력하고 스트레스에 시달렸다.

운명처럼 콜먼이 리젠트에 합류한 1980년대 후반은 미국의 정신 건강 산업이 급격하게 변화하던 시기였다. 이전에는 다소 자유방임했던 정신 건강 치료에 대한 보험 환경이 갑자기 엄격해지면서 병원 정책과 절차에도 큰 변화가 필요했다. 그동안 콜먼이 교육받은 환자 규정들이 바뀌게 된 것이다. 지금까지는 병동 내의 성관계, 약물 남용, 폭력에 가담한 환자를 자동으로 퇴원시켰는데, 이제 이런 행동을 한 환자는 퇴원을 못 하고, 환자의 의지와 상관없이 병동에 더 오래 머물러야 했다.

그 결과, 병원은 점점 더 위험하고 위협적인 환경이 되었다(폭력적인 사람들이 많아지고 가끔은 뉴욕 경찰청의 특수기동대가 투입되는 등). 모든 유형의 갈등이 재앙처럼 증가했다. 또한 병원에서 폭력과 협박이라는 새로운 권력의 원천이 등장했다.

상상할 수 있듯이 정책 변경으로 대혼란이 이어졌고, 이미 복잡했던 병원 내의 권력 균형도 급격하게 자주 바뀌었다. 위기가 빈번하게 발생하는 동안, 공식적인 권력자들(의사와 간호사)의 권한은 대부분 빠르게 이양됐다. 그들보다 더 크고 장대한 기골의 MHA와 관리 요원(새로 온 콜먼은 제외), 강력한 위기 관리와 협상 기술을 가진 직원들에게로 말이다. 위기가 닥칠 때마다 CEO와 의사들과 간호사들은 병원을 다시 통제하려고 시도했다. 하지만 그들의 권한은 서서히 시들해지고 위기 관리팀의 영향력이 커졌다. 이 시기에는 모두가 엄청난 스트레스로 힘들어했다. 통상적인 업무는 사라지고, 새로운 규준은 혼란스럽고 예측할 수 없으며 위협적이었다.

하지만 콜먼은 이런 혼란 때문에 힘들었던 게 아니다. 그가 조직에서 승진을 거듭할수록 그동안 강압적인 분위기 속에서 친밀하게 지내던 MHA 동료들과 점점 소원해지게 되었다. 그 사실이 그를 더욱 힘들게 만들었다. 급기야 그가 동료들을 제치고 관리자로 승진했을 때는 적대감까지 섞인 긴장감이 감돌기 시작했다. 결국 그가 리젠트 병원의 마케팅 책임자로 임명되면서 이런 긴장은 최고조에 달했는데, 그때가 최악이었다.

이 장에서는 조직에서의 갈등, 권력, 변화에 어떻게 접근해야 하는지 얘기할 것이다. 먼저 우리 접근법의 논리를 제시하고, 연구를 토대로 발견한 것들을 요약한다. 그런 다음에 권력과 갈등을 다루기 위한 7가지 전략에 대해 간략하게 설명하겠다.

여러분이 "돌봄이 변화를 만듭니다"라는 의미의 로고가 박힌 리젠트 병원에 첫 출근을 한 20대 중반의 성실하고 풋풋한 콜먼이라고 상상해보자. 오전 7시, 수간호사는 예정에 없던 MHA 신입 오리엔테이션을 맡게 되어 내심 언짢다. 그녀는 "내 눈에 흙이 들어가기 전까지는 안 되지"라고 계속 중얼거린다. 콜먼을 보고는 자신이 오리엔테이션 방향을 잡을 때까지 주간 휴게실에 잠시 앉아 있으라고 말한 게 전부다.

간호사실에서 나와 휴게실로 들어선다. 그곳은 환자들은 물론 고통과 불안의 공기로 가득 차 있는 퀴퀴한 공간이다. 마음을 다잡고 빈 의자로 가서 옆에 앉아 있는 목욕 가운을 입은 젊은 여성에게 자신을 소개한다. 대화를 나누다가 글로리아라는 그 여성이 뉴욕에서 왔으며 3개월째 입원 중이라는 사실도 알게 된다. 글로리아는 대화를 나눌 사람이 생겨서 너무도 반가웠는지 자신이 이곳에 오게 된 이야기를 시시콜콜 하기 시작했다.

갑자기 "실례합니다! 실례합니다, 콜먼 씨! 이리 오시겠어요?"라는 말소리에 고개를 돌린다. 수간호사가 꽉 끼는 정장 차림의 창백한 직원 옆에 서 있었는데 노려보는 것 같다. 글로리아에게 양해를 구한 다음, 간호사실로 다시 돌아간다. 그런데 그곳에서 여러분은 규정을 어기고 환자와 사적인 이야기를 나눴다는 이유로 정장 차림의 직원에게 호되게 야단을 맞는다. 수간호사는 그 직원(팀 심리학자)이 자기 이야기를 끝내고 퇴장할 때까지 조용히,

그러나 엄격하게 지켜만 본다.

여러분이 크게 동요한 채 고개를 돌리자 수간호사가 미소를 지으며 "리젠트에 오신 것을 환영합니다"라고 말한다.

자, 여러분은 이렇게 물을지 모르겠다. "방금 무슨 일이 벌어진 건가요? 이제 어떻게 해야 하죠?"

사실 방금 일어난 일은 흔히 벌어지는 일이다. 갈등은 종종 예고 없이 하늘에서 뚝 떨어지는 것처럼 보인다. 갈등이 폭발할 때 우리는 깜짝 놀라서 당황하고 아무 준비도 되어 있지 않다고 느끼곤 한다. 우리는 대부분 말문이 막히거나 방어적으로 변해 화를 내고 후회할 말을 하게 된다.

우리 접근법의 기본 논리는 간단하다. 갈등은 거의 항상 특정한 관계나 사회적 상황의 흐름에서(그리고 그에 수반되는 감정 저장소와 함정의 맥락에서) 발생한다는 것이다.

리젠트 병원에서 그날 아침의 상황은 정신병원의 청소년 병동을 공간적 배경으로 하며, 수간호사와 팀 심리학자 사이의 어떤 갈등과 관련이 있었다. 콜먼은 우연히도 그들의 게임에서 졸이 되어버린 것이다.

이런 감정적 맥락에서 갈등에 대한 우리의 반응을 결정하는 두 가지 요소는 사람과 장소다. 갈등에 대응하는 우리의 지배적인 성향은 우리에게 영향을 미치는 다양한 요소의 산물이다. 성격과 기

갈등을 관리하는 방법

질, 습관, 문화적 양육 환경, 성별, 사회적 지능, 공식 교육, 교육 수준, 사회경제적 지위, 부모와 또래의 영향, 대중매체 등이다. 시간이 지나면서 이런 요인들이 뒤섞여 갈등에 대한 우리의 기본 반응을 형성한다.

콜먼은 아일랜드-프랑스계 미국인으로 가톨릭 교육을 받은 젊은 남성이었다. 노동자계급으로 태어났지만 대학 교육을 받았고, 알코올의존자의 자식으로 마음에 들지 않는 모욕은 받아본 적이 없었다. 다시 말해, 그는 성깔이 좀 있었다.

그러나 이런 갈등 성향은 진공상태에서 작동하지는 않는다. 가장 기본적인 수준에서는 현재 상황, 관계에 대한 감정 저장소의 맥락 속에서 작동한다.

리젠트에서 콜먼은 불안하고 모호한 상태였다. 하지만 자신의 지배적인 성향을 완화할 수 있을 만큼 감정적으로 중립적인, 새로운 인간관계와 낯선 고용 상황에 처해 있었다.

우리는 대부분 갈등에 빠졌을 때 어떤 대응을 하기 전에 순간적으로 그 상황을 판단할 수 있다(콜먼이 리젠트에 입사한 첫날에 한 행동이 바로 그런 것이다). 우리가 본능적으로 집중하는 갈등 상황에는 크게 세 가지 측면이 있다.

다른 갈등 당사자들이 나에게 얼마나 중요한가?

현재 또는 미래에 내 필요를 충족하려면 그들이 필요한가? 앞으로도 이 관계를 계속 유지하고 싶은가? 아무런 대가 없이 이 상황에서 벗어날 수 있는가?

그들이 내 편인가, 아니면 나와 반대편인가? (또는 둘 다인가?)

그들이 내 편에 서 있는가? 내 목표와 관심사를 그들과 공유하는가? 그들이 나를 도와줄 가능성이 큰가, 해를 끼칠 가능성이 큰가? 그들을 믿어도 되는가?

내 권력이 그들보다 더 큰가, 작은가, 아니면 동등한가?

여기서 누가 책임자인가? 그들에게 나를 관리할 권력이 있는가? 그들을 관리할 권력이 나에게 있는가? 장기적으로 봤을 때 누가 '정말로' 통제권을 쥐고 있는가?

더불어, 이 세 가지 측면을 함께 고려해야 우리의 지배적인 반응을 뛰어넘어 갈등 상황에 대처하는 우리의 반응과 대응, 즉 우리가 사용할 전략과 전술을 결정할 수 있다. 이를 갈등 상황의 가장 기본적인 3가지 요소라고 생각하면 된다. 관계, 공유 목표, 권력 차이라는 이 세 요소를 종합해, 갈등에 돌입하는 가장 기본적인 상황 모델들을 7가지 유형으로 만들었다. 7가지 기본 갈등 상황은 다음과 같다.

갈등을 관리하는 방법

| **온정적 책임**Compassionate Responsibility | 갈등이 일어났을 때 상대방보다 자신이 더 높은 권력을 가지고 있는 상황이다. 공통의 목표나 관심사, 이해利害를 공유하며, 상대방과의 관계가 중요하고 잘 관리돼야 한다고 느낀다. 이는 많은 건설적인 부모와 자녀, 상사와 부하직원, 교사와 학생 사이의 특징이다.

| **명령과 통제**Command and Control | 이런 갈등 상황에서는 상대방보다 상대적인 힘이 더 강하다. 순수하게 경쟁하거나, 반대되는 목표나 필요를 가지고 있더라도 앞으로 나아가면서 상대방과 계속 관계를 유지하고자 하는 욕구가 높다. 팀 심리학자가 리젠트 병원에서 콜먼을 만난 첫날의 상황을 이렇게 파악했을 것이다.

| **협력적 의존**Cooperative Dependence | 이런 상황에서는 여러분의 힘이 다른 갈등 당사자들보다 상대적으로 약할 것이다. 그래서 협력적이거나 상호 보완적인 목표를 공유하며, 그들과 좋은 관계를 유지하고자 하는 욕구도 높을 것이다. 이는 팀 심리학자의 질책을 들은 후 리젠트에서 수간호사와 둘만 남게 되었을 때 콜먼이 겪은 일이다. 콜먼은 그녀를 필요로 했고, 그녀 밑에서 일하며 보고했다. 그러면서 그들 둘 다 팀 심리학자를 경멸하고 있음을 깨달았다.

| **불행한 용인**Unhappy Tolerance | 경쟁적인 목표를 가지고 있지만, 권

갈등 상황	관계의 가치	공유 또는 경쟁 목표	나의 권력 위치
온정적 책임	중요	공유 목표	더 높음
명령과 통제	중요	경쟁 목표	더 높음
협력적 의존	중요	공유 목표	더 낮음
불행한 용인	중요	경쟁 목표	더 낮음
독립	중요하지 않음	상관없음	상관없음
파트너십	중요	공유 목표	동등함
영역 다툼	중요	경쟁 목표	동등함

력이 낮아서 상대방과의 관계를 유지하려는 욕구가 높은 상황이다. 콜먼이 그날 아침에 팀 심리학자의 손아귀에서 공개적으로 굴욕을 당하면서 발견한 자신의 모습이 바로 이와 같다.

| 독립Independence | 다른 갈등 당사자와 함께 일하지 않아도 된다면, 즉 관계를 유지할 필요성이 낮거나 아예 없는 상황에서는 권력이나 경쟁 목표가 아닌 다른 것들은 하나도 중요하지 않아진다. 예를 들어, 콜먼이 일하지 않아도 될 만큼 부유했거나, 리젠트에서 일하는 데 별 관심이 없었거나, 출근 첫날 아침에 다른 병원에서 더좋은 제안을 받았다면 어땠을까? 팀 심리학자와의 갈등을 완전히다른 방식으로 경험했을 것이다.

| **파트너십**Partnership | 상대방과 비교적 동등한 권력을 가지고 있고, 대체로 협력적인 목표를 공유하며, 상대방과 계속 관계를 유지하고자 하는 욕구가 높은 상황이다. 이는 직장에서 동기나 동료들 사이에서도 매우 흔한 일이다.

| **영역 다툼**Enemy Territory | 역시 상대방과 대등한 권력 관계를 누리면서 분명히 경쟁적인 정반대의 목표를 가지고 있는 상황이다. 하지만 상대방과 적극적으로 관계를 유지하고자 하는 욕구도 높다. 이런 상황이 계속되면 일반적으로 논쟁적 갈등, 확대, 교착상태가 이어진다.

이 7가지 상황은 관계의 중요성, 협력 또는 경쟁, 권력 분배를 극단적으로 조합한 상황이다. 이렇게 극단적이지는 않은 상황들을 자주 접하게 되겠지만, 이 7가지 상황은 우리가 만나는 일반적인 갈등 상황들을 이해하는 데 도움이 된다. 여기에 익숙해지면 다른 상황에도 대비할 수 있다.

상황이 극단적일수록 갈등에 어떻게 대응할지 결정할 때 개인적 성향을 더 많이 억누르게 된다. 성격이 강한 사람은 성격대로 갈등에 반응하는 경향이 있지만(도널드 트럼프를 생각해보라), 정말로 심각한 상황은 성격과 무관하게 행동하도록 만든다(감옥에 있는 도널드 트럼프를 생각해보라).

7가지 갈등 관리에
필요한 7가지 사고방식

우리 연구에 따르면 이런 여러 갈등 상황은 각각의 갈등에 대처하는 확고한 사고방식을 가지게 한다. 그 사고방식이 갈등과 관련한 분쟁 당사자들의 인식, 감정, 가치관, 행동에 영향을 미치는 것으로 나타났다. 우리는 직장인들을 대상으로 여러 연구를 수행해두 가지를 파악했다. 첫째, 이런 뚜렷한 상황 유형이 갈등 사고방식에 어떤 영향을 미치는가? 둘째, 7가지 상황 유형 각각에 적용할 수 있는 가장 일반적이고 효과적인 전략과 전술은 무엇인가? 포커스 그룹, 시뮬레이션 연구, 설문 조사, 실험실 연구를 바탕으로 우리는 이런 다양한 접근 방식을 미묘한 차이까지 명확하게 이해했다.

7가지 상황은 해당 갈등 상황에 가장 적합한 특정 사고방식과 각각 일치하는 경향이 있다. 간단히 요약하면 다음과 같다.

| **자비**Benevolence | '온정적 책임'의 상황에서 나타나는 대응 방식이다. 이는 대부분의 관리자들이 업무상 부딪칠 때 접근하는 일반적 방식이다(다소 과다하게 보고된 것으로 생각되지만). 갈등 관리에 적극적이고 협력적이며 양심적으로 접근하는 방식이다. 권력자가 당면한 문제에 책임감을 지니고, 상대방의 말에 귀 기울이며, 건설적인 갈등 관리 행동의 모범을 보이려고 애쓴다.

또한 권력이 낮은 상대방에게 진정한 관심을 느낀다. 여기에는 열린 대화, 친사회적 모범, 공동 문제 해결과 같은 건설적 행동을 포함한다. 이는 많은 갈등에서 건설적인 해결책을 이끌어내는 데 매우 효과적이다. 하지만 만성화되거나 부적절한 상황에 적용될 경우 남용되거나 역효과를 낼 수 있다. 이에 관해서는 4장에서 더 자세히 설명하겠다.

| **지지**Support | '협력적 의존'의 상황에서 나타나는 대응 방식이다. 지지는 직원으로 일하는 모든 사람에게서 매우 흔하게 보고된다. 이런 갈등 사고방식을 지닌 사람들은 정중하게 역할과 책임에 대한 명확한 설명을 구하고, 권력이 높은 상대방의 우려와 행동에 더 주의를 기울인다. 또한 자신이 부적절하게 대응했다고 의심된다면 이를 바로잡으려 노력하고, 갈등 상황에서 상사를 진심으로 걱정한다(긴장된 갈등은 관계의 이상 징후인 경향이 있기 때문이다).

이런 상황에서 사람들은 더 높은 권력을 가진 사람이 제공하는

지원적 리더십과 기대 혜택을 소중히 여긴다. 물론 갈등에 대해 어느 정도의 불안과 혼란을 느낀다. 하지만 갈등 중에도 분쟁 상대방뿐만 아니라 도움을 줄 만한 위치에 있는 다른 사람에게 도움을 요청하는 적극적인 행동을 취한다. 그들은 존중하는 자세로 팔로워십을 발휘해 지지한다. 일반적인 접근 방식이기는 하지만, 남용하면 역작용으로 더 나쁜 결과를 가져올 수 있다. 이에 관해서는 5장에서 자세히 설명한다.

| 지배Dominance | '명령과 통제'의 상황에서 나타나는 대응 방식이다. 매우 흔하게 관찰되지만, 경영진과 관리자가 갈등에 접근하는 방식으로는 잘 보고되지 않는다. (그날 아침과 그 이후에) 리젠트에서 팀 심리학자가 콜먼에게 취한 접근 방식은 분명 이 유형이었다. 갈등에 대해 정면 대립하며 때로는 가혹하거나 위협적인 대응을 한다. 통제하려 들고 때로는 착취적이기까지 한 갈등 사고방식을 지닌 사람들은 일반적으로 자기 권력을 지키는 데 관심이 높고 상대방의 결과는 안중에 없다. 갈등에서 승리해 그 결과를 극대화하는 것만 중요하게 여긴다. 상대방과 공감하는 능력이 부족하며, 자기 열망을 달성하기 위해 힘, 통제, 속임수 같은 전술도 사용할 수 있다.

이런 사고방식 때문에 높은 비용이 들고 그 결과도 악명이 높지만, 사실 일반적이다. 그뿐만 아니라 매우 필요한 전략이기도 하다.

갈등을 관리하는 방법

하지만 부정적인 이미지 때문에 정작 필요한 상황에서 제대로 활용하지 못하는 경우가 많음을 발견했다. 이 부분은 6장에서 중점적으로 논의할 것이다.

| **회유와 순응** Appeasement | '불행한 용인'의 상황에서 나타나는 대응 방식이다. 이는 미국의 많은 직장인이 몹시 싫어하는(하지만 종종 실행되는) 힘든 방식이지만, 집단주의나 권위주의 문화 속에서 일하는 근로자들은 이를 수용한다.[1] 리젠트의 팀 심리학자가 고함을 질렀을 때 콜먼이 처음 보인 반응이기도 했다. 이런 사고방식은 더욱 심한 스트레스와 분노로 이어지는 경향이 있다. 그 상황을 조용히 견디고 인내하려는 강한 욕구, 반대로 문제를 되도록 빨리 바로잡아 그냥 사라지게 하고 싶은 욕구를 불러일으킨다.

이 단계에서 사람들은 불안과 분노를 제일 많이 느끼고, 최대한 피해를 피하는 것을 중요하게 생각한다. 은신처나 탈출의 기회를 찾지만, 태업 같은 사보타주나 업무 속도 저하와 같은 은밀하고 강압적인 전술에도 참여할 수 있다. 우리 포커스 그룹의 참가자들은 우리가 물어보기 전까지 사보타주에 대해 언급하지 않았다. 그러다가 한번 물어보자, 상사의 힘을 약화시키는 여러 가지 기발한 방법을 열정적으로 설명했다. 특히 어려운 전략이지만, 이 접근법을 잘 익히면 높은 직위에 있는 사람들을 효과적으로 관리하는 데 매우 중요할 수 있다. 이는 7장의 주제다.

| **자율성**Autonomy | '독립'의 상황에서 나타나는 대응 방식이다. 이 접근법 역시 흔하게 보고되지는 않지만, 일반적으로 사용하기는 한다. 대부분은 사람들이 단기적 또는 장기적으로 그다지 중요하지 않다고 느끼는 상황과 관계에 대응할 때 나타난다. 갈등이 크게 중요하지 않기 때문에 사람들은 일반적으로 그 분쟁이나 관계에서 완전히 빠져나오기를 바란다. 즉 갈등에 직접 관여하는 것은 가치가 없다고 생각한다. 다른 수단을 통해 자신의 필요와 목표를 쉽게 달성할 수 있기 때문이다. 그래서 사람들은 손을 놓아버린다. 이는 갈등을 피하거나 갈등 협상에서 영향력을 확보할 수 있는 방법이다. 그러나 조직이나 갈등에 더 적극적으로 참여하는 사람들에게는 큰 의심과 경멸의 시선을 받을 수 있으므로 신중하게 사용해야 한다. 이런 경우에 관해서는 8장에서 더 자세히 설명한다.

| **협력**Cooperation | '파트너십'의 상황에서 나타나는 대응 방식이다. 사람들의 목표와 운명이 서로 연결되어 있는, 순수하게 협력적이고 동등한 힘을 가진 사람들이 갈등하는 상황에서는 좋은 것들을 이끌어내려는 경향이 있다. 예를 들어 서로 엇비슷한 신념과 태도, 도움을 줄 마음의 자세, 열린 의사소통, 신뢰와 우호적인 태도, 공통 관심사에 적극성 보이기, 반대 관심사에 소극적으로 대하기, 힘의 차이를 벌리기보다는 서로의 힘을 같이 기르기 등이 그런 것들이다.[2]

갈등을 관리하는 방법

수십 년에 걸친 연구를 토대로 협력적이고 동등한 힘이 건설적인 갈등 역학에 미치는 영향이 밝혀졌다. 그리고 대부분의 통합적·상생적 협상 모델에서 이를 주요 전략으로 강조하므로, 이 접근법은 따로 자세히 설명하지 않겠다(《Yes를 이끌어내는 협상법Getting to Yes》과 《고집불통의 NO를 YES로 바꾸는 협상 전략Getting Past No》[3] 등 원원 협상에 관한 많은 유용한 책들 참고). 그러나 이 방식의 가치에는 의심의 여지가 없지만, 너무 광범위하게 적용하면 병적으로 만성화되어 부정적인 결과를 초래할 수 있다. 이는 강조해둘 필요가 있다. 비대칭적 권력 갈등에서는 협력적 접근법이 항상 효과적인 것은 아니다.

| **경쟁**Competition | '영역 다툼'의 상황에서 나타나는 대응 방식이다. '파트너십'의 상황과 달리, 동등한 힘을 가지고 순수하게 경쟁하는 사람들이 중요한 갈등을 벌이는 상황에서는 제한된 자원을 놓고 승패가 갈리는 싸움에 참여하도록 유도당한다. 강압이나 위협, 기만의 전술을 사용하고, 의사소통이 잘되지 않으며, 의심스럽고 적대적인 태도를 느낀다. 결국에는 갈등 문제의 심각성, 중요성, 경직성이 증폭하기에 이른다. 경쟁적인 상황의 이런 역효과는 잘 정리되어 있으며(모턴 도이치의 《갈등의 해결The Resolution of Conflict》 참고), 승패 전략도 매우 상세하게 제시되어 있다(노벨상 수상자 토머스 셸링Thomas Shelling의 《갈등의 전략The Strategy of Conflict》[4] 참고). 따라서

여기서는 그런 전략을 자세히 설명하지 않는다.[5]

이 7가지 갈등 사고방식은 분쟁 당사자의 심리 상태, 상대방의 사고방식, 그때 상황의 성격에 따라 그 나름의 효용과 이익이 있고, 비용이 들며, 그 결과가 따른다. 그러나 사람들은 특정한 갈등 상황에 장기간 처하게 되면, 그 상황에 맞는 강력한 사고방식을 개발하는 경향이 있다. 특정한 사고방식(예를 지배적 사고방식)에 오래 젖어 있게 되면 그 같은 관점을 바꾸기가 매우 어려워진다. 그런 방식으로 사고해서는 자기 목표를 충족하지 못하더라도 말이다. 갈등 강도가 약해지거나 사회적 조건이 달라져 다른 사고방식이 필요해져도 마찬가지다.

갈등을 관리하는 방법

나는 갈등에
어떻게 대응하는가?

　10분 정도 시간을 내어 간단한 갈등 관리 자가 진단을 해보자. 우리가 개발한 단문형 갈등 지능 평가 항목CIA-SF, Conflict Intelligence Assessment—Short Form이다.

　조직에서 만나는(또는 만나게 될) 많은 갈등을 해결할 때 자신의 주요 성향과 강점, 그리고 주의해야 할 부분을 미리 파악할 수 있다. 더 자세한 평가가 필요하면 웹사이트(www.MakingConflictWork.com)에서 온라인으로 이용할 수 있다.

　조직에서 여러분이 다음에 제시된 행동들을 얼마나 자주 하고 있는지 아래 숫자로 표시해 점수를 한번 매겨보라. 현재 몸담고 있는 조직 또는 가장 최근에 머물렀던 조직을 염두에 두고 대답하면 된다.

1: 전혀 아니다	2: 아니다	3: 보통이다
4: 그렇다	5: 매우 그렇다	

1. 내가 감독하는 사람과 갈등이 있을 때는 공정하게 해결하기 위해 그 사람과 개인적으로 이야기를 나눈다. (   )

2. 내가 감독하는 사람과 갈등이 있을 때는 내 권한을 행사해 그 사람이 해야 할 일을 하도록 만든다. (   )

3. 상사와 갈등을 겪을 때는 더 세심하게 배려하고 서로를 이해하기 위해 주의 깊게 경청한다. (   )

4. 내가 감독하는 사람과 갈등이 있을 때는 그 사람과 협력해 문제를 논의하고 내가 우려하는 바를 정중하게 공유한다. (   )

5. 직장에서 갈등을 겪으면 나는 그냥 떠나기로 결정한다. (   )

6. 관리자로서 직원과 갈등이 있을 때는 직원에게 내 방식대로 상황을 바라보도록 한다. (   )

7. 직장에서 갈등이 생기면 즉시 손을 떼고 나에게 필요한 것을 얻을 수 있는 다른 방법을 찾는다. (   )

8. 상사와 갈등을 겪을 때는 상사의 우려 사항을 주의 깊게 경청한 후 서로에게 도움이 되는 해결책을 제안한다. (   )

9. 나는 갈등이 있을 때 최대한 빨리 상사에게 굴복한다. 나는 문제를 일으키고 싶지 않다. (   )

갈등을 관리하는 방법

10. 나는 직장에서 갈등을 일으키지 않는다. 그럴 가치가 없기 때문이다. (　)

11. 내가 감독하는 사람들과 갈등이 있을 때는 책임감 있게 행동하는 모범을 보이려고 노력한다. (　)

12. 나는 상사와 갈등할 때도 서로를 이해하기 위해 열심히 노력한다. (　)

13. 나는 상사와 갈등이 있을 때 직장을 지키기 위해 상사에게 순응하며 회유하기도 한다. (　)

14. 내 밑에서 일하는 직원과 갈등이 생기면 그 직원의 행동이 어떤 결과를 초래할 수 있는지 분명히 알려준다. (　)

15. 상사와 팽팽하게 긴장된 상황일 때는 그 상황이 끝날 때까지 조용히 참고 견뎌낸다. (　)

16. 동료들과 분쟁이 생기면 나는 이기려 한다. (　)

17. 나는 다른 직원들과 갈등이 생기면 이기기 위해 수단과 방법을 가리지 않는다. (　)

18. 동료들과 갈등이 생기면 나는 경쟁심이 강해진다. (　)

19. 동료들과 갈등을 겪을 때 나는 우리 모두에게 중요한 문제를 해결할 수 있는 해결책을 제안한다. (　)

20. 다른 직원들과 갈등이 생기면 서로 협력해 해결할 수 있는 문제라고 생각한다. (　)

21. 동료들과 갈등을 겪을 때는 동료들과 나 사이에 합의할 수 있는 지점을 찾아서 그것을 기반으로 한다. (　)

자비: 1번, 4번, 11번 항목의 점수를 합하라.

지배: 2번, 6번, 14번 항목의 점수를 합하라.

지지 구축: 3번, 8번, 12번 항목의 점수를 합하라.

회유와 순응: 9번, 13번, 15번 항목의 점수를 합하라.

자율성: 5번, 7번, 10번 항목의 점수를 합하라.

협력: 19번, 20번, 21번 항목의 점수를 합하라.

경쟁: 16번, 17번, 18번 항목의 점수를 합하라.

먼저 7가지 사고방식에 매겨진 점수들을 살펴보자(3~4점은 낮은 점수, 12~15점은 높은 점수). 이를 토대로 여러분 자신에 관해 무엇을 알 수 있을까? 아래 그래프는 우리가 수행한 연구에서 나온

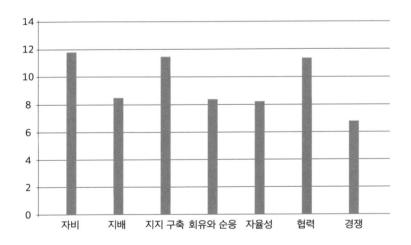

갈등을 관리하는 방법

CIA-SF의 일반적인 평균 점수를 나타낸 것이다.

다양한 사고방식에 대한 자신의 점수가 평균적인 연구 결과와 얼마나 일치하는지 잠깐 비교해보자. 여기서 흥미로운 점이 있는가? 특별히 높거나 낮은 점수는 없는가? 놀라운 점이 있는가? 어떤 점수를 높이거나 낮추면 도움이 될 것 같은가?

우리의 연구 결과에 따르면 이 7가지 사고방식 모두에서 평균 이상의 점수를 받은(그러나 너무 높지는 않은) 사람들이 직장에서 더 행복한 것으로 나타났다.

7가지 사고방식을 전략화해
갈등 적응력을 키우는 법

손자는《손자병법》에서 "전쟁에서 승리한 전략가는 승리를 거둔 후에야 전투를 모색하는 반면, 패배할 운명에 처한 사람은 먼저 싸우고 그 후에 승리를 모색한다"라고 썼다. 연구에 따르면 의도적이고 전략적으로 자신이 처한 상황 유형에 맞는 갈등 접근법을 사용하는 사람들이 더 나은 성과를 거두는 것으로 나타났다. 즉 다음과 같은 전략을 선택하는 사람들이 갈등 상황과 업무 전반에서 더 행복하고 만족한다.

- 온정적 책임의 갈등 상황에서는 실용적 자비
- 협력적 의존의 갈등 상황에서는 지지 구축
- 명령과 통제의 갈등 상황에서는 건설적 지배
- 불행한 용인의 갈등 상황에서는 전략적 회유와 순응

갈등을 관리하는 방법

- 독립적인 갈등 상황에서는 선택적 자율성
- 파트너십의 갈등 상황에서는 협력
- 영역 다툼의 갈등 상황에서는 경쟁

이들은 자신의 갈등과 삶에 더 많은 효능감과 통제력을 느낀다. 이를 우리는 '적응력adaptivity'이라고 부른다.

갈등 상황에 적합하지 않은 방식으로 대응하면 잘못됐다고 느낀다. 그러면서 다른 사람들까지 곤란하게 만들고 일반적으로 부정적인 결과를 가져온다. 갈등에 더욱 '적응력 있게' 접근하는 방식, 즉 서로 다른 상황이 요구하는 바를 충족하고자 다양한 전략을 사용하면 시간이 지나면서 갈등 과정과 결과에서 전반적으로 만족도를 높일 수 있다.

이들 전략은 사람들의 심리 상태, 상대방의 성향, 닥친 상황의 성격에 따라 그 효용, 이익, 비용, 결과가 다르다. 궁극적으로, 갈등 상황은 변화하기 마련이므로 적응력이 특히 유용하다. 다양한 사고방식 사이를 자유롭게 오가며 장단기 목표를 달성하기 위해 관련 전략과 전술을 그때그때 사용할 수 있는 능력이다. 이것이 9장의 초점이다.

리젠트 병원에서 일한 지 2년이 지나자 콜먼은 자기 리듬을 찾았다. 그는 병원의 위기와 권력 이동에 잘 대응했고, 스트레스가 가득한 상황에서 리더로서 명성도 얻었다.

하지만 병원은 여전히 변화의 소용돌이에 휘말려 있었고, 권력층들은 변화에 어떻게 대응해야 할지 막막해하며 서로 부딪치는 모습을 보였다. 물론 변화와 우유부단함에서 오는 고통은 병동에서 근무하는 직원들과 환자들이 가장 절실하게 느꼈다.

이 시점에서 콜먼은 '위층'으로 올라가 CEO의 일정에 자기 이름을 올렸다. 일주일 후, 그는 CEO를 만나 자신이 관찰한 내용과 우려 사항, 그리고 실현 가능한 해결책에 대해 몇 가지 생각을 공유했다. 이 미팅으로 그는 결국 (병원에서 자신보다 더 오래 근무한 동료들을 감독해달라는 요청을 받고) 선임 MHA로 승진했다. 몇 달 후에는 CEO로부터 지역사회 관련 부서로 자리를 옮기라는 제안까지 받았다. 1년 후, 콜먼은 병원의 마케팅 책임자가 되었다.

꿈같은 일로 들리는가?

하지만 대가를 치러야 했다. 콜먼은 의사, 경영진, 기업 총수, 간호사, 환자 옹호자, 주변 뉴욕 커뮤니티의 구성원들과는 꽤 잘 맞춰나갔다. 그들과 서로 다른 방식으로 협상하는 효과적인 방법을 배우면서 적응력도 점점 키워나갔다. 그런데도 이전 MHA 동료들과 친구들을 관리하고, 소통하고, 협상하는 일은 매우 어려웠다.

콜먼의 동료들과 친구들은 순순히 받아들이지 못했다. 처음에 콜먼이 자신들을 감독하게 되었다는 소식을 들었을 때 이미 힘든 상태였다. 그들은 분명히 분개했지만, 그래도 잘 따라주었다. 하지

갈등을 관리하는 방법

만 콜먼이 관리직에 이어 마케팅 담당으로 승진했을 때는 선을 넘은 것 같았다. 그는 이제 돈과 지위를 위해 '치료사들'을 버린 배신자이자 회사원이며 돈밖에 모르는 사람이었다.

콜먼의 새로운 직책은 이전 동료들과 친구들에게 전혀 무게감을 주지 못했다. 시간이 지나면서 그는 한 명을 제외한 모든 사람과 연락이 끊겼다. 오랜 시간 동안 켜켜이 쌓인 부정적 감정 저장소가 결국 그의 이전 동료들과 친구들을 장악하고 만 것이다. 여기서 교훈 한 가지. 대부분의 갈등은 관리할 수 있지만 일부 갈등은 그렇지 않다.

여기에 설명된, 적응력을 발휘하며 갈등 관리에 접근하는 방식은 획기적 모델이다. 이미 세계 곳곳에 있는 수천 명은 아니더라도 수백 명의 학생, 직원, 관리자, 리더에게 도움을 주었다. 이를 공유하게 되어 자랑스럽고 흥분된다.

하지만 적응력에는 두 가지 주요 한계가 있다. 첫째, 모든 갈등 전략이 확대 가능성, 파괴성, 해결 난이도 측면에서 동일하지 않다. 지배, 경쟁, 회유와 순응을 사용하면 갈등은 비용이 쉽게 올라가는 돌이킬 수 없는 길로 접어들 수 있다. 따라서 이런 전략들은 가급적 아껴서 사용해야 한다. 자비, 협력, 지지, 심지어 자율성과 같은 협력적 전략들은 궁극적으로 비용이 적게 들고 건설적이다. 그러므로 기본 전략, 즉 다른 전략을 썼다가도 다시 돌아가야 하는 전략으로 간주해야 한다.

둘째, 적응에는 태어날 때부터 우리를 괴롭히는 무언가가 항상 있어왔다. 그 때문에 '적응해서는 안 되는데 잘못 적응하고 있는 것이라면?' 하는 생각에 항상 시달린다. 단순히 '잘못된', 즉 비윤리적이거나 부도덕하거나 억압적이거나 불법적인 상황이라면? 아니면 그저 어리석은 관계, 상황, 환경에 처하게 되면 어떻게 해야 할까? 그러면 무슨 일이 일어날까?

이런 상황에서는 더 극단적인 조치가 필요하다. '원칙적 저항'이라고 부르는 반적응적 대응이 필요할지 모른다. 이것이 10장의 주제로, 마지막 최종 전략이다.

갈등을 관리하는 방법

지능적 갈등 행동의
6가지 기준

결국, 갈등 지능에 따른 행동임을 우리는 어떻게 알 수 있을까? 다음 기준을 고려해 판단하면 된다.

01. 갈등에 처하면 마음 챙김을 실천한다

갈등 상황에서 자신의 굴복하기 쉬운 경향, 함정, 감정적 쟁점을 충분히 알아차린다. 그 같은 자기 인식 위에 이상적으로는 그 사항들을 효과적으로 관리하거나 회피하거나 탐색할 수 있다.

02. 갈등에 처하면 전략적으로 행동한다

그 상황에서 무엇을 원하고 필요로 하는지 감각적으로 명확하게 안다. 그때 실행할 수 있는 전략과 전술에 관해서도 정확한 감각을 가지고 미리 대비한다.

03. 갈등을 정서적으로 인지한다

단순한 이성적 계산에 의지하지 않는다. 갈등 관계를 둘러싼 긍정적 감정과 부정적 감정의 비율을 제대로 이해한다.

04. 갈등 상황에서 적응력을 발휘한다

사회적, 정치적으로 변화하는 삶의 현실과 요구에 적응하고 반응한다. 그 상황이 요구하는 바에 맞는 특정한 행동들을 한다.

05. 갈등은 일시적이라고 생각한다

미래의 필요, 결과, 관계뿐만 아니라 과거와 현재의 필요와 관계를 바탕으로 갈등을 판단한다. 갈등을 지속적인 관계 속에서 일시적으로 생겨나는 부딪힘과 흔들림으로 이해한다.

06. 갈등 상황에서 규범적으로 행동한다

개인적·직업적 갈등 상황에서 규범적으로 행동하면 효과적인 것으로 입증됐다. 하지만 이는 갈등이 법적·도덕적·합법적 행동 범위 내에 있다고 가정했을 때다. 그렇지 않다면 규칙을 어기고 적응해서 행동하기를 거부하며 권력에 맞서야 할 수도 있다.

또한 지능적인 갈등 행동은 효과적이다. 다음 장부터는 갈등 지능을 높이고 갈등을 해결하는 데 필요한 7가지 전략을 소개한다.

갈등을 관리하는 방법

4장

실용적
자비 전략

함께하는
협력적 권력

진저 그레이엄Ginger L. Graham은 1993년에 어드밴스드 심혈관 시스
템ACS, Advanced Cardiovascular Systems의 CEO가 되었다.[1] 그레이엄은 회사
가 직원들의 사기 문제, 고객 불만, 연구 개발 부서와 제조 부서 간
의 불화로 어려움을 겪고 있을 때 취임했다. 권력을 가진 사람이
모든 해답을 가지고 있다고 생각하기 쉽다. 하지만 그녀는 직원들
에게 회사를 살릴 방법을 모른다고 솔직하게 말했다.

그레이엄은 직원들이 나서서 아이디어를 제시해주기를 진심으
로 바랐다. 그래서 그녀는 회사 임원들에게 조직의 하위 계층에서
일하는 직원들을 코치로 한 명씩 짝지어주었다. 그녀의 코치는 하
역장에서 일했다. 몇 달 동안 그녀는 회사 리더들이 코치에게 거리
감을 느끼고 회피하는 듯한다는 이야기를 많이 들었다. 하지만 결
과적으로 임원들은 부하 직원들의 코칭을 받아 해결할 수 있는 문

갈등을 관리하는 방법

제를 많이 발견했다. 그레이엄이 권력의 사다리를 거꾸로 뒤집지 않았다면 발견하지 못했을 문제들이었다.

권력을 가지고 있고 부하 직원이 자신의 아이디어, 노력, 근성을 공유하기를 원한다면 어떻게 해야 할까? 여러분이 원하는 것을 얻으려면 여러분도 가진 것을 공유해야 한다. 많은 관리자와 임원들은 권력과 그 영향력에 대해 잘 알고 있다. 상품, 정보, 결정권, 권한을 품속에 꽁꽁 움켜잡고 있지 않으면 잃게 된다고 생각하기 쉽지만, 오히려 개방하고 공유하면 더 많은 것을 얻게 될 것이다.

초기 경영 전문가인 메리 파커 폴릿은 권력을 제로섬 게임보다는 공유하고 확장해야 하는 것으로 보았다. 1920년대에는 경쟁적인 남성들이 조직을 지배했고, 직장 내 갈등과 노사 갈등도 훨씬 첨예하고 폭력적이었다. 그 때문에 권력과 갈등에 관한 폴릿의 생각은 당시로서는 더욱 혁명적이었는데, 오늘날에도 우리에게 권력, 갈등, 리더십에 다른 방식으로 접근하게 해준다.

폴릿은 권력을 일반적으로 다른 사람에 대한 '지배력'이라 생각하지만, 다른 사람과 '함께하는 권력'으로도 생각할 수 있다고 주장했다. 그녀는 이런 유형의 권력을 서로에게 이익이 되는 협력적 권력으로 보았다.[2] 폴릿에 따르면, 세상에서 갈등은 목표를 달성하기 위해 함께 일하는 지극히 당연한 현상의 하나다. 관리자와 리더는 동료와 팀의 상호 의존성을 인식해야 하며, 갈등이 없으면 목적의

식을 지닌 참여도 부족할 수 있다는 점을 이해해야 한다.[3]

폴릿의 관찰 이후 수십 년에 걸쳐 결혼, 가족, 학교, 기타 조직에 대해 과학적인 연구들이 이루어졌다. 그 연구들은 협력적 권력과 갈등에 관한 그녀의 생각을 압도적으로 뒷받침해왔다.[4] 자비로운 리더십[5], 참여적 리더십[6], 직원에게 권한 부여[7], 권력 공유[8], 갈등에 긍정적인 조직[9]을 연구한 결과는 모두 비슷한 결론으로 수렴됐다. 직장에서 효능감과 소속감을 느끼며 업무, 보상, 그리고 기타 결과 목표를 협력적으로 공유할 때, 구성원들은 권력을 건설적으로 사용한다. 물론 갈등에서도 긍정적인 결과를 얻을 확률이 크게 높아진다.

다음과 같은 경우에 갈등 상황에서 실용적인 자비를 발휘하면 도움이 될 수 있다.

- 목표를 달성하기 위해 상대방과의 관계를 유지해야 하는 경우
- 상대방이 대체로 여러분의 의견에 반대하지 않고 여러분과 함께하는 경우
- 상대방이 여러분보다 권력이 낮은 경우

갈등을 관리하는 방법

무엇이 갈등에 자비로워지도록 만들까?

갈등에 자비롭게 접근하는 방식은 여러모로 리더에게 매력적이다. 다른 접근 방식들보다 더 건전하고 기능적이기도 하다. 많은 리더가 직원들은 물론 더 큰 지역 커뮤니티의 성공과 안전을 진심으로 바라고 염려한다. 대부분의 기업가와 리더들은 부패, 권력 남용, 탐욕에 관한 뉴스에 경악하며, 자기 조직을 더 나은 곳으로 이끌고자 하는 진심 어린 마음을 가지고 있다. 자비로운 리더십은 윤리적인 의사 결정을 모델링하고 장려한다. 또한 긍정적인 감정을 자극하고 더 큰 지역 커뮤니티에 좋은 영향을 미쳐 조직에 변화의 선순환을 불어넣는다.[10]

하버드대학의 데이비드 매클렐런드David McClelland 교수는 전 세계의 권력과 리더십을 수년간 연구했다. 그 연구 결과에 따르면, 어른으로 성숙하면서 권력과 권위에 접근하는 방식이 순차적으로 발전

한다. 이상적으로는 '함께togetherness'라는 이름의 자비 단계로 나아
간다.

매클렐런드는 이 단계를 "자아가 자신을 권력의 원천으로 보는
데서 벗어나, 자신을 더 높은 권위의 도구로 보고 다른 사람에게
영향을 미치거나 도움이 되려는 권력 욕구를 표현하는 가장 발전
된 단계"라고 설명했다.[11] 즉 사람들은 결국 팀, 조직, 단체, 연합의
일원이 됨으로써 권력이 필요해져 권력 욕구를 드러내게 된다.

매클렐런드의 연구에 따르면, 권력 지향성을 표현하는 사람들은
조직에서 책임감이 더 강하고, 자아가 크게 강하지 않다. 그들은 필
요하다면 전문가의 도움을 기꺼이 구하고, 가까운 사람들에게 더
열린 태도를 보인다.

자비는 실용적인 전략이 될 수도 있다. 여기에 조직의 성공을 위
해 헌신하는 재능 있고 의욕적이며 지식이 풍부한 부하 직원들이
있다. 의견 충돌이 있을 때 그들의 최선을 끌어내는 가장 좋은 방
법은 리더가 그들을 지원하고 권한을 부여하는 것이다. 부하 직원
들을 의사 결정에 참여시키면 열린 자세, 정직성, 솔직한 피드백,
혁신적인 사고를 촉진할 수 있다.[12]

직원의 좌절감과 적대감을 줄여 직장 내 스트레스를 관리하는
일도 자비에 해당한다. 상사와 의견이 다를 때 괴롭힘을 당한다고
느껴 괴로워하는 부하 직원은 큰소리로 더는 반대하지 않을지도
모른다. 하지만 다른 직원들에게도 전염되는 분노를 계속 품고 있

갈등을 관리하는 방법

을 가능성이 높다. 갈등 중인 부하 직원과 대립하기보다 함께 일하면 부정적인 감정을 더 낮출 수 있다.

어떤 사람들은 단순히 협력하기 좋아하고 권위적이지 않은 성격이라 자비를 선택한다. 이런 사람들은 갈등 상황에서 협력하면 긍정적이고 생산적인 상호작용을 이끌어내고, 성취도와 학습 유지율을 높인다고 생각한다. 또한 사람들 간에 훨씬 더 긍정적인 감정을 촉진하고, 신체적·정신적 건강을 증진한다는 사실도 직관적으로 알고 있다.[13]

업무 환경이 급변할 때는 갈등 상황에서 상사가 자비를 보이는 게 도움이 되지 않을 것이다. 가파른 조직 위계, 엄격한 권위주의, 직원들 간의 경쟁, 높은 권력 거리, 불평등한 업무 관계가 만연한 문화를 가진 조직에서는 관리자와 리더의 자비를 막을 가능성이 높다. 반면, 더욱 평등하고 분권화된 의사 결정 구조를 갖추고 직원들 사이에 평등하고 협력적인 관계, 낮은 권력 거리를 장려하는 조직에서는 자비를 더 지지할 것이다.

자비 이면에 숨겨진 동기들 중 일부는 개인, 팀, 조직에 건강하지 않은 영향을 미친다. 갈등을 완전히 피하는 것이 주된 목표라면, 이 전략은 역효과를 가져오기 쉽다. 리더가 자비에 집착하면 스스로 착취의 빌미를 제공할 수 있다. 리더는 지배력을 보일 필요가 있는 경우에도 지배가 주는 일시적 불쾌감을 견디지 못해 자비롭게 대처해야 한다는 강박 속에 갇히곤 한다. 선함에 뿌리를 둔 친절한 자아상이 너무 강해서 어려운 결정을 내리지 못하기도 한다. 다른 사람을 징계할 필요가 생겨도 그러지 못한다. 병적으로 협력적인 조직에서는 권력을 강력하게 행사하지 못하도록 한다.

갈등을 관리하는 방법

자기평가
나는 갈등에 자비로운 리더일까?

많은 리더가 부하 직원들과 의견이 다를 때 자신이 충분히 협조적으로 행동하고 있는지, 아니면 너무 협조적인 태도를 취하는 건 아닌지 알고 싶어 한다. 다음 문항들에 답하면서 권력이 낮은 사람들과의 갈등에서 자신이 얼마나 자비롭고 협조적인지 파악할 수 있다. 각 문항에 아래 숫자로 표시해보자.

1: 전혀 아니다	2: 아니다	3: 보통이다
4: 그렇다	5: 매우 그렇다	

1. 나는 내 뜻대로 되지 않을 때도 팀이 내린 결정을 믿는다. (   )
2. 나는 결정을 내리기 전에 직원들의 의견을 경청한다. (   )

3. 나는 부하 직원들과 개인적인 토론을 할 때 내 감정을 공유한다. (　　)

4. 나는 부하 직원들의 의견을 수용해 기존 정책을 변경한다. (　　)

5. 나는 부하 직원들에게 내 리더십의 권위에 공개적으로 도전할 기회를 제공한다. (　　)

6. 나는 어떤 상황에서도 인내심을 가지고 부하 직원들의 고충을 경청하려 노력한다. (　　)

7. 나는 부하 직원들과 타협하기 위해 규칙과 정책에 대한 예외를 허용하기도 한다. (　　)

8. 나는 직속 부하 직원들과 다른 부하 직원들에게 그들의 솔직한 생각을 들려달라고 요청한다. (　　)

9. 나는 부하 직원들의 이견을 환영한다. (　　)

10. 나는 직원들 간의 분쟁을 조정하는 중재자 역할을 한다. (　　)

11. 나는 조직 내의 아랫사람들에게서 솔직한 피드백과 의견을 듣고 싶다. (　　)

12. 나는 부하 직원들과 매우 정직한 관계를 유지하기 위해 노력하고 발전한다. (　　)

13. 우리 팀은 정책과 실행 계획을 함께 결정한다. (　　)

14. 내 목표를 달성하기 위해서는 부하 직원들의 적극적인 협조를 얻어야 한다. (　　)

15. 나는 긍정적인 유대감과 친밀감을 높이고 유지하기 위해 직원들과 함께 식사하러 간다. (　　)

　　　　　　　　　　　　　　　　　　갈등을 관리하는 방법

점수를 합산해보자. 점수가 높을수록 더 좋을까? 이는 업무와 조직의 상황에 따라 달라진다. 이렇게 갈등에 접근하는 방식은 대체로 긍정적이고 효과적이지만, 모든 상황에 들어맞는 것은 아니므로 항상 효과가 있는 것은 아니다.

점수	의미	스스로 질문하기
40점 미만	자비를 토대로 갈등을 조정하는 리더가 아니다.	환경이 이 전략을 지원하지 않는가? 아니면 이 전략을 제대로 활용하지 못하는가?
40~49점	이 전략으로 기울고 있다.	이 전략을 적절한 맥락에서 충분히 사용하고 있는가?
50~59점	이 전략을 꽤 많이 사용한다.	이 전략을 너무 많이 사용하지는 않는가? 혹시 잘못된 맥락에서도 사용하고 있지는 않은가?
60점 이상	대부분의 상황에서 이 전략에 의존한다.	이 전략을 과도하게 사용하는지도 모른다. 이 전략을 자주 사용하는 만큼 환경도 이를 지원하는가? 올바른 맥락에서 효과적으로 사용하고 있는가? 갈등 관리를 위해 다른 전략들도 같이 사용할 필요가 있지는 않은가?

조직평가
자비 전략이 통하는 조직에서 일하고 있을까?

다음 문항들에 대답해보자. 현재 업무 환경이 자비 전략을 사용하기에 어느 정도 부합하는지 파악할 수 있다. 아래 숫자로 각 문항에 표시하면 된다.

1: 전혀 아니다	2: 아니다	3: 보통이다
4: 그렇다	5: 매우 그렇다	

1. 우리 조직에서는 부하 직원들에게 개인적인 관심을 표현하는 것이 일반적이다. (   )

2. 내가 일하는 조직에서는 나의 진짜 생각을 말하는 데 두려움을 느낄 필요가 없다. (   )

갈등을 관리하는 방법

3. 우리 조직은 집단 의사 결정을 지원한다. (　　)

4. 나는 사람들이 서로 신뢰하고 협력하는 매우 공동체적인 환경에서 일하고 있다. (　　)

5. 나는 강력한 도덕적·윤리적 규범을 가진 조직에서 일한다. (　　)

6. 우리 조직은 대체로 개방적이고 건설적인 갈등을 지지하는 문화를 가지고 있다. (　　)

7. 우리 조직은 팀워크와 관계를 매우 중요하게 생각한다. (　　)

8. 내가 일하는 곳에서는 조직의 모든 직급에서 일상적으로 솔직한 피드백을 주고받는다. (　　)

9. 솔직함과 개방성은 우리 조직의 문화를 설명하는 단어다. (　　)

10. 내가 일하는 곳에서는 부하 직원들도 주요 의사 결정에 참여하도록 장려한다. (　　)

11. 내가 일하는 곳에서는 정중하기만 하다면 어떤 상황에서든 상사와 의견을 달리하는 것이 허용된다. (　　)

12. 우리 조직은 더 큰 커뮤니티에 분명히 긍정적인 영향을 미치고 있다. (　　)

13. 우리 조직에서는 기본으로 하위 직급의 직원들에게 의견을 구한다. (　　)

14. 우리 조직의 고위 경영진은 모든 직급에서 토론과 이견을 완전히 허용하고 있다. (　　)

15. 우리 조직은 내가 단순히 생계를 유지하는 것 이상의 목적을 위해 기여하고 있다는 느낌을 준다. (　　)

점수를 합산하면 15~75점 사이가 된다. 점수가 높을수록 조직에서 자비 전략을 사용하는 것이 합리적이라는 뜻이다. 이제 자기평가 점수와 방금 완료한 조직평가 점수를 비교해보자.

자기평가 점수: _____
조직평가 점수: _____

일반적으로 두 점수가 비슷할수록 이 전략을 분별력 있게 사용하고 있을 가능성이 높다. 물론 갈등 상황들의 분위기가 미묘하게 조금씩 다르기 때문에 이 전략을 언제 누구와 함께 사용해야 할지 구분해야 한다.

자비롭되 실용적이어야 할
6가지 이유

1. 나는 배려하는 편이다.

자비 전략을 쓰는 리더는 부하 직원이 자기 업무에서 의미를 찾고, 일을 즐기기를 바란다. 또한 자신이 조직에 가치를 더한다고 느끼기를 원한다.[14]

2. 자비 전략을 쓰면 효과적으로 작동한다.

업무에서 공유할 의미를 발견하고, 일을 즐기며 가치를 더하고 있다고 느낄 때 사람들은 더 열심히 일한다. 과제도 더 잘 수행하며, 의견 차이도 더 효과적으로 관리한다.[15]

3. 나에게는 적이 필요하지 않다.

권력을 쥐고 있으면서 부하 직원들과 협력하지 않거나, 권력을 나누지 않거나, 의견 충돌 시에 타협하지 않는다면 어떨까? 부하 직원들은 일을 덜 하거나, 여러분을 피하거나, 떠나거나, 미워하거나, 방해할 것이다. 사무실 독재자를 위해 일한다고 생각하는 부하 직원은 상사를 신뢰하지 않고 불안과 억압을 느낀다.[16] 부하 직원은 마찰이 있을 때 협력적인 전략을 사용하는 상사를 더 좋아하고, 더 열정적으로 따른다. 그런 상사라면 때때로 지배력을 사용해도 더 관대하게 받아들인다.[17]

4. 내가 항상 옳을 필요도 없고, 모든 일에서 이길 필요도 없다.

자신과 팀에 대한 자신감이 있다면 틀릴 수도 있고, 다른 사람들에게서 더 나은 아이디어를 얻을 수도 있다. 남의 공로를 인정할 수도 있고, 토론에서 질 수도 있다. 에이브러햄 링컨Abraham Lincoln 대통령은 이를 잘 알고 있었다. 링컨은 국가를 위해 라이벌을 포함해 자신보다 똑똑하다고 평가받는 사람들로 내각을 채웠다.[18] 그 보상은 정직과 더 많은 정보에 기초한 의사 결정이었다.

5. 나는 팀워크의 (2+2가 20이 될 수 있는) 지렛대효과를 이해한다.

건설적인 갈등을 두려워하지 않는 헌신적 전문가들로 구성된 공생 관계의 팀을 더 많이 구축할수록 여러분과 조직은 더욱 번창할 것이다. 자비로운 리더십은 조직 내에서 더 많은 인재를 양성하고 개발해 장기적으로 우수한 성과와 직원 충성도를 이끌어낸다.[19]

갈등을 관리하는 방법

6. 나는 내부적으로는 협력하고 경쟁자들에게는 경쟁 전략을 사
   용하는 것을 선호한다.

경쟁은 목적하는 바가 분명하다면 좋은 것이다. 조직은 스포츠
팀과 같다. 내부적으로 협력해야 외부에서 효과적으로 경쟁할 수
있다.

지배력을
동원해야 할 때도 있다

권력 공유 효과가 아무리 강력하다고 해도 항상 효율적이지는 않다. 파괴적인 방해꾼들과 권력을 공유한다면 좋은 선택이 아니다. 일부 부하 직원은 자비로운 접근 방식에 제대로 반응할 만큼 성숙하지 않거나 신뢰할 만하지 못할 수도 있다. 또 다른 부하 직원들은 권위에 냉소적이거나 건설적인 갈등도 싫어해 다른 전략들이 목표 달성에 더 도움이 될 수 있다. 교활한 부하 직원에게 자비를 보이면 오히려 역효과가 난다.

더욱이 권력이 낮은 사람이라고 모두 권력을 더 이양받고 싶어하지는 않는다. 권력에 따르는 책임을 경계해 자의로 낮은 권력에 머무를 수도 있다. 본질적으로 갈등 상황에서 사람들에게 함께 일하자고 강요할 수는 없다. 오로지 진짜 기회를 제공하고 신뢰를 쌓아가야 서로 협력해 의사 결정을 내리고 갈등을 해결할 수 있다.

갈등을 관리하는 방법

권력과 갈등을 두려워한다면 권력이 되었든, 갈등이 되었든 일단 긍정적인 경험부터 하게 하는 것이 중요하다.

권력은 위협적인 경향이 있다. 건설적인 갈등은 팀워크에서 중요한 부분이다. 여러분이 권한을 남용하지 않을 것이라는 믿음을 주어라. 이는 부하 직원들의 책임이라기보다 더 많은 권력을 가진 사람의 책임이다.

하지만 리더가 특정 의사 결정에 필요한 전문 지식을 가지고 있는 경우, 권한을 공유하고 부하 직원들을 참여시키면 의사 결정의 효율성이 떨어질 수 있다.[20] 예를 들어 리더가 법적·규제적·기타 기술적 이유로 그 대안들이 효과가 없다는 것을 이미 알고 있다고 치자. 그런데도 팀이 그중에서 대안을 결정한다고 귀중한 시간을 소비한다는 상상을 해보라.

또한 집단 참여는 시간이 걸리며 의사 결정을 늦추기 쉽다. 참여형 의사 결정에 필요한 추가 시간은 참여자 수에 비례해 증가한다.[21] 위기 상황에서 자비 전략은 극심한 혼란을 유발할 수 있다. 부하 직원이 "선장님, 배가 공격을 받고 있습니다! 어떻게 해야 할까요?"라고 다급하게 외친다고 해보자. 이때 리더가 "다 같이 모여서 브레인스토밍으로 해결책을 찾아봅시다. 하지만 그 아이디어는 내가 아니라 팀에서 나왔으면 좋겠어요"라고 한다면 어떻게 될까? 아니, 때때로 집단은 책임자의 자신감 있고 빠른 결정이 필요하다. 위기 상황이 아니더라도 다양한 관점을 제시하는 집단 회의는 다

른 일에 더 잘 쓸 수 있는 많은 시간을 낭비하게 할 수 있다.[22]

갈등 상황에서 자비를 실천하는 리더는 일반적으로 호감을 얻고 신뢰를 받는다. 그러나 팀이 성과를 내는 데 도움을 주지 않는다면, 아무리 의욕이 넘치는 부하 직원이라도 리더를 신뢰하지 않게 된다. 물론 사람이 중요하다. 팀 프로세스도 당연히 중요하다. 그러나 결과도 중요하다. 일부 리더는 자비 전략을 지나치게 사용한다. 지배력을 동원해 빠른 결정을 내리면 더 효과적일 때도 자비를 적용한다면 원하는 결과를 얻지 못한다.

마지막으로, 갈등이 복잡해지고 여러 사람이 관련된 경우, 하나의 전략으로는 전체 상황에 적합하지 않을 수 있다. 자비는 상사와 부하 직원의 갈등에는 강력한 전략이지만, 이 전략이 유일한 도구라면 한계가 있다.

갈등을 관리하는 방법

실용적으로
자비를 실천한다는 것

실용적 자비 전략은 온정적 책임의 갈등 상황(103쪽 참고), 즉 갈등하는 상대방보다 더 많은 권한을 가지고 있지만, 공통 목표를 공유하며 관계를 소중히 여기는 상황에 적합하다. 협력적 평등주의는 이런 유형의 상황에서 갈등을 해결하는 데 선호되는 모드다. 대부분의 경우 실질적인 목표를 달성할 수 있는 가장 확실한 길이다. 나아가서 긍정적인 감정과 강력한 관계를 지속하는 가장 좋은 방법이기도 하다.

자비 전략은 온정적 책임감을 발휘할 수 있는 여건이 조성됐을 때 제일 효과적으로 작동한다. 23개의 터키 중소기업 '아나톨리아 타이거즈The Anatolian Tigers'가 좋은 예다.[23] 그 기업들은 직원들에게 많은 것을 제공한다. 무료 식사, 문화 행사와 콘서트 티켓, 직원들이 함께 모여 시간을 보낼 수 있는 도서관과 카페, 교육 혜택, 직원과 그 가족을 위한 건강보험과 장학금 등이다. 그들처럼 직장에 배려와 온정을 베풀어 직원들에게 필요한 것들을 우선으로 여기는 기업이라면 자비 전략은 훨씬 효과적이다. 아픈 직원을 병문안하고, 직원들에게 가족 휴가에 대해 묻고, 직원들과 함께 점심을 먹으며, 때때로 생기는 의견 차이는 지속적으로 관계를 맺어가는 공동체에서 흔히 벌어지는 일 중 하나임을 보여줘보라. 그런 기업가라면 자비를 전략으로 삼아 성공할 가능성이 높다.

리더는 온정적 책임의 상황에서도 갈등을 효과적으로 탐색하고 활용해야 한다. 실용적 자비는 어떤 모습으로 드러날까?

TK 홀딩스의 전 최고재무책임자였던 톰 스토어스Tom Storrs의 말을 들어보자. 한 관리자가 해외 공장의 재고 비용을 산정하는 다른 방법에 관해 스토어스와 논쟁을 벌여야 할 것 같다며 걱정이 가득했다. 그런데 스토어스는 "좋은 결과만 얻을 수 있다면 어떤 원가 시스템을 사용하든 상관없습니다. 우리에게는 같은 목표가 있습니다. 어떤 방식으로든 우리의 공통 목표에 도달할 수 있습니다"라고 말했다. "다른 사람들은 나와 다른 경험을 했습니다. 또 나보다 더 잘할 수도 있지요. 그래서 그들은 내가 미처 생각하지 못한 의견을 가져와 토론하고 결정합니다. 나는 사람들이 하고 싶어 하는 일들을 기꺼이 경청합니다. 모든 사람과 싸울 필요는 없는 것 같아요."

닐 체틱Neil Chethik은 비영리단체인 카네기 문맹퇴치학습센터Carnegie Center for Literacy and Learning의 상무다. 그는 수련회를 개최하면서 직원들

갈등을 관리하는 방법

에게 리더로서 자신의 강점과 약점이 무엇인지 피드백을 구했다. 자신이 내린 결정 때문에 마음이 불편했거나 실망한 적이 있다면 그것도 말해달라고 부탁했다. 체틱은 직원들이 솔직하게 말해도 아무 문제가 없을 것이라는 분위기를 잘 이끌어갔다. 수련회를 마치고 '세상에, 방금 상사와 두 시간 동안이나 의견 충돌을 겪었어'라고 생각한 사람은 아무도 없었다.

지피타이트Jiffytite는 자동차 유체 시스템에 쓰이는 부품을 제조하는 회사로 빠르게 성장하고 있다. 이 기업은 실용적 자비를 조직 문화로 삼는다. 지피타이트 회장인 마이클 레이힐Michael Rayhill은 이 조직의 문화를 이렇게 설명한다. "우리는 황금률에 따라 회사 생활을 합니다. 남에게 대접받고자 하는 대로 남을 대접하라, 이것 말입니다. 나는 다른 사람들이 내 의견도 고려해주기를 바라므로 다른 사람들의 의견에 귀를 기울입니다. 우리 회사에서는 누구든 지위 고하를 막론하고 정중하게 말한다면 다른 사람에게 못 할 말이 없습니다. 우리는 정직함을 원합니다. 물론 정직이 의견 불일치를 가져온다는 것을 압니다. 하지만 이는 정당하게 지불해야 할 대가이지요."

스티븐 노픽Stephen Knopik은 소매 의류 회사인 벨스Beall's, Inc.의 CEO로 재직 중이다. 현재 500개 이상의 매장을 보유한 연 매출 10억 달러(약 1조 3,315억 원) 규모의 기업이다. 수년 전, 스티븐은 창업자의 손자이자 전 CEO인 멘토 밥 벨Bob Beall에게서 자비로운 리더십의 가치를 배웠다.

나는 몇 년 동안 밥에게 보고했는데, 한번은 밥에게 심장마비를 일으킬 듯한 끔찍한 소식을 전해야 했다. 밥은 평소에 은행이 우리 회사에 제재를 가하는 일이 없도록 했으면 좋겠다는 이야기를 수없이 했다. 하지만 우리가 지불 능력과는 전혀 상관없는, 순전히 기술적인 이유로 계약을 불이행한 적이 있었는데, 나는 그 보고를 해야 했다. 차를 망가뜨렸다고 아빠에게 말하는 10대가 된 기분이었다. 밥은 속이 끓어올랐을 텐데도 분노나 좌절감을 거의 드러내지 않았다. 밥은 단지 이렇게만 말했다. "당연히 기분은 좋지 않지만, 앞으로 어떻게 해야 할지 생각해봅시다." 이후로 나는 밥 앞에서 완전히 솔직해져도 될까 하는 걱정을 다시 하지 않았다.

실용적 자비는 경청, 협상, 적대적이지 않은 의견 불일치, 나쁜 소식에도 신중하게 반응하기, 집중적인 문제 해결, 지원, 솔직함을 포함한다. 권력 차이가 존재하지만 강조되지 않는다. 이 전략을 실천하는 리더는 부하 직원들의 아이디어, 성공, 가끔 하는 실수에도 위협받지 않는다.

갈등을 관리하는 방법

10가지 자비 전술

전술 1 **권력의 파이를 확대하라**

권한과 책임을 공유해 부하 직원들이 두려워하지 않고 여러분에게 이의를 제기하게 하라. 그러면 무력감에서 오는 긴장감과 숨겨진 문제를 예방할 수 있을 것이다.

니라는 서른 살에 남부 플로리다에서 의료 전략 컨설팅 회사를 시작했을 때 자칭 일 중독자였다. "업계와 고객의 모든 것을 알고 싶었고, 우리가 생산하는 모든 것이 완벽하기를 원했습니다. 나는 컨설팅 회사를 번창하는 소규모 법률사무소처럼 운영했죠. 나는 일주일에 70시간씩 일하는 전문가였고, 열심히 일하는 어시스턴트 부대의 도움을 받았습니다."

여러 면에서 니라는 큰 성공을 거두어 돈을 많이 벌었으며 업계에 이름을 알렸다. "나는 리더십이 업계 노하우에서 나온다고 생각했기 때문에 결정 사항과 정보를 쌓아두었습니다"라고 그녀가 말했다. 하지만 회사가 성장하면서 업무량이 늘어났고, 그로 인한 타격도 입었다. "내 결혼 생활은 끝이 났습니다. 아이러니한 게, 내 회사를 시작할 용기를 준 사람이 바로 남편이었거든요. 의사는 내가 죽어가고 있다고 말했어요. 삶을 바꾸면 회복할 수 있지만, 그러지 않으면 궤양이나 심장마비로 끝날 거라고 했어요."

거의 20년이 지나서야 그때가 자신의 일하는 방식을 바꿀 적기였음을 깨달았다.

의사의 경고를 받고 니라가 처음으로 느낀 본능은 단순했다. 일을 줄여야 한다는 것이었다. 하지만 일 중독자에게는 쉽지 않은 일이었다. 그녀는 고객들과 회의를 할 때 어시스턴트인 다시를 데려가기 시작했다. 사무실로 돌아오면 더 많은 세부 사항을 위임했다. 하지만 그녀는 젊은 조수에게 위임한 업무도 놓지 못하고 계속 매달렸다. 어느 날, 다시가 니라에게 이야기 좀 나누자며 점심을 먹자고 했다. 니라는 점심을 먹을 시간도 없다고 대답했다.

어시스턴트는 그 말에 동의하지 않았다. "점심 먹을 시간도 없는데, 일하는 방식을 바꾸실 시간은 있겠어요?" 점심을 먹으면서 다시는 니라에게 모든 세부 사항을 체크하지 말아달라고 요청했다. "저한테 책임은 더 많이 지우시고 결정 권한은 주지 않으셨어요. 결정 권한도 없는데 책임은 져야 하니, 스트레스가 심해요. 저도 이

갈등을 관리하는 방법

회사의 시스템 운영과 성장에 도움이 될 수 있어요. 그것을 보여줄 기회를 주세요."

그 주의 후반에 니라는 다시가 혼자서 고객을 만나도록 보냈다. 니라는 나중에 고객한테서 새로운 담당자가 무척 인상적이었다는 이야기를 들었다.

권력 공유의 양면성을 극복하는 과정에서 니라와 일부 직원 사이에는 작은 의견 충돌이 더 많이 있었다. 그러나 이런 의견 불일치를 거치면서 직원들의 진솔한 의견, 그리고 아직 개발되지 못한 기량을 더 많이 발견할 수 있었다. 그것도 이 전략이 효과적으로 작동했다는 증거였다. 니라는 점차 잠재력이 높은 팀원들에게 그녀 없이 더 많은 회의를 진행하도록 하고, 주요 프로젝트의 일부를 넘겨주었다. 그 결과, 고객들에게서도 계속해서 만족스러운 평가를 받았다.

니라는 처음에는 권한을 나눠주면 통제력을 잃는다는 느낌이 들었다. 하지만 시간이 지나면서 그 덕분에 회사가 더 많은 고객을 위해 더 많은 일을 할 수 있다는 사실을 알게 되었다. 리더가 자기 권한을 일부 공유하면서 회사는 더욱 강력해졌다.

전술 2 긍정적 감정을 적립하라

집단 안에서 친근감, 긍정적인 감정, 친사회적인 태도를 함양해 불필요니라가 수년간 알고 지낸 병원 임원들 중 일부는 권력이 매우 높고 독선적인 사람들이었다. 그렇지만 그녀는 이미 그들의 신뢰와 존경을 받고 있었기에 자기주장을 강하게 펼쳐도 긴장감을 어느 정도 없앨 수 있었다. 커피를 마시거나 점심을 먹으며 가족이나 취미를 소재로 대화를 나누면, 서로를 인간적으로 바라볼 수 있는 친밀감을 쌓는 데 도움이 된다. 업무적인 문제로 갈등을 겪을 때도 관계가 돈독하면 분노, 불안, 상처받은 감정이 금세 가라앉는다. 직원들이 이 고위 임원들처럼 솔직해지기를 원한다면, 단순히 권력을 나눈다고 되지 않는다. 서로 관계를 쌓으며 정서적 교류를 이루어야 한다.

마지못해(회복 중인 일 중독자에게는 직원들과 사적 교류를 나누는 것이 그리 생산적이라고 느껴지지 않기 때문에) 니라는 직원 회의에서 마지막 15분을 겨우 남겨놓았다. 회사 친목 행사에 대한 아이디어를 구하기 위해서였다. 대체로 관심들을 보였지만 아이디어가 잘 오가지 않았다. 그 후, 다시는 다른 컨설턴트인 닉이 행사 기획 위원회를 맡아줬으면 좋겠다고 니라에게 제안했다.

"닉은 위원회를 이끌기에는 할 일이 너무 많아요. 제가 할게요"라고 니라가 대답했다.

다시는 "위원회를 맡을 시간이 있는지 없는지는 닉이 스스로 결정하게 해주세요"라고 반박했다.

닉은 프로젝트를 이끌게 되어 흥분했다.

그다음 해에 행사 기획 위원회는 전사 차원의 여러 가지 친목 행사를 도입했다. 프로 축구 경기 관람, 가족 바비큐 파티, 회사 배구 경기, 주말 저녁 식사 등 다양한 행사 프로그램을 준비했다. 회사 직원 16명이 모두 이런 이벤트를 좋아했다.

나라도 친목 이벤트를 즐기는 법을 배웠다. 그리고 이런 이벤트가 상당히 만족할 만한 결과를 가져온다는 사실을 알게 되었다. 긍정적인 감정, 직원들 사이의 끈끈한 유대감, 더 많은 대화, 함께 일하려는 열의, '우리'라는 느낌의 고취…… 이루 말로 다 할 수 없는 것들이었다. 또한 직원들은 더 많은 에너지를 가지고 자기 의견을 스스럼없이 주장하기 시작했다. 그들은 프로젝트, 문제, 까다로운 고객에 대해 더욱 활발한 토론을 이어나갔다.

서로 좋아하는 사람들은 긍정의 감정 저장소를 가지고 있기 때문에 솔직할 수 있다. 은행 계좌처럼 자주 입금해 가치를 더하면, 가끔 인출해도 별문제가 되지 않는다. 대인 관계에서 빚어지는 갈등은 고립된 사건이 아니다. 항상 그 당시의 관계가 얼마나 강력하고 긍정적인가 하는 흐름 속에서 갈등이 발생한다. 관계가 취약하거나 긴장된 관계라면, 의견이 맞지 않을 때 돈독한 관계일 때보다 훨씬 더 안 좋은 영향을 많이 받는다.

전술 3 반대를 해야 한다면 천천히 하라

부하 직원들의 아이디어를 거부하는 빈도와 속도를 조절하라. 거부권을
행사할 때는 그렇게 하는 것이 적절하고 공정하다는 점을 이성적으로
납득시켜 다른 사람들을 설득하라.

제조 중역인 제임스는 영업 부장의 반대에 자주 부딪힌다. 가격
책정, 계약 조건, 고객 불만으로 이야기를 나눌 때면 두 사람은 때
때로 격렬해진다. 제임스는 부장에게 어떤 상황에 어떻게 접근해
야 하는지 정확하게 말할 수 있는 권한이 있고, 부장은 그 사실을
더 잘 알고 있다.

"내가 그의 아이디어에 거부권을 행사한 적이 몇 번 있습니다.
그 이유를 신중하게 설명했더니, 그는 돌아서서 내 지시대로 실행
에 옮겼습니다. 그는 항상 예의 바르고 프로페셔널한 군인 같습니
다"라고 제임스는 회상했다. "그가 영업에 성공할 수 있었던 이유
는 한편으로는 계획을 실현하려는 열정적 헌신이 있었기 때문일
것입니다. 그리고 고객들과 쌓아온 끈끈한 관계 덕분입니다. 제가
그에게 안 된다고 반대하고 나서면 그 모든 것을 깎아내리는 셈이
되지요."

제임스는 고집 센 부장에게서 협상가의 모습을 끌어내는 법을
배웠다. "그는 내가 독재적인 태도를 싫어한다는 것을 알지요. 그래
서 마치 내가 그의 의견을 거절할 수 없다는 듯 어떤 입장을 취하

고 그것을 고수합니다."

최근에 그들은 대규모 계약 조건에 합의하지 못했다. 부장이 자신의 기존 입장을 완고하게 고수해 제임스는 거의 "안 돼요!"라고 대놓고 거부할 뻔했다. 대신 제임스는 "이봐요, 당신은 매주 이 고객과 얼굴을 맞대고 대면 관계를 쌓아야 합니다. 내가 하는 말을 들으셨잖아요? 나는 비록 동의하지는 않지만, 당신의 판단을 신뢰하며 이것은 당신의 결정입니다"라고 말했다.

부장은 잠시 멈칫했다. "당신이 상사니까 당신이 원하는 대로 하겠습니다."

제임스가 나중에 "그는 자기 뜻대로 진행되지 않을 경우를 대비해 내가 그것을 지시해주기를 원했습니다. 나는 그보다는 창의적인 사고와 협상을 토대로 서로 협력해 그도 최종 결정에 관여하기를 바랐지요. 그때부터 우리는 협상을 시작했습니다. 그와 내가 논쟁하는 대신 아이디어를 모으기 시작하면서 더 나은 해결책과 전략이 나왔습니다"라고 회상했다.

니라도 같은 교훈을 얻었다. 직원들이 제안한 아이디어가 모두 훌륭하지는 않았다. 하지만 아이디어, 결정, 혁신의 흐름이 계속 이어지도록 니라는 너무 빨리 반대하지 않기로 결심했다.

직원들이 절대 먹히지 않을 아이디어를 제안하면 그녀는 예산, 법률, 규제로 인해 실행할 수 없다는 점을 주의 깊게 설명했다. 한 그룹에서 여러 가지 아이디어가 나오면, 다소 미흡한 아이디어도 있게 마련이다. 하지만 그녀는 모든 아이디어의 장점을 취할 때까지 계속 이야기를 나누게 했다. 그러면 그 자리에 있는 누구도 어리석다고 느끼지 않을 수 있었다.

혁신적인 아이디어를 놓치지 않으려는 니라의 의지는 곧 결실을 맺었다. 두 직원이 사업 하나를 제안해왔다. 사실 그녀는 반신반의했다. 그들은 다른 주의 카운티 보건부에 제안서를 보내 규제 지침을 마련하고 계획을 수립하는 데도 일조하고 싶다고 했다. 그녀는 이전에 그 카운티 보건부와 관계를 맺은 적이 없었으므로 승산이 희박하다고 생각했다.

"아무런 연고도 없이 멀리 떨어져 있는 작은 고객사 하나를 돕겠다고 일단 제안하고 보는 건가요?"

"네, 왜냐하면 나중에 더 많은 일로 이어질 수 있는 귀중한 물꼬를 터주리라고 기대하기 때문입니다."

"그렇게 될지 의심스럽지만, 여러분이 그러고 싶다면 다른 프로젝트에 방해되지 않는 범위 내에서 한번 시도해보세요"라고 니라는 말했다.

실제로 그들은 그 프로젝트를 따냈다. 그 프로젝트는 수익성이 높았으며 다른 유망한 기회로 이어졌다.

갈등을 관리하는 방법

전술 4 **여러분의 팀도 여러분과 함께 책임지게 하라**

부하 직원들에게 이래라저래라 지시하는 대신 자신이 무엇을 해야 할지 스스로 결정하도록 도와줘라. 집단 결정과 공동 성과를 위해 개인의 권한을 강조하지 않는, 효과적이고 규율을 지키는 조직으로 발전시켜라.

케이트는 두 에너지 대기업의 합병을 준비했다. 그러면서 환경 규정 준수 부서를 자신의 생각대로 설계할 권한을 가지게 되었다. 하지만 그녀는 재능 있는 팀으로부터 정직성, 창의성, 혁신을 최대한 끌어내고 싶었다. 그녀는 그 팀에 새 부서를 설계하라고 지시했다. 그녀는 그 일을 단계별로 진행했다.

먼저 케이트는 상사가 제시한 기준을 그들에게 전달했다. 인원수는 50명을 넘을 수 없었다. 그리고 그들이 책임지고 수행해야 할 주요 임무들을 얘기했다. 그들은 현재 예산에서 25만 달러(약 3억 3,300만 원)를 삭감해야 했다. 그 팀은 몇 주 동안 그녀 없이 회의를 하고 제안서를 만들었다.

둘째, 그들은 일련의 '도전 기간'을 가졌다. '직급'에 관계없이 누구나 어떤 아이디어에든 이의를 제기할 수 있다는 규칙을 세웠다. 케이트는 여러 팀원의 아이디어에 이의를 제기했고, 팀원들은 그녀의 아이디어에 다시 이의를 제기했다. 그들은 그녀의 가정에 대해 질문했고, 그녀는 그들의 가정에 대해 질문했다. 이 모든 갈등은 예의 바른 어조로 존중하는 분위기에서 이루어졌다. 그 결과, 팀 전체의 생각을 종합할 수 있었다.

셋째, 계획을 구체화하면서 그 팀은 만일의 경우를 대비한 계획도 수립했다. 최종 인원이 50명 미만으로 줄어들게 되면? 예산이 다시 더 삭감되면? 그들은 대안이 준비되어 있었다. 케이트는 위에서 내려온 몇 가지 사항을 전달하긴 했지만 독단적인 결정을 내리지는 않았다.

"우리 팀은 환경이나 인간의 안전과 관련된 문제를 담당합니다. 높은 위험이 따르는 일이기 때문에 팀 전체가 모두 참여해야 합니다"라고 케이트는 설명한다. "내가 마치 팀원들을 신뢰하지 않는 것처럼 중요한 결정을 내릴 때 팀원들을 배제한다면, 우리가 책임져야 할 결과에 확신을 가질 수 없습니다. 나에게는 팀원들 각자가 최선의 의견을 솔직하게 제시할 것이라는 믿음이 필요합니다."

전술 5 예스를 대답으로 받아들이지 마라

진지하게 협의하고 정보를 공유하는 모범을 보여 장려하라. 창의적인 아이디어나 다양한 의견을 억누르지 않도록 부하 직원들과 솔직한 대화를 나눠라.

고객사인 한 중형 병원은 전략적 계획의 일환으로 니라가 제안한 외래 수술 센터를 건설할 자본이 충분하지 않았다. 그 사실을 알게 된 병원의 CEO가 니라에게 대안을 제시해달라고 요청했다. 그녀는 최고의 컨설턴트인 닉, 제이컵과 회의하면서 그들의 아이디어를 듣기로 했다. 니라는 먼저 몇 가지 옵션이 있을 수 있다고 말했다. 그 프로젝트를 취소하거나, 몇 년 연기하거나, 외래 수술 센터를 소규모로 짓는 등이다. 두 사람은 그녀의 아이디어가 좋다면서 빠르게 동의하더니 비용과 규제 조항을 조사하겠다고 제안했다.

"잠깐만요." 니라가 말했다. "왜 나 혼자만 아이디어를 떠올리는 거죠? 이 고객사의 상황을 잘 아시잖아요? 여러분도 생각해보셨을 텐데요."

"글쎄요, 꽤 괜찮은 아이디어가 있기는 한데……"라고 닉이 걱정스럽게 말을 꺼냈다.

"그 병원에서 12마일 떨어진 곳에 비슷한 병원이 있어요. 그 병원도 저희 고객사이지요. 외래 수술 센터를 두 병원이 함께 운영하자고 제안하면 어떨까요? 규제 사항은 까다롭겠지만, 두 CEO가 공동 프로젝트로 추진한다면 승인을 받을 수 있을 거예요. 둘 다 비용을 절감할 수 있을 뿐만 아니라 대학 병원과 경쟁해도 우위를 점할 수 있겠지요."

"우리는 여기에 30분 넘게 앉아 있었어요. 왜 진작 이 이야기를 하지 않았어요? 완벽한 해결책인데 말이죠."

이제 제이컵이 긴장한 목소리로 말했다. "니라, 솔직히 말해서 우리 아이디어를 정말로 원하시는 건지 잘 모르겠어요."

"내가 '예스맨'이 내 밑에서 일하기를 원한다고 생각하세요?"

"네." 두 사람이 동시에 말했다. 그러고 나서 제이컵은 더욱 솔직해졌다. "당신은 이미 결론을 정해놓고 우리를 이끄는 것 같아요."

그것은 니라에게 전환점이 되었다. 이후 회의에서 그녀는 자기 아이디어를 맨 마지막에 얘기하기 시작했다. 팀이 좋은 의견을 제시하면 아예 자기 아이디어는 얘기하지 않기도 했다. 그녀는 직원들의 생각이 편향되지 않도록 최선을 다했다. 그리고 그녀의 조언을 구하면 이런 질문으로 응답했다. "만약 내가 여기에 없고 나와 연락이 닿지 않아서 여러분 스스로 결정을 내려야 한다면 어떻게 하겠어요?"

그 같은 질문은 곧 논리적인 사고와 올바른 결정으로 이어졌다.

이 과정을 거치면서 니라는 재능 있는 팀원들을 찾아냈다. 다시, 닉, 제이컵이 그들이었다. 공교롭게도 이들은 단순히 순응하며 따르기보다는 기꺼이 이의를 제기하고, 반발하고, 협상하는 등의 능숙한 갈등 해결 능력도 보였다. 그녀는 이들을 수석 컨설턴트로 승진시키고 경영진으로 일해달라고 요청했다. "나는 여러분을 더 발전시키고 싶어요. 여러분은 내가 얼마나 강하게 나오든 감당할 수 있으니까요. 나머지 직원들을 관리하고 개발하는 데도 세 사람이 더 적합하고요." 그들은 그 도전에 열의를 보였다.

직급이 낮은 사람들은 자신의 솔직한 관점이 진정으로 가치 있다고 확신하지 못하면 본능적으로 자기 아이디어를 보류한다. 리

갈등을 관리하는 방법

더는 부하 직원들에게서 좋은 의견을 얻으려면 "내 문은 항상 열려 있습니다" 또는 "정말로 당신의 생각을 알고 싶습니다"와 같은 말만 해서는 안 된다. 그 이상으로 훨씬 더 많은 일을 해야 한다. 리더는 정직을 소중히 여기고 건설적인 의견 충돌은 언제든 환영한다는 것을 말과 행동으로 반복해서 증명해야 한다.

전술 6 갈등처럼 느껴지지 않도록 갈등 프레임을 다시 짜라

갈등을 해결할 방책을 찾기 위해 하나를 내주고 다른 하나를 얻는 주고받기 연습을 하라. 부하 직원들의 업무와 경력 목표에 호소해 한발 물러나 타협하는 일이 덜 불쾌하게 느껴지도록 하라.

제임스는 매니저 중 한 명인 메그를 해고할까 고민했다. 그녀가 자신이 관리하는 고객 서비스 담당자들과 불필요한 갈등을 일으키며, 때로는 동료 직원들에게도 퉁명스럽게 대하는 것을 보았기 때문이다. 그러나 메그는 이 제조 회사에서 25년 동안 근무했고, 비즈니스와 고객들을 아주 잘 알았으며 매우 열심히 일했다. 그녀는 몇 년 전부터 직원들을 관리하기 시작했다. 그 일은 순조롭게 이루어지지 않았는데, 그사이에 그녀는 여러 사람에게 골칫거리가 되고 있었다.

제임스는 메그가 관리직에 적합하지 않다고 생각했다. 하지만 그녀를 내보내자니 잘못을 저지르기라도 하는 듯 마음이 편치 않았다. 더 나쁜 것은, 잘못된 비즈니스 결정처럼 터무니없이 느껴졌다는 점이다. 그녀는 오랫동안 큰 가치를 가져다준 사람이었다.

제임스는 먼저 메그의 말부터 경청했다. 그녀는 매우 감정적인 사람이었다. 하루 일과가 끝나면 가끔 제임스의 방에 들러 '수다'를 떨곤 했다. 그 대화는 늘 길게 늘어졌다. 일과 가정의 균형을 맞추느라 얼마나 스트레스를 받고 있는지, 회사가 성장하면서 일이 얼마나 힘들어졌는지 등에 대해서 말이다.

결국 제임스는 메그에게 회사에서 빚고 있는 갈등에 관해 직접적으로 물었다. 그녀는 구매 관리자가 얼마나 까다로운지 얘기했다.

"그에게 그런 점을 얘기했나요?"

"아니요." 메그가 대답했다. 제임스는 그녀가 직접 대면을 피하고 있음을 감지했다. 그녀는 제임스가 자신을 대신해 구매 관리자와 얘기해주기를 바랐다. 그래서 그는 대립각을 세우는 것처럼 들리지 않게 대화를 시작하는 방법, 그리고 이견을 해결하는 방법을 코치했다. 며칠 후, 그녀는 구매 관리자와 대화하고 나서 상황이 더 좋아졌다고 말했다.

다음 주에는 한 고객 담당자가 너무 느리다는 불만이었다.

"당신이 우려하는 점을 그녀에게 얘기했나요?"

"네." 메그가 말했다. "그녀는 내 피드백에 화를 냈어요."

제임스는 메그가 관리직으로 성공하려면 더 많은 코칭이 필요하지만, 그녀에게 투자할 만한 가치가 충분하다고 판단했다. 그는 그녀와 함께 일할 코치를 고용했고 상황은 더욱 나아졌다.

그러나 코칭이 끝나고 얼마 지나지 않아 오래된 문제가 다시 나타났다. 제임스는 메그가 앞으로 좋은 관리자로 불필요한 갈등을 피하려면 자신이나 전문 코치에게 지속적인 코칭을 받을 필요가 있다는 결론을 내렸다. 선택의 여지가 없었다.

하지만 제임스는 단순히 메그의 자리를 빼앗기만 하고 싶지는 않았다. 그는 그녀와 함께 스트레스와 행복에 관해 대화를 나누었다. 그녀는 자기 업무와 사람을 관리하는 일의 어려움을 꽤 열정적으로 얘기했다. 그는 그녀가 관리직으로 일하기 전에 성취감이 더 높았던 듯하다고 말했다. "많은 사람이 너무 많은 일로 당신을 필요로 하는 게 스트레스의 원인인 것 같네요." 메그는 동의했지만 당황스러워했다. 만약 그녀가 물러난다면 동료들은 그녀를 어떻게 생각할까?

제임스는 그녀가 물러날 필요는 없다고 주장했다. "당신도 회사도 함께 성장할 수 있는 최선의 방법으로 당신의 재능을 어떻게 활용할지 생각해봅시다"라고 그녀에게 말했다. 두 사람은 함께 머리를 맞대고 외부 인사를 영입해 그녀의 부서를 감독하기로 했다. 새로 고용된 관리자는 새로 바뀐 역할을 맡은 그녀와 함께 일하는 데 합의했다.

메그는 자신이 상사인 제임스와 갈등을 겪고 있었다는 사실을 전혀 몰랐을 것이다. 그녀는 다만 스스로 실패자처럼 느껴지는 상황에서 벗어나도록 제임스가 자신을 도와주고 다시 성공으로 이끌어줬다고 느꼈을 뿐이다.

전술 7 통제권을 내려놓고 옳아야 한다는 강박에서도 벗어나라

부하 직원들이 자기 임무를 수행하는 방식에 스스로 영향력을 행사하고, 조직의 우선순위에 전념할 동기를 가지며, 자유롭게 이의를 제기할 수 있는 환경을 만들어라.

에너지 산업 분야에서는 이직이 거의 없다. 따라서 한번 채용을 결정하면 되돌리기 어려우므로 채용 결정은 매우 중요하다.

디렉터가 '리'라는 엔지니어를 승진시키겠다고 보고했을 때 케이트는 그리 내키지 않았다. 그녀는 다른 후보자 두 명을 만났고, 리를 3순위로 꼽아놓았다. 기술직이기는 하지만, 사람을 관리하는 능력과 용기 있는 리더십을 갖춘 다재다능한 인재가 필요하다고 생각했기 때문이다.

"나는 리가 아주 똑똑하지만 다방면에서 훌륭하지는 않다고 생각해요."라고 케이트가 말했다.

디렉터는 동의하지 않았다. "협력 공장에서 일할 때 그를 지켜본 적이 있습니다. 당신은 서류와 인터뷰로만 그를 알고 있을 뿐이고요."

"그럴지도 모르지만, 다른 공장에서 그가 너무 쉽게 물러난 사실도 알고 있어요. 이 자리에는 정말 적극적이고 단호한 사람이 필요합니다."

"당신은 그때 있었던 모든 일을 다 알지 못합니다. 훨씬 높은 관리직이 리에게 제재를 가했습니다. 리의 상사들은 당신만큼 의견 충돌에 열려 있지 않아요"라고 디렉터는 주장했다. "나는 이 친구에 관해 많은 사람과 이야기를 나누었고, 그가 제일 나은 선택이라고 생각합니다."

케이트는 자신이 옳고 부하 직원이 틀렸다고 느꼈다. 하지만 그녀는 그런 감정을 경계해야 한다는 것도 알았다. 그녀는 자신이 3순위로 평가한 후보자의 채용을 거부함으로써 통제권을 쥐고 싶었다. 하지만 그녀가 이 후보자를 직접 겪은 일은 없지 않느냐는 부하 직원의 말은 분명 좋은 지적이었다. 더욱이 그녀는 이 후보자와 수년간 긴밀하게 일할 사람이 디렉터라는 것도 알고 있었다.

케이트는 채용에 압력을 가하거나 자신이 옳다고 주장하지 않았다. 그동안 디렉터가 얼마나 철저하게 과제를 수행해왔는지, 정중한 태도로 자기 관점을 얼마나 끈기 있게 밀고 나갔는지를 보고 양보했다. 그녀는 그가 결정을 내리도록 내버려두었다.

시간이 말해주었다. 그 후 1년 반 동안, 엔지니어와 디렉터는 아주 잘 협력해 어려운 상황에서도 훌륭한 결과를 끌어냈다.

전술 8 협력할 수밖에 없도록 만들어라

프로젝트 과제를 조율해 공동으로 문제를 해결할 가능성을 높여라. 협력 문화가 사소한 의견 충돌을 줄이고, 실질적인 의견 충돌은 건설적인 방향으로 나아가게 한다.

제임스가 제조 회사의 사장으로 승진해 오너에게 직접 보고할 무렵, 그는 내부 경쟁이 심하다는 것을 알게 되었다. 영업 사원들은 커미션을 받으려고 수익과 상관없이 판매만 좇았다. 회사의 다른 직원들도 모두 일정한 커미션 제도에 따라 자신의 이익을 좇기 바빴기 때문에 영업과 관련해 자주 다툼을 벌였다. 영역 다툼과 비효율적인 개인주의의 사례는 도처에 있었다.

시간이 흘러 오너와 관리자들의 신뢰를 얻게 된 제임스는 변화를 시작했다. 제임스는 그저 협력하라고 목소리를 높이는 것보다 더 나은 방법을 알고 있었다. 그는 사람들 대부분이 협업을 원하지만, 협업을 하려면 제대로 된 조직을 먼저 꾸릴 필요가 있다고 생각했다.

또한 제임스는 모든 사람이 협업에 적합하지는 않다는 사실도 알았다. 사람들을 알아갈수록 끝까지 자기밖에 모르는 사람도 있었다. 제임스가 최고 실적을 올린 영업 사원을 해고했을 때 많은 직원이 충격을 받았지만 안도하기도 했다. 그는 매출의 귀재였지만, 동료들을 괴롭히고 고객들에게도 소외감을 느끼게 했다. 그는

갈등을 관리하는 방법

팀원 모두를 희생시키면서 자기 커미션에만 집착했다.

제임스는 서서히 회사 문화도 바꾸었다. 제품을 성공적으로 출시할 때마다 전사 차원에서 축하를 받도록 했다. 제임스는 모두 함께 일한 팀의 한 사람 한 사람을 공개적으로 칭찬하고, 다른 팀들을 도운 팀을 치하했다. 기념일을 챙기고, 직원들에게 개인적인 어려움이 생기면 지원했다. 회사 언어도 수정했다. '시간제 근로자'는 '제조 협력 직원'으로, '부서'는 '팀'으로, '종업원'은 '팀원'으로 바뀌었다.

그러고 나서 제임스는 보상 제도를 변경했다. 그는 모든 커미션을 없앴다. 대신 매출이 수익성 있게 성장해야만 모두가 더 많은 돈을 벌 수 있는 시스템을 채택했다. 기존 보상 시스템은 일부분 영업과 엔지니어링, 품질 관리와 생산이 대립하는 구조였다. 하지만 새로운 보상 시스템에서는 협력하지 않으면 모두의 주머니에서 돈이 빠져나갔다. 영업팀은 새로운 기회를 모색하기 전에 엔지니어링팀과 긴밀히 협력하면서 더욱 상황 판단을 잘하게 되었다. 생산팀은 품질관리팀을 적대시하는 태도를 버리고 파트너처럼 대하기 시작했고, 그 결과 고객 만족도도 높아졌다.

마지막으로 제임스는 모든 직급의 솔직한 피드백을 자주 구했고, 공개적으로도 받았다. 그는 자신이 회사에 많은 도움이 되고 있다는 것을 알았다. 그러나 일을 너무 빨리 추진한다거나, 팀의 결정을 방해한다거나, 문제를 무시한다는 말도 때때로 들었다. 제임스는 제조 협력 직원부터 오너까지 솔직하게 들려주는 건설적 비판을 소중히 받아들였다. 그것을 토대로 자신의 변화 계획이 과도한 좌절감이나 사보타주 행위로 이어지지 않도록 조정했다.

전술 9 은밀한 갈등을 감지하면 콜롬보처럼 움직여라

팀 내의 갈등을 억누르기보다는 드러내어 중재하라. 소문, 문제, 우려 사항을 탐색하는 동안 권위나 비판을 앞세우기보다는 호기심을 표현하라.

니라의 경영진이 더욱 유능해지면서 비즈니스도 성장했다. 그들은 다른 도시에 지사를 개설해 더 넓은 지역으로 사업을 확장했다. 경영진은 니라의 도움을 거의 또는 전혀 받지 않고 고객사의 최고 경영진들과 함께 프로젝트 및 협상을 진행했다. 그러다 보니 업무가 너무 많아지는 문제가 발생했다.

니라는 그들의 성장을 위해 업계 경험과 전문성을 갖춘 60세의 이선도 경영진으로 고용했다. 이선은 여러 인터뷰에서 협력, 공동 목표, 팀워크를 언급했었다.

하지만 이선이 입사한 지 6개월이 지났을 즈음, 니라는 숨겨진 문제를 감지했다. 겉으로 보기에는 업무가 원활하게 진행되고 업무의 질도 높아졌다. 모든 것이 괜찮아 보였는데도 왠지 사기가 떨어진 느낌이 들었다. 그녀는 경영진 한 명 한 명과 점심 식사를 하면서 무엇이 문제인지 대놓고 물었다. 그들은 모두 다 괜찮다고 대답했다.

그들이 용감하게 그녀와 의견을 달리하고 심지어 그녀와 맞서기까지 한 적도 있으니 이제 와서 주저하지는 않겠지 싶었다. 하지만 니라는 불길한 예감이 들었다.

직접 물어보는 방식이 효과가 없었으므로, 니라는 탐정으로 나설 때가 되었다고 판단했다. 그녀가 좋아하는 오래된 TV 프로그램 중 하나는 〈형사 콜롬보Columbo〉였다. 순진해빠지고 서툴러 보이지만 실제로는 범죄를 해결하려고 교묘하게 정보를 수집하는 수사관의 모습이 마음에 들었다. 간접적인 방식이 콜롬보식 수사의 성공 비결이었다.

니라는 방어적인 고객사의 요구 사항을 파악하려고 노력할 때 종종 콜롬보를 모방했다. 그런 고객사는 너무 자존심이 세서 조직의 문제를 공개적으로 인정하려 하지 않았다. 고객의 니즈를 '간접적으로' 탐색하면 직설적인 질문으로 놓칠 수 있는 진짜 문제를 파악할 수 있었다. 그래서 그녀는 경영진의 갈등에 관해 계속 직접적으로 질문하는 대신 시간이 지나가기를 기다렸다. 그녀는 더 많은 회의에 들어갔다. 친목 행사에서도 경영진을 관찰하고, 고객들에게도 업무가 어떻게 진행되고 있는지 물어봤다.

불쾌한 그림이 나타났다. 네 명으로 구성된 경영진은 한 번도 함께 점심을 먹은 적이 없었다. 고객들은 다시, 닉, 제이컵에 대해 얘기할 때는 환하게 웃었지만, 이선에 대해서는 가볍게 칭찬하는 척 비판했다.

하지만 콜롬보는 용의자를 직접 심문하지 않았다. 그보다 더 나은 방법을 알고 있었다. 그래서 다른 도시들에 있는 고객사와 미팅할 기회가 생겼을 때 니라도 이선과 함께 장기 출장을 준비했다. 거기까지 가려면 꽤 오랜 시간 운전해야 했다. 그들은 차 안에서 일과 변화하는 의료 산업, 그리고 경영진에 관해 이야기를 나누었다. 이선은 조용하면서도 거만한 태도를 보였다. 그는 절대 흥분하지 않고 조곤조곤한 말투로 겸손하게 말하며 토론을 미묘하게 지배했다. 그는 종종 비공식적으로 자기 전문 지식을 과시해 토론과 이견을 억제했다. 며칠이 지나서 그녀는 그가 수동적 공격 성향을 지니고 있으며, 지배하고 싶어 하는 사람임을 알게 되었다.

며칠 후 그녀는 다시를 점심 식사에 데려가 물었다. "무슨 일이 있었는지 왜 말해주지 않았어요?"

다시는 긴장하고 속상해 보였다. "당신을 실망시키고 싶지 않았어요. 어찌 되었든 잘해나가는 것이 우리 책임이라고 생각했습니다."

니라는 네 사람이 함께 일할 수 있는 방법을 찾으려고 노력했다. 그녀는 자신보다 경험이 적은 경영진들과 함께 일하는 고충을 안다면서 이선의 말에 공감해줬다. 다른 세 명에게도 이선을 대하기 어려웠을 수도 있었겠다는 마음을 똑같이 알아줬다. 그녀는 몇 달 동안 그들의 갈등을 중재하려고 노력했다. 하지만 이선이 점점 더 지배적인 성격을 보이자 닉도 더욱 방어적으로 긴장하게 되었다. 어느 날 이선과 닉은 회의실에서 서로에게 소리를 지르며 다투기에 이르렀다. 그 후 이선이 니라에게 그들을 관리할 권한을 달라고 요구했다.

니라는 자비의 한계에 도달했고, 자비 전략이 성공적으로 작동했던 최고의 인재들 중 한 명 이상을 잃을 수 있다는 사실을 분명히 깨달았다.

이선은 다음 날 떠났다.

과도하게 통제적이거나 갈등을 극도로 회피하는 리더는 팀원들이 자신에게 보고하는 갈등에 대해 알고 싶어 하지 않는다. 이런 리더는 갈등에 개입하더라도 권력을 사용해 갈등을 '해결하려' 하는데, 대개는 갈등을 억제해 덮어두는 데 그친다.

전술 10 권력은 갈등 후 회복을 위해 사용하라

스트레스가 많은 분쟁이 발생한 후에는 리더가 '회복 대화repair conversations'를 주도해 부정적인 감정을 줄여야 한다. 여기에는 부분적인 책임을 지겠다는 화해의 말, 향후 유사한 상황이 일어날 경우에 대비해 요청할 내용, 공통 목표와 가치에 대한 검토 등이 포함된다. 정당하고 진심 어린 사과는 감정과 관계를 회복하는 데 매우 효과적이다.

니라는 이선이 떠나면 모든 것이 정상으로 돌아오리라고 기대했다. 하지만 긴장감은 여전했다.

니라는 권력 갈등에 대해 순진하지 않았고, 갈등이 종종 후유증을 남긴다는 것을 알았다. 그녀가 배운 중요한 교훈은 갈등 후 회복 대화의 가치였다. 그녀는 고객과 긴장된 갈등을 겪은 후 솔직한 대화를 나눈 적이 여러 번 있었다. 그러고 나면 관계를 회복할 수 있었는데, 어떤 관계는 돈독해지기도 했다. 그녀는 더 많은 힘을 가진 사람이 먼저 움직여야 대화가 순조롭게 진행된다는 데 주목했다. 그러면 힘이 약한 사람이 느끼는 위험이 줄어든다. 그래서 그녀는 경영진을 모았다.

"그동안 무슨 일이 있었는지 얘기해볼까요"라고 니라가 말문을 열었다. "나는 여러분과 함께 일하며 우리 성장을 도울 수석 컨설턴트를 여러분의 동료로 고용했습니다. 이선을 채용할 때 여러분의 의견을 듣지 않은 게 나의 첫 번째 실수였어요. 또한 이선이 합류하고 처음 몇 달 동안 무슨 일이 벌어지고 있는지 신경 쓰지 못한 것도 내 책임이에요. 특정 고객사들에 집중하느라 여러분이 처한 어려운 상황을 알지 못했습니다."

토론을 계속하면서 각자가 이번 사태의 부분적인 책임을 인정했다. 경영진은 니라를 충분히 믿지 못해 무슨 일이 일어나고 있는지 말하지 않은 점, 니라는 이 문제를 더 빨리 알아차리지 못하고 방관한 점 등을 인정했다. 그러면서 이선과 지속적인 갈등을 겪으며

갈등을 관리하는 방법

자극된 부정적 감정을 서서히 줄여나갔다. 또한 회사가 성장하면서 향후 유사한 문제가 다시 생길 수 있으므로 이를 예방하는 방법에 관해서도 논의했다. 나름 분석적이면서도 진심이 담긴 대화였고, 니라와 경영진은 곧 우호적으로 신뢰하는 갈등 이전의 관계로 돌아갔다.

니라는 직원들의 정직성과 재능을 키우기 전에도 꽤 성공적이었다. 그녀는 어시스턴트들의 도움을 받는 전문가였을 때도 수준 높은 서비스와 정통한 조언으로 고객들에게 꽤 유명했다. 하지만 어시스턴트들과의 관계에서 의견 충돌, 솔직한 피드백, 새로운 아이디어를 허용하고 나서 그녀는 더욱 성공 가도를 달렸다. 그리고 훨씬 건강해졌다.

자비 전략을 위해
꼭 알아야 할 것들

자비 전략은 권력 공유, 강한 감정, 협상이 복잡하게 뒤얽혀 있는 상황을 헤쳐나갈 기술과 인내심, 자신감을 갖추고서 적절한 상황에 적용해야 효과가 있다. 물론 이를 위해서는 자신감, 자기주장, 비전, 감정 조절 등 경쟁력 있는 리더에게 필요한 여러 가지 대인 관계 기술이 필요하다. 여기에 다른 한 가지, 즉 자신의 자아를 초월하는 능력도 필요하다.

리더가 구루나 성인일 필요는 없다. 하지만 자비 전략을 써서 시간이 지나면서 그 효과를 제대로 보려면 전체가 함께하는 대화, 토론, 주고받기의 과정을 신뢰할 수 있어야 한다. 자비 전략은 '나'보다는 '우리'라는 정체성을 요구한다. 집단 구성원이 더 높은 목적과 서로 연결되어 있을 때 본질적으로 동기부여가 된다는 믿음이 이 전략을 뒷받침한다.[24]

갈등을 관리하는 방법

또한 갈등의 본질에 대한 지혜가 필요하다. '갈등 해결'은 분쟁이 생겼을 때 해결 작업이 시작된다는 의미를 함축하기에 한계가 있는 말이다. 분쟁이 있기 전에는 무언가를 해결할 수 없다.

자비로운 리더와 그 리더를 지지하는 사람들은 분쟁이 일어나기를 기다리지 않는다. 그들은 상황과 관계를 효과적으로 관리해 불필요하거나 파괴적인 의견 불일치를 방지한 다음, 조직의 더 큰 이익을 위해 필요한 불화를 탐색한다. 또한 갈등을 이해하는 사람들은 갈등이 단발적인 사건이라기보다 계속 좁혀지지 않는 차이에서 비롯된다는 것을 알고 있다.

✅ 실용적 자비를 위한 역량 개발 체크리스트

실용적 자비 전략을 구사하기 위해 다음 중에서 이미 개발한 역량이 있는지 확인해보자. 내 답변들에 대해 신뢰할 수 있는 사람과 이야기를 나누자. 컨설턴트나 임원 코치, 친한 동료, 나와 내 조직을 이해하는 친구, 상사, 부하 직원 등 누구라도 괜찮다.

1. 나는 적절하게 정보를 기밀로 유지한다. (   )
나는 갈등을 겪으면서 배신감을 느끼지 않기란 어렵다는 것을 알고 있다. 나는 어떤 정보를 언제, 누구와 공유할지 신중하게 분간한다. 나는 험담을 하거나 부하 직원들을 조종하기 위해 정보를 이용하지 않는다.

2. 나는 부하 직원들의 시각에 대해 즉각적인 판단을 내리지 않고 탐구한다. (   )
부하 직원들의 의견이나 제안을 결국 거부하게 되더라도 아이디어가 계속 나올 수 있도록 경청하는 자세로 임한다. 나는 관점의 차이 때문에 아이디어의 흐름이 막히지 않게 한다.

3. 나는 부하 직원과 갈등할 때 침착할 수 있다. (   )
나는 누구나 실수한다는 것을 알고 있다. 사람들이 나에게 실수를 숨기지 않기를 바라므로, 부하 직원이 실수를 보고할 때 격한 감정을 보이지 않도록 주의한다. 무슨 일을 어떻게 했어야 하는지, 여기에 대해 의견이 충돌하는 것은 비난이라기보다는 건설적인 토론이다. 나에 관해 "흥분한다"거나 "폭발한다"는 소

　　　　　　　　　　　　　　　갈등을 관리하는 방법

문이 돌지 않는다.

4. 나는 솔직함을 실천하고 그것을 보상한다. (   )
나는 거짓말을 하거나 문제를 회피하지 않는다. 부하 직원들은 갈등이 있을 때는 물론 항상 내가 솔직하다는 것을 믿을 수 있다.

5. 나는 자주 그리고 공개적으로 소통한다. (   )
나는 우리 조직이 추진하는 일에 대해 유의미하고 실용적인 지식을 가지고 있음을 드러내지만, 모든 것을 다 아는 사람처럼 행동하지는 않는다. 그러면 사람들이 나에게 솔직하지 않을 것임을 알기 때문이다. 그러면 다른 관점도 제시하지 않을 것이고, 멋진 아이디어로 발전할 수 있는 '멍청한' 질문들도 사라지게 될 것이다.

6. 나는 공정하게 행동하고 편애하지 않는다. (   )
부하 직원들의 솔직한 태도를 원한다. 그래서 어떤 한 사람이나 한 그룹이 다른 사람들보다 더 많은 관심이나 혜택을 받을 자격이 있는 것처럼 행동해 그들의 신뢰를 해치지 않도록 주의한다. 나는 공정성과 내 결정이 어떻게 해석될지 신중하게 고려한다. 불공평하다고 해석될 여지가 있는 불편한 결정을 내릴 경우에는 그런 결정에 대해 기꺼이 논의하며 공정성 문제를 정면으로 마주한다.

7. 나는 말을 붙이며 다가가기 쉬운 사람이다. (   )
다른 사람들도 그렇게 해주기를 바라므로 나는 바쁠 때도 누군가 다가오기 편하게 배려한다. 누군가 내 관심을 원한다고 해서 하던 일을 모두 중단하지는 않지만, 내가 동의하지 않거나 듣기 싫은 이야기도 비교적 쉽게 할 수 있도록 한다.

8. 적절한 범위 내에서 나 자신과 내 사생활을 공개한다. (   )

나는 차가운 벽돌담이 아니다. 차가운 담을 친다면 혁신에 수반되는 창의적 긴장감을 포함해 내가 원하는 정보를 얻을 수 없기 때문이다. 나는 사람들이 나를 개인적으로 알 수 있도록 한다.

9. 나는 부하 직원들을 옹호한다. (   )

부하 직원들을 옹호해 신뢰를 구축한다. 성과 부진이나 실수를 변명하지는 않지만, 적절한 경우에 내 사람들의 입장을 조직에 대변한다. 이를 통해 부하 직원들이 나를 믿고 자기 생각을 솔직하게 말할 수 있는 기반을 마련한다.

10. 나는 약속은 반드시 지킨다. (   )

무언가를 하겠다고 했다가 하지 않아서 신뢰를 갉아먹지는 않는다.

5장

지지 구축
전략

Making Conflict Work

권력 장악 관계에서
권력 공유 관계로

디즈니 형제인 월트와 로이는 갈등을 두려워하지 않았다.

월트는 창의적인 인재를 육성하고 격려한 비전 있는 리더로 잘 알려져 있다. 월트 디즈니 컴퍼니는 월트와 그의 형인 로이 사이의 잦은 갈등에도 불구하고 역사상 가장 성공적인 엔터테인먼트 회사로 성장했다.

로이는 월트와 공동 창립자로서 회사의 모든 재무를 관리했다. 두 사람 사이에는 서로 다른 역할과 성격으로 인한 긴장감이 흘렀다. 열정적인 성격인 월트는 위험이 도사리고 있어도 창의성과 멋진 아이디어로 도전하기 좋아했다. 로이는 현실적이고, 재정 면에서 보수적인 실용주의자였다.[1]

월트는 명성, 창의적인 천재성, 성격 덕분에 로이보다 더 많은 권력을 가졌다. 분명히 그가 제국의 왕이었다. 그는 무엇이든 한번

갈등을 관리하는 방법

주장하면 그것을 이루거나 얻었다. 두 사람은 비용, 부채, 투자, 계약, 혁신을 두고 자주 논쟁을 벌였다. 그들은 때때로 상대방에게 고함을 쳤지만 보통은 서로의 말에 귀를 기울였다. 두 사람은 자주 갈등하고 격렬하게 치달았지만 대부분 협력적이었다.[2]

이것이 협력적 갈등의 본질이다. 갈등 당사자들은 일부 사안에 동의하지 않더라도 상대방을 지배하려 하거나 서로에게 항복하는 경우가 거의 없다. 그들은 토론하고, 논쟁하고, 싸우면서 그 유명한 윈윈 솔루션을 찾는다. 이러한 갈등에서 더 많은 힘을 가진 쪽은 관계를 유지하고 솔직함을 이끌어내고자 실용적 자비를 발휘해 권력을 공유하지만 포기하지는 않는다. 힘이 약한 쪽은 더 강력한 파트너에게 맞설 때 발생할 수 있는 분노를 감수해야 한다. 따라서 협력적 갈등에는 신뢰, 겸손, 정직이 필요하다.

가족 회사의 일원이 아니라면 디즈니 형제와 같은 유대감을 상사와 공유하기는 어려울 것이다. 로이는 월트에게 매우 세심한 관심을 기울였다. 그는 동생을 대신해 걱정했다. 그는 보호하려 했고, 심지어 헌신적이었다. 두 형제의 변호사는 "두 형제 사이에 긴장감이 흘렀지만, 로이 디즈니는 동생이 더 나은 삶, 더 좋은 삶, 더 달콤한 삶을 누리도록 세상에서 그가 할 수 있는 일이라면 모든 일을 다 했다"라고 말한다.[3] 그런데도 로이는 단순히 월트를 달래거나 긴장을 피하기보다 기꺼이 월트의 의견에 반대하는 쪽을 선택했다.

이 장에서 설명하는 지지 구축 전략은 상대방보다 권한은 적지만, 대부분 협력적이거나 목표를 공유하며 상호 보완적인 관계가 중요한 협력적 의존의 갈등 상황(103쪽 참고)에 적합하다. 이 전략을 사용하는 직원은 별생각 없이 리더를 따라가기만 하지 않는다. 리더와 나란히 일하면서 공동 목표를 향해 나아가는 데 필요하다면 상충되는 견해도 정직하게 표현한다. 그렇게 높은 수준의 신뢰와 헌신을 쌓아간다.

자비로운 리더와 그를 지지하는 직원들 사이의 협력적 갈등은 최상의 결과를 가져올 가능성이 높다. 목표 달성, 관계 강화, 업무 만족도, 정서적 건강 등 모든 측면에서 그러하다. 이것에 성공하면 모두가 그 혜택을 본다.

그러나 이 장에서 설명하겠지만, 이 전략은 그냥 생기는 것이 아니다. 먼저 이 전략의 토대를 쌓아야 한다.

상사보다 권력이 적은 것은 명백한 현실이다. 하지만 권력이 덜한 대로 어떻게 활용하느냐는 그리 분명하지 않다. 갈등 상황에서 상사를 달래는 것, 심지어 7장에서 논의할 전략적 회유조차 기껏해야 일시적인 전략일 뿐이다. 상사의 권력을 빼앗거나 전복하려는 의도로 상사에게 저항한다면 매우 위험하다. 상사가 정말 공정하고 올바른 생각을 하며 권력을 공유할 의지가 있다면, 리더를 지지하는 것은 직원으로서 필수적인 부분이다. 하지만 그런 리더라도 갈등이 있는 상황에서는 그렇게 하기란 쉽지 않다.

갈등을 관리하는 방법

갈등 중에 상사를 지원한다고 해서 단순히 상사의 입장을 지지하고 굴복하는 것을 의미하지는 않는다. 상사의 의견에 동의하지 않는다고 해서 상사를 공격하거나 깎아내리는 것도 아니다. 지지를 구축한다는 것은 힘이 부족할 때 권력을 요청해 빌리고, 공유하도록 이끌어간다는 뜻이다. 권한이 적더라도 완전히 무력한 경우는 거의 없다.[4] 일부 목표가 다르더라도 공동 목표를 향해 상사와 협력하는 것이 여러분에게 이익이다.

지지 전략은 수동적인 전략이 아니다. 서로 영향력을 주고받으면서 이득을 가져오는 관계를 구축하려는 일련의 행동이다. 상사가 권력을 공유하기를 꺼려도 상사와의 관계를 권력 장악 관계에서 권력 공유 관계로 이끌어갈 수 있다.

다음과 같은 경우에 갈등 상황에서 지지 구축 전략을 사용하면 도움이 될 수 있다.

- 목표를 달성하기 위해 상대방과의 관계를 유지해야 하는 경우
- 상대방이 여러분과 함께하며 여러분과 대립하지 않는 경우
- 상대방의 권력이 여러분보다 높은 경우

무엇이 갈등 중에도
지지하게 만들까?

많은 사람이 이 전략을 선호한다. 특히 권력이 낮을 경우에는 다른 선택지보다 훨씬 기분이 좋아지기 때문이다. 상사와 의견이 달랐는데 대화를 하면서 적절한 협상안을 이끌어냈다면 집으로 가는 발걸음이 훨씬 가볍다. 분노, 불안, 괴로움에 휩싸인 채 집으로 돌아가야 한다고 상상해보라. 완전히는 아니지만 반만이라도 협조해주는 상사가 있다면, 즉 권력을 나누고 대화로 해결하는 것을 그리 위협적으로 느끼지는 않는다면, 그 상사도 집으로 운전할 때 기분이 나아져 있을 것이다.

사람들을 지지의 방향으로 이끄는 또 다른 요소는 한 팀이라는 집단 감정이다. 혼자서 기분이 좋아지는 것도 좋지만, 다른 사람들과 함께 기분이 좋아지면 더욱 기분이 좋다. 동료들에게도 애착을 가지게 된다. 업무 외에는 볼일이 없는 동료들에게 관심이 간다.

'우리'라는 느낌이 들기 때문이다. 상사와 의견이 맞지 않아 갈등할 때 '우리'가 함께 해결할 수 있다면, 즉 두려움에 물러서지 않고 협상한다면 '우리'는 힘을 갖는다. '우리'는 '나'보다 더 큰 존재다.

상사와 여러분, 그리고 팀이 갈등을 서로 간의 경쟁이 아니라 함께 극복해야 할 과제로 인식하는 단계에 이르면 갈등의 본질 자체가 달라진다. '나 대 너'가 아닌 '우리 대 문제'로 바뀌게 된다.

그렇다면 상사와 갈등하는 상황에서 협조적인 태도를 취하지 않으려는 사람은 왜 그럴까?

어떤 사람들의 본성에는 '지지'라는 단어가 없다. 야망이나 신경증, 개인사 때문에 다른 사람들보다 낮은 권력에 처하는 경험이 낯선 사람도 있다. 또 본능적으로 경쟁하고 지배하려는 성향을 가진 사람들도 있는데, 그들에게 협력하라고 하면 너무 많은 것을 요구하는 일이다. 인생에서 승리가 전부일 때, 다른 사람을 지원하는 일은 패배처럼 느껴진다.

어떤 사람들은 누군가를 지지할 만큼 그 누군가를 도무지 신뢰하지 못한다. 지지하는 역할에 편안함을 느끼려면 심리학자들이 말하는 안정 애착 패턴이 필요하다. 안정 애착은 어릴 때 양육자가 아이의 요구에 적절하고 일관되게 반응해주면 형성된다. 애착이 안정적으로 형성되어 있는 성인들은 자신과 파트너, 관계에 대해 더 신뢰하고 긍정적인 시각을 갖는 경향이 있다.[5]

반대로 불안이 심한 성인들은 권위 있는 사람에게서 인정받고 싶어 하는 욕구가 강하다. 즉각적인 반응을 요구하면서도 관계를 충분히 신뢰하지 못하고 강도 높은 감정 표현, 걱정, 충동성을 보이는 경향이 있다. 이들은 권위 있는 사람을 신뢰하는 것이 불가능하다고 생각할지도 모른다. 또는 항상 협조적이지는 않은 특정 권위자를 경계하게 될 수도 있다. 협력하라는 상사의 권유를 함정이라고 생각할 수도 있다. 지지 전략이 실제로는 이론보다 훨씬 어렵다고 생각하는 사람들도 있을 것이다.

또한 지지 전략이 일부 조직 문화와 맞지 않을 수도 있다. 어떤 조직은 직원 오리엔테이션 안내서에 "우리는 솔직한 의견과 팀 협력을 소중히 여깁니다"라고 명시해놓아도 실제로 협력하는 모습을 찾아보기 어렵다. 그렇다면 이 조직이 진정으로 요구하는 것은 '등 뒤를 조심하기'라는 결론을 내릴 수 있다(종종 정확하다). 자비 전략이 적합한 조직과 마찬가지로, 의사 결정 권한이 분산되어 있는 조직에서 지지 전략을 토대로 목표를 달성하기가 좋다. 상사와 부하 직원 사이에 평등하고 협력적이며, 낮은 권력 거리의 관계를 보상하는 조직이어야 지지 전략이 유리하다.

자기평가
나와 갈등하고 있는 리더를 얼마나 지지하는가?

권력이 높은 사람과 의견이 충돌할 때도 어느 정도 지지할 수 있는지를 알아보고 싶다면 아래 문항들에 답해보자. 각 문항에 아래 숫자로 표시하면 된다.

1: 전혀 아니다	2: 아니다	3: 보통이다
4: 그렇다	5: 매우 그렇다	

1. 나는 상사와의 갈등을 배우고 발전할 수 있는 기회로 삼는다. (   )

2. 상사와 의견이 충돌해도 그 내용과 상관없이 잘 해결된다. (   )

3. 나는 관리자의 스트레스 수준과 전반적인 웰빙이 걱정된다. (   )

4. 의견 차이가 있을 때 나는 상사나 다른 사람들에게 지지를 요청한다. (   )

5. 상사와 갈등이 생겼을 때 나는 가장 먼저 문제를 명확하게 설명해달라고 요청한다. (   )

6. 나는 갈등이 생겼을 때, 특히 상사와 갈등할 때 서로 이해하기 위해 노력한다. (   )

7. 나는 긴장된 상황이 발생하면 상사와 이야기를 나눈다. (   )

8. 상사와 갈등이 있을 때는 서로를 이해할 수 있도록 세심하게 주의를 기울이고 경청한다. (   )

9. 상사와 나는 같은 목표와 관심사, 이해관계를 많이 공유한다. (   )

10. 상사와의 관계는 나에게 매우 중요하며, 건설적인 관계를 유지하려고 열심히 노력한다. (   )

11. 나는 어떤 상황에서도 상사에게 영향을 줄 수 있다. (   )

12. 나는 상사가 결정해야 할 사항이 있을 때 상사에게 의견을 제시한다. (   )

13. 나는 이 조직의 소중한 일원이라고 느낀다. (   )

14. 나는 관리자에게 매우 정직하다. (   )

15. 내 목표를 달성하려면 관리자의 협조가 필요하다. (   )

채점

이제 점수를 합산하자. 이전 장에서와 마찬가지로 대체로 점수가 높을수록 좋지만 항상 그런 것은 아니다. 전략은 상황, 특히 더 많은 권한을 가진 사람들의 반응에 들어맞아야 한다. 다음 가이드라인을 참고하자.

갈등을 관리하는 방법

점수	의미	스스로 질문하기
40점 미만	지지 전략으로 갈등에 대처하는 경우가 거의 없다.	환경이 이 전략을 지원하지 않는가? 아니면 이 전략을 제대로 활용하지 못하는가?
40~49점	이 전략으로 기울고 있다.	이 전략을 적절한 맥락에서 충분히 사용하고 있는가?
50~59점	이 전략을 꽤 많이 사용한다.	이 전략을 너무 많이 사용하지는 않는가? 혹시 잘못된 맥락에서도 사용하고 있지는 않은가?
60점 이상	대부분의 상황에서 이 전략에 의존한다.	이 전략을 과도하게 사용하는지도 모른다. 이 전략을 자주 사용하는 만큼 환경도 이를 지원하는가? 올바른 맥락에서 효과적으로 사용하고 있는가? 갈등 관리를 위해 다른 전략들도 같이 사용할 필요가 있지는 않은가?

조직평가
지지 전략을 사용하기 좋은 조직인가?

다음 문항들에 답해보자. 현재 업무 환경이 지지 전략을 어느 정도 장려하는지 파악할 수 있다. 각 문항에 아래 숫자로 표시하면 된다.

1: 전혀 아니다	2: 아니다	3: 보통이다
4: 그렇다	5: 매우 그렇다	

1. 상사가 나의 진짜 생각을 알고 싶어 하는 것 같다. (　)

2. 직속 상사가 나와 긍정적인 관계를 형성하기 위해 노력한다. (　)

3. 우리 조직에서는 대체로 상사가 책임, 결정, 권한을 직원과 공유하도록 장려한다. (　)

　　　　　　　　　　　　　　　　　갈등을 관리하는 방법

4. 현재 나의 관리자는 정말 존경할 만한 사람이다. (   )

5. 현재 상사 밑에서 일하면 상사를 지지하고 싶어진다. (   )

6. 우리 조직은 상사와 나의 의견이 맞지 않을 때 대화로 분쟁을 해결하도록 권장한다. (   )

7. 내 직업은 팀워크와 관계에 높은 가치를 둔다. (   )

8. 상사는 의견이 충돌할 때 부하 직원을 포함한 다른 사람들을 분명히 배려한다. (   )

9. 현재 상사는 내 동료들이나 나와 의견이 다를 때 대화를 중단하거나 명령을 내리지 않고 경청하며 설명한다. (   )

10. 의견 충돌이 있는 상황에서 상사가 적절하게 행동하는 것은 우리 조직에 매우 중요하다. (   )

11. 내 상사는 갈등을 공개적이고 건설적으로 처리한다. (   )

12. 내 상사는 갈등을 거치며 팀이 정직해지고 함께 일하는 방법을 배울 수 있으므로 갈등을 건강한 현상이라고 믿는다. (   )

13. 내가 근무하는 곳에서는 일을 바라보는 관점이 매우 다르더라도 관리자에게 내 의견을 편안하게 표현할 수 있다. (   )

14. 현재 내가 일하는 곳에서는 윗사람의 의견에 동의하지 않아도 해고될 염려가 없다. (   )

15. 현재 근무하는 조직에서는 책임자와 의견이 다르다는 이유만으로 강제로 쫓겨나거나 해고당하거나 소외되는 일 없이 안전하다고 생각한다. (   )

점수를 합산하면 15~75점 사이가 된다. 점수가 높을수록 조직에서 지지 전략을 사용하는 것이 합리적이라는 뜻이다. 이제 자기평가 점수와 방금 완료한 조직평가 점수를 비교해보자.

자기평가 점수: _____

조직평가 점수: _____

두 점수가 비슷하면 일반적으로 이 전략을 적절하게 사용하고 있다는 뜻이다. 물론 갈등들의 세부 사항과 분위기에 따라 이 전략을 언제 누구와 함께 사용해야 할지 구분해야 한다.

갈등 속에서도
지지해야 할 6가지 이유

1. 긍정적인 관계에서 더 효과적으로 작동한다.

팀이 부정적인 감정보다 긍정적인 감정을 더 많이 공유할 때 더 나은 성과를 낼 가능성이 높다. 이런 조건이 심리적 안정감과 유연성을 제공해 더 많은 위험을 감수하고 혁신할 수 있게 해준다.[6]

2. 부정적인 감정은 상황에 따라 약하게 수그러진다.

긍정적인 경험을 많이 공유하는 사람에게는 화를 내기가 어렵다. 지지 전략을 배워야 하는 이유 중 하나는 여러분과 상사가 더 빨리 진정하고 더 쉽게 용서하며 두통을 덜 겪을 수 있기 때문이다.[7]

3. 나는 장기적인 관계를 구축하고 있다.

상사와는 관계를 계속 이어가야 한다. 개인적인 갈등이 있더라도 그 기간은 그보다 더 오래 지속될 것이다. 위험을 미리 계산해 감수하고 최고의 아이디어와 실제 피드백을 공유하는 일은 미래에 더 깊어질 리더와 팔로워의 관계에 투자하는 것이다.[8]

4. 우리는 모두 누구보다 똑똑하다.

팀은 아이디어, 비판적 사고, 창의성, 총체적 사고, 그리고 문제 해결을 끌어낼 기회를 제공한다. 하지만 여러 사람이 둘러앉아 모든 것에 동의한다고 해서 가치 있는 결과물이 만들어지지는 않는다. 수동적으로 지시를 기다리는 팀원, 실패할 것 같은 명령을 그대로 수행하는 팀원, 잠재적으로 가치 있는 아이디어를 스스로 보류하는 팀원은 안전한 플레이만 한다. 결국 팀과 조직, 팀원 자신의 커리어에 더 나은 결과를 가져다줄 기회도 사라지고 만다.[9]

5. 나는 '나'라는 브랜드를 개발하고 홍보하는 CEO이자 마케팅 책임자다.

여러분의 장기적인 발전은 여러분의 재능을 활용해 배우도록 도와주는 상사와 함께 일할 기회를 잡는 데 달려 있다. 단순히 아이디어를 받는 차원을 넘어 아이디어를 교환한다면 여러분이 발전하고 성공할 확률을 높여준다. 조직 안팎의 다른 사람들이 여러분을 유능하다고 생각하도록 만드는 가장 좋은 방법이 있다. 여러분이 업무를 훌륭하게 수행해 상사들이 여러분을 자랑하게 만드는 것이

갈등을 관리하는 방법

다. 상사가 조직의 목표를 달성하는 데 도움이 되는 방식으로 상사에게 협력적인 이견을 제시해보라. 이 또한 다른 사람들이 여러분을 홍보해주게 만드는 한 가지 방법이다.[10]

6. 권력 공유는 서로에게 이득이다.

부하 직원들이 의사 결정에 적극적으로 참여해야 리더도 이득을 얻는다. 부하 직원들은 고립감을 덜 느끼고 모든 것을 스스로 해결해야 한다는 부담감을 덜 수 있다. 부하 직원과 리더가 서로에게 좋은 감정을 느끼면 동기부여와 협력의 긍정적인 선순환이 만들어진다.[11]

서로 지지하는 관계로 발전하려면
시간이 필요하다

이 책에 소개된 다른 전략들과 마찬가지로 지지 구축 효과는 그 정도, 방식, 상황에 따라 달라진다.

상사와 너무 자주 갈등을 일으키면 대가를 치를 수 있다. 협력적인 상사는 이를 거부나 권력 투쟁으로 간주해 더 부정적이거나 경쟁적인 사고방식으로 부하 직원을 대하기 시작할 수 있다.

상사의 의견에 '어떻게' 반대하는지도 중요하다. 물론 불평하기, 허세 부리기, 그만두겠다고 협박하기, 상사를 짜증 나게 하고 위압적으로 대하기……. 이런 전술들로도 상사와의 전투에서 몇 번 이길 수 있을지 모른다. 그러나 그로 인해 상사와의 '긍정적 감정 저장소'를 소진하는 대가를 치르게 된다.

상사와 오래도록 관계를 이어가야 한다면, 향후 승진을 할 때나 추천을 받을 때 상사의 도움이 필요하다면 반드시 염두에 두어라.

갈등을 관리하는 방법

상사의 귀에 거슬리게, 혹은 지나치게 빈번하게 반대하고 협상하는 방법으로 상사를 소외시키는 일은 피해야 한다.

지지 전략을, 신중하게 그 토대를 쌓고 발전시켜야 하는 귀중한 자원이라고 생각하라. 무심코 사용하거나 당연하게 여기기에는 너무도 소중한 자원이다.

효과적으로 지지한다는 것

대부분의 건설적인 팔로워와 리더의 관계는 시간이 지나면서 발전한다. 갈등 상황에서 권력 공유는 팔로워가 리더에게 영향을 미칠 수 있는 방법을 찾는 과정에서 절충한 방법이다.

갈등 상황에서도 지지하는 사고방식을 가진 사람들은 상대적으로 자기 권력이 낮을지라도 상사가 대체로 자비롭다는 것을 알고 있다. 이들은 분쟁에서 적극적으로 지지를 구하고 설명을 요청한다. 문제에 관한 통찰력을 얻기 위해 높은 권력을 가진 사람의 말을 주의 깊게 경청하며, 협력하기 위해 모든 노력을 기울인다. 또한 자신의 소프트 파워를 높이고, 권력을 가진 사람들한테 가치 있고 훌륭하게 여겨질 수 있는 기술과 아이디어를 개발하는 데 많은 투자를 한다.

시간이 지나면서 관계에서 권력을 가진 사람이 이런 접근 방식

에 편안해한다면 이상적이다. 물론 그 과정은 불안, 분노, 협상 시
도 실패로 평탄하지 않을 수 있다. 그러나 양쪽 모두 끈기를 가진
다면, 완벽주의에서 벗어난다면 비행기 조종사와 부조종사 같은
매우 효과적인 관계를 형성할 수 있다.

10가지 지지 구축 전술

전술 1 긍정적인 관계로 만들어라

긍정적이고 진정성 있는 실권자와 관계를 다져라. 그와 비슷한 점, 그와 공유하는 목표를 탐색하라.

가벼운 갈등이든 격렬한 갈등이든 모든 갈등은 관계 속에서 발생한다. 자비로운 리더 밑에서 일한다면 지배적인 리더 밑에서 일하기보다 쉽지만, 그렇다고 유대감이 그냥 만들어지지는 않는다. 인간적인 유대감을 쌓으려면 여전히 의식적인 투자가 필요하다. 상사와 부하 직원의 관계에서 긍정성, 진정성, 유사성, 같은 목표를 향해 서로 헌신할 것을 강조할 필요가 있다. 그렇게 하면 설령 의견이 맞지 않을 때도 건설적이고 협상에 열려 있을 가능성이 훨씬 높다.

　　　　　　　　　　　　　　갈등을 관리하는 방법

진은 말하는 어조가 부드럽다. 그녀는 75명의 직원을 둔 연 매출 2,500만 달러(약 332억 원) 규모의 HVAC 부품 유통업체인 ACR Supply의 회계 담당자로 채용됐다. 그런데 전임자가 갑자기 퇴사하는 바람에 그녀에게 인수인계해줄 사람이 아무도 없었다. 당시에 경리가 두 명 있었지만, 학위를 받은 회계사는 없었다. 그녀는 3개월 동안 절차, 정책, 소프트웨어, 숫자를 알아가느라 연장 근무를 했다. 기술적인 문제에 집중하느라 인간관계를 쌓을 시간이 거의 없었다.

진의 이전 고용주는 계속 돌아와달라고 전화로 간청했다. 솔깃한 제안이었다. 이전 직장에서 그녀는 충분히 존중받았으며 높은 평가를 받았다. 목소리도 낼 수 있었다. '이 새로운 직장은 도저히 어찌할 수 없군'이라고 생각하던 참이었다.

진은 새로운 시스템을 배우면서 개선할 방법을 찾아냈다. 그녀의 눈에는 시스템상 낭비되고 부정확하며 비효율적인 점이 보였다. 하지만 상사를 아직 잘 알지 못했고, 큰 이유 없이 분쟁을 일으키고 싶지 않았다. 그녀는 혼자 생각했다. '내가 여기에 계속 다닐지조차 확신이 안 서는데 왜 긁어 부스럼을 만들겠어?'

새 직장에 입사한 지 3개월이 지난 후, 진은 마음을 열기로 결심했다. 그녀는 상사이자 오너이며 CEO인 트로이에게 시간을 내달라고 요청했다. 그에게 말했다. "솔직히 말씀드려야겠어요. 저는 어떻게 해야 할지 갈피를 못 잡겠어요. 아직도 여기서 파악하지 못한 것이 너무 많은데 예전 직장에서 저를 다시 부르네요."

이때 트로이의 반응이 진에게 전환점이 되었다. "트로이는 진심으로 나와 교감하려 했습니다. 그는 나를 앉혀놓고 얼마나 나를 중요하게 여기는지 장황하게 얘기했지요. 그는 나에게 방해가 되지 않으려고 노력했는데 충분히 지원하지는 못한 것 같다고 말했습니다. 그는 내가 시스템을 배우며 사람들을 파악할 수 있도록 도와주고 업무에도 더 많이 관여하겠다고 약속했습니다. 그리고 퇴사 여부를 결정하기 전에 한 달가량 시간을 주었으면 좋겠다고도 했습니다."

트로이도 그 대화를 기억했다. "진이 얼마나 유능한 사람인지, 우리 문화에 잘 맞는 사람인지 알았어요. 그녀에게 무엇이 가장 좋은지도 알고 싶었습니다."

그들의 관계는 발전하기 시작했다. 그 후 몇 주 동안 진과 트로이는 서로를 더 잘 알게 되었다. 진은 당시를 회상했다. "우리는 서로 비슷한 점이 많다는 것을 발견했습니다. 둘 다 아들을 키웠고, 세상과 인생을 바라보는 시각도 비슷했죠." 진은 계속 말을 이어갔다. "그리고 우리는 서로가 성공하기를 원한다는 점을 분명히 했습니다. 나는 그가 어떤 것들을 우선시하는지 알아갔고, 회사에 더욱 헌신하게 되었으며, 회사가 번창하기를 바랐습니다. 그는 내가 직면한 모든 문제를 해결해야 한다고 주장했습니다. 우리 관계가 성장하면서 그는 내가 그에게 도전했으면 좋겠다고 말하기도 했습니

갈등을 관리하는 방법

다. 그는 나를 좋아하고, 내 일을 존중하며, 회사에 관한 나의 이야기를 듣고 싶어 했습니다."

전술 2 갈등 협상을 위한 초기 조건을 주의 깊게 구축하라

갈등은 시작되면 끝나기 마련이다. 협력, 예의, 이성을 갖춘 분위기라면 서로 윈윈하는 결과로 이어질 가능성이 더 높다. 거칠고 논쟁적이며 방어적이고 비판적인 태도는 승자와 패자로 나누어지거나, 아니면 패자만 남는 나쁜 결말을 초래한다.

아드리아나는 연방 기관의 지점장으로, 과학자와 엔지니어를 관리하고 지원하는 업무를 맡고 있다. 그녀의 두 상사 중 한 명인 스테판이라는 지부장은 일흔두 살로 은퇴를 앞두고 있다. 아드리아나는 스테판을 좋아하고 그에게 매우 솔직하다. 아드리아나와 스테판은 모두 루마니아 출신임을 자랑스러워하며, 비슷한 가족사와 그들의 삶을 형성한 세계사에 관해 자주 얘기한다. 그들의 가족은 소비에트 통치하에서 살았다. 그런데도 스테판은 자신이 직장에서 민주적인 리더십을 실천하는 것을 자랑스럽게 생각한다.

하지만 아드리아나의 관점에서 볼 때, 스테판은 오히려 너무 개방적이어서 그에게 영향력을 미치기가 어렵다. "때때로 아무리 그를 설득해도 내가 바라는 것을 끝내 얻어내지 못하는 경우가 있는 데, 그게 까다로운 일일 때는 더더욱 그렇습니다"라고 아드리아나는 불평한다. 그녀는 권한이 낮은 직위에 있는 동료들이 스테판에게 압력을 가하는 것을 보았다. 분개하며 거친 행동을 보이거나 시간을 끌거나 씩씩거리며 회의실에서 나가버리는 식이었다. 대체로 그들에게 다른 업무를 시켜야 해서 스테판이 굴복할 수밖에 없을 때까지 소란을 피우며 방해 행위를 하곤 했다.

시간이 흐르면서 아드리아나는 스테판에게 가장 큰 영향력을 발휘하는 사람이 되었다. 그녀가 의견 충돌이 시작되는 상황에 많은 주의를 기울였기 때문이다. 어떤 사안에 대해 서로 의견이 다를 때, 스테판의 마음과 감정 상태는 부분적으로 그녀가 처음에 어떻게 접근했는지에 좌우된다는 것을 직관적으로 알아챘다. 또한 가까운 시일 내에 또 다른 의견 차이가 생길 수 있으며, 이전 협상 분위기가 이후 협상에 영향을 미친다는 것도 알고 있었다. 그래서 그녀는 더욱 교묘하고 간접적이며, 관계를 유지하는 접근 방식을 채택했다.

"가끔은 특정 사안에 대한 나의 선호도가 이전에 논의한 내용을 기반으로 한다는 말로 내 이야기를 시작하곤 합니다"라고 아드리아나는 설명했다. 한번은 자기 잠재력을 제대로 발휘하지 못하는 엔지니어를 더 적합한 다른 프로젝트로 이동시키고 싶었던 적이 있다. 다른 사람들은 이 직원에 관해 거칠게 불평하고 다른 해결책을 선택하도록 강압적으로 설득하면서 스테판을 휘두르려 했다.

그녀는 이전 회의에서 스테판이 그 엔지니어에 관해 했던 몇 가

갈등을 관리하는 방법

지 발언을 다시 상기시켰다. 그 엔지니어의 특별한 강점, 세부 사항에 대한 주의력, 미세 분석 기술, 기술 프로젝트에서 아주 작은 결함까지 찾아내는 능력 등이었다. 그러고 나서 그의 이런 강점들을 살릴 수 있는 프로젝트에 그를 투입하고 싶다고 설명했다. 스테판도 동의했다.

여기에 그녀는 한 걸음 더 나아가 그 엔지니어가 거부할지 모르는 상황에도 대비했다. 원래 스테판의 아이디어니까 고군분투하는 엔지니어에게 스테판이 직접 이 소식을 전하면 좋겠다고 제안한 것이다. 엔지니어는 상사의 상사로부터 자신에게 딱 맞는 특별 프로젝트에 배정됐다는 소식을 듣고서 중요한 일이라고 생각해 반대하지 않았다. "그래서 부하 직원은 상사가 특별 프로젝트에 발탁해줘서 기뻤고, 상사는 부하 직원이 똑똑해 보여서 기뻤고, 나는 내 목표를 달성해서 기뻤지요. 그리고 이게 조직에도 좋은 일이라고 생각합니다."

전술 3 비공식 네트워크를 구축하라

권력을 가진 사람과 갈등하는 상황이라면 신뢰할 수 있는 연합의 지지를 확보하라. 그래야 힘을 강화하고 더 효과적으로 대처할 수 있다.

진은 트로이를 알아가면서 그가 사람들에게 어떻게 반응하는지 알게 되었다. 그녀는 트로이의 우선순위, 그리고 그가 어떤 방식으로 아이디어와 피드백을 듣고 싶어 하는지도 알게 되었다. 1년 동안 트로이 밑에서 일하면서 그녀는 그를 잘 이해하고 있다고 느꼈다.

진은 회사가 매년 기업 사목社牧 서비스에 상당한 금액을 지불한다는 사실을 발견했다. 사목은 매주 각 사업장을 방문하고 필요하다면 상담도 해주었다. 그녀는 트로이가 신앙심이 깊고 이 프로그램에 자부심이 강하다는 것을 알았지만, 경기 침체로 비용을 절감해야 하는 시급한 상황이었다.

그때까지 진은 회사에서 많은 관계를 쌓았다. 그녀는 많은 관리자들의 존경과 신뢰를 빠르게 얻었다. 그녀는 기업 사목에 관해 트로이와 논의하기 전에 이 비공식적인 연합의 의견을 주의 깊게 경청했다. 그녀와 대화를 나눈 많은 사람이 자기 삶에 성직자가 함께하기를 원했다. 그러나 그들은 이미 자신이 다니는 교회의 성직자로 충분하다고 느꼈다. 사목이 회사로 오면 여러 가지로 편리하긴 했지만, 회사에서 그만한 가치가 있다고 생각하는 사람은 소수에 불과했다.

그래도 진은 트로이에게 사목 프로그램을 취소하자고 설득하기 전에, 그 프로그램이 얼마나 인기 있는지 파악할 필요는 있다고 판단했다. 그녀는 직원 문화 설문 조사에 이 항목을 포함해도 되는지 물었고, 트로이가 동의했다. 결과는 자명했다. 이 고가의 프로그램은 폭넓은 지지를 얻지 못했다. 트로이는 프로그램의 규모를 축소

갈등을 관리하는 방법

해 고정 지출을 크게 줄이는 데 동의했다.

조직의 비공식 네트워크는 다양한 기능을 수행한다. 서로 조언, 신뢰, 지지를 구할 수 있고 조직에 대한 인식도 높여준다. 하지만 일본에서는 한 단계 더 나아간다. 일본 기업에는 '도우키카이どうきかい'라는 관행이 있다. '도우키どうき[同期]'는 '같은 해' 또는 '동시에'라는 뜻이고, '카이かい[会]'는 '그룹'이라는 뜻이다.

이 그룹은 새로운 직장 생활을 함께 시작하면서 정체성을 기르고 충성심을 키운다. 일본인들은 같은 해에 학교에 입학하거나 졸업할 때, 회사에 입사할 때 도우키카이를 결성하는 것을 좋아한다. 도우키카이 회원들 중 일부는 관리자나 임원급으로 승진하지만 일부는 그렇지 못하다. 설령 그렇더라도 회원들은 커리어를 토대로 유대감을 형성하고 함께 친목 활동을 한다. 이런 도우키카이 회원들의 관계에서는 지위 고하를 막론하고 중요한 정보가 오간다. 영향력뿐만 아니라 집단 정체성을 형성하는 데도 도우키카이가 중요한 역할을 한다.

진의 네트워크에 속한 사람들이 모두 같은 시기에 채용되지는 않았다. 그러나 그녀는 사람들을 알아가고 그들이 회사를 어떻게 인식하는지 경청하면서 자신만의 도우키카이를 구축했다. 그녀의 비공식 네트워크는 공동의 이익을 정확하게 파악해 그녀가 회사와 트로이에게 큰 도움이 될 수 있게 해주었다.

전술 4 '우리' 문제로 만들어라

권력이 낮다면 서로의 이해관계를 강조하고 갈등을 공동의 문제로 정의하라. 그러면 권력이 높은 사람들에게 더 큰 영향력을 행사할 수 있다.

팀에 관한 최고의 영화 〈아폴로 13〉은 주목받는 집단이 유능한 개인보다 얼마나 많은 것을 성취할 수 있는지 보여준다. (톰 행크스가 연기한) 우주 비행사 짐 로벨은 문제가 발생했다고 지구에 있는 엔지니어들에게 말하면서 본능적으로 이를 공동의 문제로 만든다. "휴스턴, 우리에게 문제가 생겼어요."

자비로운 리더가 이끄는 팀에서는 대부분의 문제가 곧 '우리' 문제다. 지지 전략을 사용하는 팔로워도 문제와 갈등을 '나'나 '너'가 아닌 '우리'의 관점으로 바라본다. 그러면 팀이 목적한 바를 달성할 가능성이 더 높아진다. 우주선을 지구로 돌려보내는 일이든, 분기별 수익 목표를 달성하는 일이든 말이다.

아드리아나가 근무하는 연방 기관에는 외부 파트너들과의 연구 계약 정책이 있다. 민간 기업은 기관에 연구비를 지불하고 연구를 수행할 수 있다. 스테판은 거의 모든 제안을 수락했다. 그는 지부가 되도록 많은 계약을 체결해야 한다고 생각했다.

하지만 이는 아드리아나에게 문제를 일으켰다. 일단 부하 직원들이 과중한 업무에 시달렸다. 더 큰 문제는 이런 계약들 중 일부에는 과학자와 엔지니어들이 흥미를 느끼지 못했다는 점이다. 그

갈등을 관리하는 방법

녀는 "핵심 미션에 집중하는 대신 다람쥐 쳇바퀴 돌듯 쫓아다니는 느낌이 들 때가 있습니다"라고 말했다.

아드리아나는 스테판에게 업무량이 많다고 여러 번 불만을 토로했지만 소용없었다. 결국 그녀는 스테판과 마주 앉아 서로의 공통된 문제, 즉 그런 외부 프로젝트들이 기술직들의 집중력을 떨어뜨린다고 말했다.

그녀는 '우리'의 비전과 사명을 얘기했고, 스테판은 종종 자신의 헌신을 표현했다. 그녀는 '우리' 직원들과 그들의 재능, 그리고 '우리'가 쓸 수 있는 시간의 한계도 얘기했다.

그녀는 과학자이기도 했던 스테판에게 과거에 그가 했던 말을 떠올리게 했다. 과학자가 흥미를 느끼지 못한 채 의무적으로 연구하면 최고의 결과를 얻지 못한다고 했던 그의 말에 호소했다. 그녀는 스테판이 승인한 프로젝트들 중 일부가 지부의 장기 비전과 맞지 않으며, 차라리 거절하는 편이 직원과 조직을 위해 더 낫다고 설명했다.

이 접근 방식은 효과가 있었지만, 이번이 처음은 아니었다. 그 같은 토론을 두세 차례 거친 후, 스테판은 제안서 평가 과정에 아드리아나를 더 많이 참여시켰다. 그는 "이 제안은 우리 비전에 맞지 않습니다" 또는 "우리 직원들 중에는 이 연구 주제에 열정을 보이는 사람이 없어요"라고 말하는 그녀에게 귀를 기울였다.

전술 5 문제 말고 여러 가지 해결책을 가져가라

높은 권한을 가진 사람에게 '양자택일'을 강요하거나 선택의 여지가 없는 것처럼 보이지 않게 하라. 대신 다양한 선택권을 제공하라.

이 전술은 리더와 팔로워가 하나를 잃더라도 다른 하나를 얻을 수 있게 해준다. 주고받을 수 있는 옵션이 많을수록 협상은 더욱 풍성해진다.

진은 트로이와 정리 해고 없이 비용을 절감하는 방법에 대해 논의할 준비를 하면서 긴장된 논쟁으로 빠져들 위험이 있다는 것을 알았다. 돈을 쓰는 사람과 돈을 아끼는 사람은 기름과 물이다. 그는 기민한 경영자였지만, 비용 절감보다는 새로운 기회를 찾는 데 더 뛰어난 안목을 가지고 있었다. 반면 그녀는 돈을 절약하고 회사 재정을 잘 관리하는 데 열정을 쏟았다.

하지만 진은 트로이가 가장 좋아하는 말을 기억하고 있었다. "문제를 가져오지 말고 해결책을 가져와라." 그래서 그녀는 비즈니스에 타격을 주지 않으면서 비용을 절감할 수 있는 50가지 방법을 준비했다. 그녀는 처음부터 그 목록에서 특정 항목 하나하나를 놓고 힘겨루기를 하지 않기로 결심했다. 그녀가 내놓은 합리적인 아이디어 중 어느 항목에든 동의한다면, 정리 해고를 피할 수 있으리라고 생각했기 때문이다.

트로이는 진의 목록에 있는 몇몇 소소한 방법에 재빨리 동의했

갈등을 관리하는 방법

지만, 절감액은 모든 직원을 유지하는 데 필요한 금액에는 미치지 못했다. 진은 직원들의 은퇴 플랜에 들어가는 회사 기여금을 줄이자고 제안했는데, 트로이는 이를 거부했다. 진은 모든 초과 근무를 취소하자고도 제안했다. 이번에도 트로이는 "안 돼요"라고 말했다. 회사가 비용을 부담하는 해변 휴가를 없애자는 진의 제안에는 트로이도 "아마도요"라고 동의했다. 진은 공급업체에 제때 대금을 지급하되 현금을 더 오래 보유할 수 있는 방법을 찾아냈다. "현재 거래하는 은행을 통해서 그게 가능하다면요"라고 트로이가 말했다 (하지만 그 은행을 통해서는 돈을 절약할 수 없었다).

진은 정리 해고를 피하려면 서로 협력해서 비용을 절감할 방법을 찾아야 한다고 트로이에게 거듭 상기시켰다. "방법 하나하나에 연연할 필요는 없었지만, 정리 해고를 막을 수 있을 만큼은 내 아이디어에 찬성하도록 압박을 가해야 한다고 생각했습니다."

"그와 내가 아니었어요. 정리 해고에 반대하는 것은 우리였습니다"라고 진이 말했다.

결국 그들은 해냈다. 그들은 해변 휴가를 취소하고 창고 뒤편에 모래로 가득한 가족 피크닉 장소를 만들었다. 401(k) 프로그램의 언어를 변경해 특정 연도에는 회사가 매칭을 자제할 수 있도록 했다. 초과 근무는 유지하되, 자발적으로 근무 시간을 단축할 수 있도록 했다. 그리고 진은 공급업체에 대금을 지급하되 현금을 보유하려면 은행을 바꾸어야 한다고 트로이를 강하게 압박했다. 마침내 트로이 자신이라면 같은 은행을 계속 이용하겠지만 결정은 진에게 맡기겠다고 말했다. 진은 새로운 은행을 선택했고 트로이는 그녀의 결정을 지지했다.

전술 6 평화로운 영향력 캠페인을 벌여라

영향력을 얻으려면, 특히 권력이 낮은 사람들이 영향력을 얻으려면, 한 번의 이벤트성 시도보다 시간을 두고 여러 번의 협력적 시도를 거쳐야 한다.

캠페인에는 시간을 들여 반복하는 행위가 수반된다. 부모가 부글부글 끓어오르기 시작하는데도 계속 아이스크림을 사달라고 칭얼대는 아이는 캠페인을 벌이는 것이 아니다. 상사의 의견에 동의하지 않는 전략적인 직원이 리더의 마음속에 다른 아이디어를 서서히 키워나가고자 하는 경우, 조직의 이익을 염두에 두고서 민감하고 투명하게 그처럼 하는 경우, '이것'이 바로 캠페인이다.

모니카는 전국적인 운동화 소매업체의 본사에서 근무했다. 그녀는 신규 가맹점이 성공할 수 있도록 돕는 중요한 역할을 했다. 대학 운동선수 출신인 그녀는 시끄럽고 운동신경이 뛰어난 세 아들을 키우는 엄마이자 확신에 찬 사람이었다. 그만큼 목표를 향해 달려나간다는 게 어떤 의미인지 잘 알았다. 또한 스포츠와 마찬가지

갈등을 관리하는 방법

로 비즈니스에서도 득점하려면 여러 번 반복적으로 시도할 필요가 있었다. 이 사실도 누구보다 잘 알고 있었다.

모니카는 가끔 상사이자 사업 개발 담당 부사장인 데니스와 몇몇 전략적인 논의를 할 때 의견을 달리할 때가 있었다. 예를 들어, 그녀는 최근에 매장을 다시 방문하지 않은 고객들을 대상으로 포커스 그룹을 만들어 조사하고 싶었다. 그녀도 다른 사람들도 이전 고객들이 다시 방문하지 않는 이유를 짐작하긴 했지만, 그녀는 제대로 '알고' 싶었다. 그래서 그녀가 과거에 의뢰했던 연구원을 찾았는데도 데니스는 결재해주지 않았다.

"그는 절대 안 된다고 말하지는 않았어요. 지금 당장은 돈을 쓸 가치가 없는 것 같다고 말했을 뿐이지요." 그래서 모니카는 회사에서 데니스한테 영향력을 행사할 수 있는 중요한 사람들은 이 아이디어에 어떻게 반응하는지 아주 투명하게 살폈다. 그리고 때때로 그녀는 이 문제를 다시 데니스에게 제기했다. 양질의 데이터가 재방문 고객을 늘리는 데 도움이 된다는 점을 상기시키기 위해서였다. "나는 그 이야기로 데니스를 귀찮게 하지는 않습니다. 내가 그 이야기를 꺼낼 때는 보통 다른 그룹에서 진행 중인 프로젝트와 연계되어 있을 때인데, 포커스 그룹을 추가하면 좋을 것 같아서예요. 나는 내가 옳다고 데니스에게 지적해줄 사람을 몰래 찾아다니지 않습니다. 데니스에게도 상사가 있으니 그도 예산에 신경 써야 하죠."

데니스는 모니카의 투명한 캠페인에 신경이 쓰이거나 위협을 느끼지 않았다. 그도 같은 전략을 사용했기 때문에 오히려 감사하게 생각했다. 그의 설명을 들어보자.

> 나는 CEO인 재러드에게 직접 보고합니다. 나는 좋은 아이디어가 있으면 시간을 두고 사전 작업을 해야 한다는 것을 배웠습니다. 때로는 몇 달, 때로는 몇 년이 걸리기도 하죠. 자, 우리는 대규모 계획을 실행할 준비를 하고 있습니다. 의류 사업을 대대적으로 추진할 거예요. 3년 전부터 재러드와 함께 이 아이디어를 구상하기 시작했어요. 나는 재러드나 다른 팀원들에게 무작위로 이렇게 물어볼 기회를 노리곤 했습니다. "의류로 확장할 방법을 찾아야 해요. 어떻게 생각하세요?" 나는 어떻게 하면 그 일을 수익성 있게 할 수 있을지 이론적인 아이디어를 많이 던졌어요. 재러드는 백만 가지를 생각하고 있습니다. 그는 늘 여러 가지 대담한 아이디어들에 집중하고 있으므로, 그의 관심을 또 한 가지 대담한 아이디어로 돌리는 데는 시간이 걸립니다.

모니카와 데니스는 각자 자신의 권력자를 설득하기 위해 평화로운 영향력 캠페인을 벌였다. 다만 조직의 성공에 중요하다고 여겨지는 사안에서만 그렇게 했다.

전문 영역에서 영향력을 발휘하라

전문 지식이나 기술, 전문성은 영향력을 미칠 수 있는 강력한 무기다. 공식적인 권위가 부족하더라도 자신의 숙련된 업무 능력을 인정받는 전문 분야에 관해 발언할 때는 큰 영향력을 발휘할 수 있다.

갈등 상황에서 영향력을 발휘하고 성공적인 결과로 이끌 가능성은 종종 신뢰도에 달려 있다. 신뢰도가 높을수록 영향력도 커진다. 즉 상대적으로 전문성이 떨어지고 인상적인 실적도 부족하면 여러분의 신뢰도와 영향력도 낮다는 의미다. 길게 보아서 여러분의 영향력을 가장 크게 발휘할 수 있는 분야에 집중하고, 어떻게 전투를 치를지도 그에 따라 선택해야 한다.

진은 시간이 지나면서 어떤 의견이 충돌할 때 리더에게 자기 영향력을 더 많이 행사할 수 있는지, 혹은 행사하기 어려운지 알게 되었다. 진이 트로이와 함께 일한 지 불과 몇 달 만에 트로이는 재무에 관해서라면 진의 모든 의견에 귀를 기울였다. 그러나 비즈니스의 다른 영역에서 그녀의 영향력은 낮았고, 더디게 성장했다.

경영진이 아홉 번째 도시로 사업을 확장할지를 논의할 때 유일하게 진만 옳지 않다고 생각했다. 그런데 나중에 그녀는 자신이 틀렸음을 깨달았다. "나는 기업가가 아닙니다. 나는 위험을 감수하는 사람이 아니에요. 나는 사업체를 소유하고 기회를 찾아서 확신 없이 뛰어드는 일은 절대로 못 합니다. 그래서 나는 트로이가 돈을 쓰는 방식에 상당히 비판적일 수 있고, 트로이가 존중해준 덕분에 다른 사람들은 물론 그에게도 지출에 대한 책임을 물을 수 있습니다. 나는 기회를 보는 트로이의 직관을 존중합니다. 내가 가장 많은 영향력을 발휘해 크게 성공한 일은 내가 제일 잘하는 일, 즉 비용을 절감하는 일이었습니다. 비용 절감 문제와 관련해서는 트로이의 의견에 반대하며 내 영향력을 행사할 수 있지요. 그리고 내가 틀려도 괜찮습니다. 내 가치를 인정받기를 기대하는 전문 분야에 관한 일만 아니라면요."

전술 8 최대한 빨리 갈등 교착상태에서 벗어나라

권력이 약하다면 권력이 강한 사람과 교착상태에 빠졌을 때 실리를 찾아라. 긴장된 관계를 회복하고, 타협하고, 일시적으로 수용하거나 더 힘센 사람에게 유리한 선택지를 찾는 것도 하나의 방법이다.

대체로 자비로운 편이지만 역시 결점을 지닌 인간일 뿐인 상사와 갈등을 겪을 때, 장기적인 목표를 달성하려면 자존심을 삼켜야 할 수도 있다.

아드리아나는 사업부 책임자인 맥스에게 직접 보고한다. 맥스는 다른 자비로운 리더들과 마찬가지로, 어떤 상황에서는 고집을 부리지만 다른 상황에서는 매우 협조적이기도 한 사람이다. 여러분이 맥스와 일대일로 그의 의견에 반대하며 건전한 논리와 명확한 사실을 토대로 좋은 논쟁을 벌인다고 가정해보자. 그러면 맥스는 여러분의 말을 경청하고 자기 상사와 대화하면서 여러분을 지지하기까지 해줄 것이다. 그러나 공개회의에서는 그런 그도 완고한 의지를 드러내며 불안해한다.

전체 직원이 모인 회의에서 맥스는 지부의 문제로 강경한 발언을 했다. 아드리아나는 맥스가 잘못 알고 있는 사실을 지적하려고 단호하게, 그러나 심하지는 않게 맥스의 말을 끊었다. 맥스는 분노를 억누르려고 노력했지만, 그 회의의 나머지 시간과 그 주 내내 아드리아나를 다르게 대했다.

다른 사람들은 맥스가 아드리아나를 피하면서 비판적인 이야기를 한다는 것을 알아차렸다. 며칠 후, 아드리아나는 그와 일대일 미팅을 가졌는데, 두 사람 사이에 긴장감이 감돌았으며 비생산적으로 진행됐다. 두 사람의 의견이 일치하지 않는 문제는 거론조차 되지 않았다.

"나는 잘못한 게 없다고 생각해요." 아드리아나는 나중에 반성했다. "하지만 맥스는 내가 자기 연설을 망쳤다고 생각했을 거예요." 그들은 갈등 교착상태에 빠져 있었고, 그녀는 그 여파가 이 문제에서 그치지 않고 다른 문제들에도 몇 주 동안 이어지리라는 것을 알았다. 그녀에게는 선택권이 있었다. "내가 옳다고 고수하며 그 상태에 계속 갇혀 있을 수도 있었고, 사과하고 빠져나올 수도 있었습니다."

다음 주 월요일에 아드리아나는 맥스의 사무실로 가서 이렇게 말했다. "지난주 회의에서 했던 제 발언에 대해 사과드리겠습니다. 불편함이나 스트레스를 드릴 의도는 없었어요."

놀랍게도 그는 "고마워요"라고 대답했다.

때로는 사과를 하면 나보다 더 강한 리더와의 교착상태에서 벗어날 수 있다. 나중의 더 나은 결과를 기대하며 타협하거나 부탁하거나 항복해야 할지도 모른다. 경우에 따라서는 감정이나 관계에 대해 진정성 있는 대화를 나누어야 한다. 하지만 목표는 실용적 효과를 노리는 것이다. 관계를 유지하고 부정적 감정의 골이 깊어지지 않도록 막는 것이다.

전술 9 권력자에게서 얻고 싶은 게 있다면 똑같이 주어라

권력이 낮은 사람이 지지 전략을 최대한 활용하려면 자신이 받고 싶은 것을 주면 제일 좋다. 협력적인 갈등은 앞으로 더 많은 협력을 가져오고, 경쟁적인 갈등은 더 많은 경쟁을 불러올 것이다.[12]

트로이가 계속 진의 이의 제기를 환영하고 그녀가 제기한 이의도 받아들여주기를 원한다면, 진도 트로이의 이의 제기에 똑같이 해주면서 자기 목적을 이루어야 한다.

"나는 되도록 트로이도 재무에 관여하게 하려고 노력합니다. 그는 내가 전문가이면 충분하다고 생각했지만, 나는 그가 재무에도 밝은 리더이기를 원했습니다. 그래서 시간이 흐르면서 그는 재무에 관해 더 많은 것을 배웠고, 어떤 달에 특정 비용이 더 많거나 적은 이유 등을 물으러 나를 찾아오기까지 했습니다." 어느 달에는 전월의 실수를 메모해두었다가 그에게 보냈다. 한 대기업에서 지난달에 실수로 크레디트 메모를 발행했는데, 그녀가 이를 바로 파악하지 못했다는 내용이었다. 그 결과, 전월의 수익이 5만 달러(약 6,654만 원)나 부풀려져 이를 상환해야 했다.

트로이는 진에게 다시 연락해 물었다. "이런 실수는 어쩌다 한 번만 생기나요, 아니면 반복적으로 생기나요? 어떻게 하면 이런 일이 다시 일어나지 않을까요? 프로세스를 바꿔야 할까요?"

"트로이가 나에게 질문을 해서 다행입니다. 내가 미처 생각하지 못한 게 있을지도 모르니까요. 그는 나에게 혹독한 질문을 하지 않습니다. 내가 무엇을 모르는지 알지 못하니, 내가 모르는 것에 관해 그가 질문해주면 좋은 일이죠. 나는 그의 동기가 선하다는 것을 알기 때문에 그를 신뢰합니다."

때때로 트로이는 진의 결정에 이의를 제기하거나 다른 방식으로 해보라고 말하기도 한다. 그러면 진은 방어하지 않고 경청한다. 그녀는 정중하고 솔직하게 얘기하며, 의견 차이가 있을 때 협력적으로 논의하고 협상하는 것이 자기 임무라고 생각한다. "내가 한 대로 돌려받는 법이지요."

트로이는 진의 솔직함을 좋아한다. "나는 진이 내 의견에 동의하지 않고 자기 아이디어를 제시했으면 좋겠어요. 그러지 않으면 우리는 딱 나만큼만 똑똑할 뿐이고, 그것만 가지고는 안 되니까요. 그녀는 결코 거칠거나 대립적이지 않기 때문에 나는 그녀의 말에 귀를 기울입니다. 나는 그녀가 비즈니스를 위해 최선을 원한다고 믿습니다. 그게 그녀가 자기 아이디어를 공유하는 이유이지요."

전술 10 │ 리더의 사소한 결점과 치명적 결점을 구분하라

아무리 자비롭고 협조적이며 호감 가는 리더라도 인간이다. 특이한 성격, 자신은 모르는 약점, 개인적으로 성가시게 여기는 것, 불안감, 기타 개인의 일반적인 심리 차이로 인해 권력이 낮은 사람은 상사의 사소한 결점과 중대한 결점을 구분해야 한다.

나쁜 상사를 찾기는 쉽다. 그러나 결점이 있어도 좋은 리더를 찾고, 그와 관계를 유지하고, 그의 의견에 이의를 제기하기란 그리 쉬운 일이 아니다.

현명한 부하 직원은 관리자의 결점을 맥락 속에서 고려한다. 약간의 지각, 시시한 농담, 드물게 내는 화, 사소한 실수, 간혹 발생하는 마이크로매니지먼트 같은 일부 결점은 거의 문제가 되지 않는다. 반면 적대감, 경멸, 비하 발언, 윤리적 위반, 지켜지지 않는 약

갈등을 관리하는 방법

속, 거짓말 같은 행동들은 항상 파괴적이다. 하지만 많은 잘못은 복잡미묘하고 상황에 따라 달라지며, 심지어는 잠재적으로 심각한 잘못도 있다. 그 발언은 얼마나 무신경했는가? 상사의 행동이 실제로 내 커리어와 조직에 해를 끼쳤는가, 아니면 단순히 불쾌감을 주었을 뿐인가?

이것 아니면 저것이라는 사고방식을 경계하자. 자신과 조직의 목표를 달성하려면 비도덕적이고 잘못된 것, 단순히 불쾌하거나 어리석은 것을 구분해야 한다.

모니카가 보기에 데니스는 기본적으로 좋은 상사이지만 천사는 아니다. 그는 오랫동안 이 업계에 종사해왔고 신뢰가 두텁다. 그녀는 그가 하는 일의 많은 부분을 존중한다. 공급업체와 협력하는 능력, 업계의 핵심적 인물들과 관계를 쌓아가는 수완, 조직을 위한 비전 수립 등이다. 그녀는 그를 점잖고 유능한 사람이라고 여긴다.

"하지만 그런 데니스도 매우 거칠게 나올 때가 있습니다"라고 모니카는 지적한다. "다른 사람들처럼 그도 스트레스를 받으면 가끔 잘못된 행동을 하죠. 하지만 나쁜 인간은 아니니까요."

데니스는 빡빡한 해외 출장 일정을 소화한다. 때때로 그는 스트레스가 많은 출장을 마치고 사무실로 돌아와 누군가를 힘들게 한다. 그는 목소리가 크고 덩치가 우람한 남자여서 겁을 주려고 소리를 지를 필요도 없었다. 한번은 유럽에서 기진맥진해져 돌아온 후 출장 일정을 너무 경솔하게 잡았다며 모니카의 부하 직원을 혼낸

적이 있었다. 모니카는 그 젊은 직원을 불러내어, 데니스가 피곤해서 그런 것이니 개인적인 감정으로 받아들이지 말라고 얘기했다. 그러나 데니스는 같은 날에 두 번째로 더 가혹한 행동을 했다.

모니카는 사무실 한가운데서 모두가 똑똑히 보도록 데니스한테 맞서고 싶었다. 모니카는 데니스를 몰아세우려고 몇 가지 말도 준비했다. 하지만 그녀는 스스로 멈췄다. 내 목표가 뭐지? 드라마를 찍는 것? 아니, 데니스에게 내가 더 거칠다는 걸 보여주는 것? 아니, 그를 당황하게 만드는 것? 아니다. 그녀는 데니스가 괜찮은 사람이지만, 스트레스를 잘 처리할 줄 모른다는 것을 깨달았다. 그녀는 그가 피드백을 토대로 배울 수 있다고 생각했다.

모니카는 다른 사람들이 모두 퇴근할 때까지 기다렸다가 그의 사무실로 찾아갔다. 그녀는 데니스 맞은편에 앉아서 차분한 목소리로, 다른 직원들 앞에서 자신의 직속 부하 직원을 비난하는 것은 그의 일이 아니라고 말했다. '자기' 부하 직원과 문제가 있다면, 그녀와 함께 해결해야 한다고도 말했다. 그리고 그녀는 팀의 사기가 회사가 성공하는 핵심이며, 데니스는 스트레스가 쌓이는 걸 당연하게 여기는 것 같다고 상기시켰다.

데니스는 잠시 방어적인 태도를 보였지만 모니카가 끼어들었다. "데니스, 피곤해 보여요. 가서 잠을 좀 자고 내 말을 잘 생각해봐요. 아침에 다시 얘기해요."

다음 날 아침, 충분한 휴식을 취한 데니스가 사무실에 들어와 그

갈등을 관리하는 방법

직원에게 전날의 상황에 대해 사과했다.

다음번에는 해외 출장에서 돌아오는 중인 데니스에게 모니카가 사무실에 도착하기도 전에 피곤하지는 않은지 묻는 문자를 보냈다. 전체 직원 회의가 예정되어 있었는데, 그녀는 그의 기분이 좋지 않으면 취소하려 했다. 그는 자신이 감정을 잘 조절하고 있는지, 그녀가 진지하게 묻는다는 것을 알았다. "나는 괜찮아요"라고 그가 답장을 보냈다. 그리고 그는 정말로 괜찮았다.

이처럼 막후에서 모니카는 대립의 초기 조건에 세심한 주의를 기울여 데니스의 결점을 관리하고, 점차 스트레스가 그의 행동에 미치는 영향을 더 잘 인식하도록 도왔다.

강자에게는 공감해주는 것이 득이다.

지지 구축 전략을 위해
꼭 알아야 할 것들

　지지 전략이 효과를 발휘하려면 역할극이나 피상적인 관계를 넘어선 실제 인간관계를 기반으로 해야 한다. 권력이 적은 사람은 유능한 업무 능력, 그리고 확실한 성과를 바탕으로 진정성 있는 관계를 구축해야 한다. 그리하여 권력을 가진 사람에게 자신과 연합하면 서로에게 얼마나 이익인지 입증해야 한다. 상사의 성격, 감정, 압박감, 현실을 이해하면 상사가 독선적이거나 무신경하게 보일 가능성을 줄일 수 있다.

　감정 조절은 모든 유형의 갈등에서 중요하다. 자비로운 리더와의 긴장된 상황에서도 예외가 아니다. 항상 내 뜻대로 되는 것은 아니어서 결과가 불공평하거나 실망스러워 보이는 상황에 놓일 수 있다. 지지 전략을 사용하는 사람들은 대부분 권위와 충돌할 때 다소 긴장감을 느낀다고 얘기한다. 어떤 감정이든 느끼는 것이 당연

　　　　　　　　　　　　　　　갈등을 관리하는 방법

하고, 심지어 건강한 현상이기도 하다. 하지만 직장에서 이런 감정을 어떻게 표현하느냐가 중요하다. 이것이 다음번에 생길지도 모르는 긴장된 상황의 토대를 이룬다.

여러분은 상사만큼 힘이 있지는 않다. 그렇다고 무력하지도 않다. 권력을 빌려서 공동 이익을 위해 사용할 수 있기 때문이다. 권력을 빌리는 방법에는 여러 가지가 있다. 연합 전선을 형성해 지지를 구하거나, 전문성을 통하거나, 설득과 논리와 반복 같은 영향력 행사 기술을 쓸 수 있다. 협력적인 상사 밑에서 일할 때 얻은 권력은 빼앗기지 말고 조직에 재투자해야 한다. 자비로운 상사라도 여러분이 너무 자주 경쟁적인 모습을 보이면 위협을 느낀다.

월트와 로이, 진과 트로이, 아드리아나와 스테판, 모니카와 데니스 같은 관계들은 공동 리더십 동맹으로 아주 잘 작동한다. 신뢰, 공동 이익을 위한 상호 헌신, 협력, 통제보다는 협상, 서로에 대한 존중이 그들 관계의 특징이다. 이런 리더들도 때때로 마음의 상처, 분노, 건강하지 못한 갈등을 경험했다. 하지만 시간이 지나면서 이 동맹들의 의견 차이는 대부분 공동 이익을 위해 해결됐다. 양쪽 모두 때때로 굴복하고 양보하지만, 상황이 어려워지면 기꺼이 테이블로 돌아온다. 둘 다 기꺼이 권력을 나누고 상대방의 관점을 진심으로 고려한다.

이런 유형의 관계에서는 갈등이 반드시 경쟁이 될 필요가 없다. 공동 목표를 달성하기 위한 협상 과정의 일부다.

✅ 지지 구축을 위한 역량 개발 체크리스트

지지 구축 전략을 구사하기 위해 다음 중에서 이미 개발한 역량이 있는지 확인하자. 내 답변들에 대해 신뢰할 수 있는 사람과 이야기를 나누자.

1. 나는 이성적으로 설득하는 데 능하다. (   )
나는 논리적인 주장과 사실적인 증거를 토대로 나보다 더 공식적인 권력을 가진 사람들에게 영향력을 미칠 수 있다. 나는 이 기술을 사용해 너무 감정적이거나 전투적으로 보이지 않고 그들의 의견에 반대할 수 있다.

2. 나는 상담에 능하다. (   )
나는 어떤 계획의 개선점을 제안한다. 나보다 높은 직위에 있는 사람이 내 지원을 원하면 활동 계획을 세우는 데 도움을 준다. 나는 그에게 동의하지 않을 때도 논쟁적인 태도를 취하지 않고 그저 도우려는 것처럼 보일 수 있다.

3. 나는 서로 주고받는 데 능하다. (   )
나는 호의를 베풀어 공식적인 권력을 가진 사람들을 포함해 다른 사람들이 나를 위해 무언가를 하도록 동기를 부여한다. 이때 내가 영악해 보이지는 않도록 주의한다. 이렇게 하면 서로 의견이 다르더라도 방어적인 태세를 취하거나 통제하려는 마음이 줄어든다.

갈등을 관리하는 방법

4. 나는 협력에 능하다. (   )

나는 다른 사람들을 돕고 협력하며 함께 일하는 것으로 유명하다. 그래서 서로 다른 시각을 가지고 있어도 다른 사람들이 나와 협력하거나 협상하기를 원한다.

5. 나는 깊은 관계를 구축하는 데 능하다. (   )

나는 친근함을 넘어 다른 사람들을 잘 알고 있으며, 권력을 가진 사람들을 비롯해 그들을 지지하고 있음을 자주 표현한다. 이를 토대로 서로 다른 관점을 가지고 있더라도 관계에 호소해 호의나 지지를 요청할 수 있다.

6. 나는 권위를 가진 사람들에게 진심으로 공감한다. (   )

권위에는 상당한 책임과 스트레스가 따르며 대부분의 리더들이 시간, 관심, 영향력에 강한 압박을 받는다는 것을 잘 알고 있다. 정상에 서 있다고 인생이 항상 소풍인 것은 아니다.

7. 나는 사람들을 긍정적으로 만드는 방법을 안다. (   )

사람들의 기분이 좋아지게 만들 수 있으므로 내가 원하는 방향으로 사람들에게 영향을 미칠 가능성이 높다. 이런 긍정적 감정 덕분에 권력을 가진 사람이 나보다 우위에 있음을 내세울 가능성도 적다. 또한 권위를 가진 사람들의 가치와 이상에 호소할 수 있으므로 의견 충돌이 생길 때도 그 상황을 긍정적으로 유지한다.

8. 나는 권력을 가진 사람들을 소외하지 않는 방식으로 압박하는 기술을 가지고 있다. (   )

단순히 잔소리꾼으로 보이지 않으면서도 문제나 약속을 교묘하게 상기시키고,

촉구하고, 요청하며 후속 조치를 취한다. 이를 기반으로 그들이 약속을 지키도록, 또는 내가 바라보는 시각으로 그들도 보도록 서서히 영향을 미친다.

9. 나는 연합을 형성한다. (   )

여러 사람이 내 관점에 동의하게 하는 방법을 알고 있다. 그래서 권위 있는 사람들에게 내 영향력을 행사하고 싶을 때 나만의 주장을 내세우는 사람이 아니라 그 연합의 일원이 된다.

10. 나는 다른 사람들이 나에게 의존하게 만드는 방법을 안다. (   )

권력을 가진 사람들이 나에게 의존하도록 전문 지식이나 틈새 기술을 개발한다. 그들과 의견이 일치하지 않을 때 이 전문적인 지식이나 기술을 사용해 단순히 순응하는 것이 아니라 협상할 수 있다.

11. 나는 다른 사람들의 이해관계를 파악할 줄 안다. (   )

갈등이 생겼을 때 단순히 내 입장만 내세우기보다는 권력을 가진 사람들의 필요와 이익을 고려하고, 주고받는 토론과 협상을 거쳐 내가 원하는 것의 일부라도 얻어낼 방법을 찾는다.

갈등을 관리하는 방법

6장

건설적
지배 전략

갈등을 강력하게
헤쳐나가야 할 때

　지배는 권력을 가진 사람들이 가장 일상적으로 사용하는 갈등 관리 전략이다. 그러나 지배하는 사람에게는 역효과를 가져올 수 있고, 지배당하는 사람에게는 실망감을 안길 수 있다. 물론 지배하며 괴롭힘을 일삼는 사람들이 국가, 기업, 학교, 팀을 운영하기도 하고, 그중 아주 제대로 먹히는 경우도 있다. 하지만 지배는 극히 일부에서만 먹힐 뿐 대개는 실패로 돌아간다. 리더는 지배를 통해 모두 같은 방향으로 노를 젓도록 '정렬'할 수는 있지만, 혁신은 얻지 못한다. 조직원의 순응과 복종은 얻을 수 있지만, 그들에게서 솔직한 의견 제시나 헌신을 기대하기 어렵다. 다시 말해, 지배로 얻는 승리는 장기적으로 패배로 이어질 가능성이 높다.

　그런데 문제는 이런 사실을 누구보다 잘 알고 있는 리더라 해도 현실에서는 '지배 스타일'을 좀처럼 내려놓기 어렵다는 사실이다.

　　　　　　　　　　　　　　　　　　갈등을 관리하는 방법

군이 지배력을 행사하지 않아도 될 상황에서조차 자제하지 못하고 늘 해오던 방식대로 지배하려 들 때도 많다.

뮤리얼 '미키' 시버트Muriel Mickie Siebert는 여성 최초로 뉴욕증권거래소 회원이 되었다. 시버트는 강인하고 공정하며 혁신적인 사람으로 월스트리트의 탐욕을 누구보다 혐오했다. 그 대신 고객들을 살뜰하게 살피고, 여성들과 젊은이들이 금융 문맹에서 벗어날 수 있도록 애를 썼다. 서로 신뢰하며 좋은 관계를 쌓아나가고 싶어 했다.[1]

1977년부터 1982년까지, 시버트는 뉴욕 은행들을 감독하는 첫 번째 총재를 역임하기도 했다. 한 기자가 "여성도 그 일을 할 수 있다고 생각하십니까?"라고 물었다. 그녀의 대답은 명쾌했고, 그것을 증명했다. 그녀는 고객들의 이익을 위해 일부 은행 합병은 강제로 밀어붙였지만, 주 정부의 강력한 입김에도 지방 소도시에 나쁜 영향을 미치는 다른 합병들은 지지하지 않았다. 그녀는 은행장도 고객처럼 투자 실수를 하면 대가를 치러야 한다고 생각했다. 은행장의 연봉을 여섯 자릿수까지 삭감하라고 강요한 적도 있다.[2]

당시 미국 전역에서 많은 은행이 무너졌다. 하지만 그녀가 관리, 감독하고 있던 뉴욕 은행들은 단 한 곳도 파산하지 않았다. 시버트는 정부 근무를 마치고, 드디어 본인의 회사(그동안 회사를 백지신탁회사blind trust에 맡겼다)로 돌아왔다. 그런데 그녀는 회사가 심각하게 잘못 돌아가고 있다는 사실을 바로 알아차렸다. 가장 먼저, 그녀는 자신에게 불만을 품고 이의를 제기하는 오만한 임원을 해고하는 작업부터 했다. 그런 다음, 불량 서비스를 제공한 직원, 고객들을 불손하게 대하는 직원 등 모두 가리지 않고 엄격한 새 규칙을 적용했다. 기존 고객들을 유지하고, 새 고객을 유치해 확보하는 일이라면 그녀는 갈등도 기꺼이 마다하지 않았다.

그렇다고 시버트는 그러한 방식에만 매몰되어 있지는 않았다. 그녀는 협잡꾼도 독재자도 아니었으니까. 평소 그녀는 직원들의 요구 사항을 잘 들어주었으며, 늘 온화했고 신뢰가 가도록 행동했다. 단지 갈등을 강력하게 헤쳐나가야 할 때만 그렇게 했다.

오늘날 비즈니스 세계에서 지배는 나쁜 의미로 통한다. 구시대의 퇴물로 여겨진다.

직원들과 의견이 충돌할 때 리더가 자주 우위를 점하게 되면 직원들의 사기는 자연히 떨어질 수밖에 없다. 이런 리더는 '악랄한 상사'라고 불리는데 종종 득보다 실이 더 많다. 하지만 꼭 그렇게까지 될 필요는 없다. 지배력을 현명하게 사용한다면 조직에 건설적인 역할을 할 수 있다.

가령 부당한 요구를 하거나 무반응으로 일관하는 적수들과 갈등을 겪고 있다면 그 방식이 효과적이다. 부하 직원들이 반감을 보이거나 합리적인 요구에도 응하지 않으려 할 때는 지배가 실질적으로 먹히기 쉽다. 교도관이나 범죄자를 진압하는 경찰이 위기 상황에서도 지배 전략을 쓰지 않는다고 생각해보라. 비현실적인 일일 뿐이다.

갈등을 관리하는 방법

다음과 같은 경우에 갈등 상황이 펼쳐진다면 건설적인 지배력을 행사하는 것이 도움이 될 수 있다.

- 목표 달성을 위해 상대방과 관계를 유지해야 하는 경우
- 상대방이 현재 분명하게 반대하는 경우
- 상대방의 권력이 여러분보다 훨씬 낮은 경우

다만 이 전략은 과도하게 사용하거나, 적절하지 않은 상황에서는 사용하지 말아야 한다. 이것이 성공 비결이다.

갈등이 생기면 무엇이 지배력부터 행사하게 만들까?

많은 리더가 의견 충돌에 직면하면 기본적으로 힘으로 누르려고 한다. 그들은 어떤 대가를 치르더라도 이기기 위해 온갖 방법을 다 동원한다. 조지 패튼George Patton, 마거릿 대처Margaret Thatcher, 샤킬 오닐Shaquille O'Neal, 도널드 트럼프 같은 이들이 이런 방식으로 명성과 부를 쌓았다. 다른 사람들은 아마도 마음이 다급해지거나 효율성을 따져 지배를 선택할 것이다. 몇 마디 말이면 갈등 상황을 얼마든지 제압할 수 있는데, 왜 굳이 남의 말을 듣느라 지루한 토론에 시간을 낭비해야 하는가? 어떤 사람들은 타인에게 명령하고 통제할 때 아드레날린이 마구마구 분비되는 것을 즐긴다. 그들은 통제력을 잃고 약하다는 느낌이 드는 것을 싫어한다.

지나온 자신의 과거 인생사에서 지배하려는 욕구가 솟아나는 사람도 있다. 늘 지거나 다 잃고 나면 '다시는' 지지 않겠다고, 무엇도

갈등을 관리하는 방법

잃지 않겠다고 결심하게 된다. 간혹 지나치게 지배적인 사람들을 만나게 되는데, 이들은 위에서 자신들이 당한 대로 아랫사람들에게 행사할 뿐이라고 전가하며 남용한다. 엄격한 권위의식, 윗사람에게 복종하는 가족 문화 속에서 자란 사람들은 지배가 정상적으로 보일 수도 있다.

갈등을 전부 얻거나 전부 잃는, 이기거나 지는 경쟁으로 여기는 사람들도 많다. 오직 승리뿐, 이것이 유일한 목표이기 때문에 지배는 불가피한 선택이라는 결과를 만들어낸다.[3]

권력도 마찬가지다. 어차피 권력의 영역이 한정되어 있다면, 다른 사람들을 의사 결정에 참여시켜 권력을 나누거나 낭비할 이유가 없다. 내가 원하는 대로 100퍼센트 얻지 못하는 것을 패배나 마찬가지라고 생각한다면 더더욱 그러하다. 그럴 바에는 어떤 대가를 치르더라도 승리하기 위해서라면 못 할 일이 없다는 태세가 될 것이다. 여기에 협력 전략이 들어설 여지는 없다. 내 일을 완수하는 것이 여러 관계자를 챙기는 것보다 더 중요하다는 믿음도 지배를 부추긴다. 갈등 상황에서 지배함으로써 우위를 차지하려는 많은 리더가 실제로 자신은 협상을 하고 있다고 믿는다.

지배하려는 경향은 생화학적으로도 그 원인을 찾을 수 있다. 테스토스테론은 지배적인 행동과 연관되어 있다. 지배적인 행동은 테스토스테론을 높이고, 테스토스테론의 급격한 증가는 지배 욕구를 강화한다. 컬럼비아대학 경영대학원의 데이나 카니^{Dana Carney} 교수가 실시한 놀라운 연구가 있다. 단 몇 분이라도 '파워 포지션(어깨를 넓게 펼친 개방적 자세)'으로 서 있거나 앉아 있도록 지시받은 사람들은 테스토스테론 수치가 크게 증가했다. 강력한 느낌과 위험에 대한 내성도 높아졌다.[4]

또한 직장에서 여러분을 둘러싼 조직 구조도 갈등 상황에 놓이면 우위부터 점해야 한다고 조장할 수 있다. 치열한 경쟁, 위계질서가 분명한 조직에서는 부하 직원들끼리는 서로 협력하기를 장려할지라도 상사에게는 굳이 협력을 권장하지 않는다. 만약 동료나 상사가 상명하복식 갈등에서 여러분이 하극상을 일으킬 것이라고 생각한다면, 여러분은 그 같은 시스템의 압박을 견디기 어려울 것이다.

예기치 못하게 지배력을 요구하는 우발적인 상황도 많다. 조직 내에 파괴를 일삼거나 스트레스를 유발하는 세력이 있다고 해보자. 그들로부터 여러분, 그리고 여러분이 관리하는 팀을 보호해야 하는데, 그 상황에서는 지배력이 최선이자 유일한 도구가 될 수 있다. 어쩌면 여러분은 다른 선택의 여지를 주지 않는 상대편과 갈등을 겪고 있을지도 모른다.

그러나 아무리 지배력을 발휘해야 할 때라고 해도, 이를 행사하지 못하도록 전략적으로 방해하는 요인들이 있다. 다른 사람들을 통제하는 것처럼 보이기 싫어하는 사람들이 있다. 이런 착한 사람들은 타인을 희생시키며 권력을 휘두르기 어려워한다. 특히 자존감이 낮은 사람들은 갈등 상황에서 지극히 공손해하며 참는 경우

갈등을 관리하는 방법

가 많다. 관리자의 통제를 권장하지 않는 곳도 있다. 이런 조직 문화라면 갈등이 발생했을 때 지배력을 어느 정도 행사할 필요가 있다고 해도, 지배력을 발휘할지 말지 다시 한번 생각하게 만든다. 종종 지배는 학대, 괴롭힘과 같다고 간주되기도 한다.

협력과 윈윈 협상은 전통적인 갈등 해결 방법으로 많이 활용되어왔다. 하지만 협력과 윈윈 협상을 지나치게 요구하는 것도 갈등을 해결하는 데 방해하는 요인이 된다. 온화한 마음을 가진 사람들은 자비로운 마음으로 협력해야 기분이 좋아진다. 그렇지 못한 상황에서는 안타깝게도 대체로 협력을 이끌어내지 못한다. 그리고 갈등 속에서 아무런 지배력도 발휘하지 못하는 리더는 능력을 인정받기 힘들 수밖에 없다.

자기평가
갈등 상황에서 얼마나 지배하려 드는가?

많은 리더가 자신이 너무 지배적인지, 아니면 너무 수동적인지 궁금해하고 걱정한다. 아래 질문들에 대답하면서 자신이 갈등 상황에서 얼마나 지배적인지 파악할 수 있다. 자신이 얼마나 지배적인 성향인지 확인하려면 각 문항에 아래 숫자로 표시해보자.

1: 전혀 아니다	2: 아니다	3: 보통이다
4: 그렇다	5: 매우 그렇다	

1. 경쟁력을 갖추는 것이 남들보다 앞서 나가는 가장 좋은 방법이다. (   )

2. 부하 직원과 의견이 일치하지 않을지라도 충분한 논의 없이 바로 결정을 내린다. (   )

갈등을 관리하는 방법

3. 나에게 보고하는 사람들과 의견 충돌을 일으키고 싶지 않다. (　　)

4. 조직에서 복종은 매우 중요하다. (　　)

5. 직원들이 시키는 대로만 한다면 조직에서 발생하는 문제들이 줄어들 것이다. (　　)

6. 권위가 유지되지 않으면 회사는 혼란에 빠질 것이다. (　　)

7. 책임자로서 내가 맡은 영역의 목표와 절차에 관해 누구보다 잘 알고 있어야 한다. 그렇지 않으면 내 권위가 정당하게 제대로 서지 않을 것이다. (　　)

8. 내가 위압적이라는 말을 들었다. (　　)

9. 나는 직원과 토론하면 거의 이긴다. (　　)

10. 부하 직원들이 무슨 생각을 하는지 잘 모르겠다. 아마도 나에게 정보를 숨기고 있을 것이다. (　　)

11. 상사라면 논쟁에서 이겨야 하며, 그렇지 않으면 주변 사람들의 존경을 잃게 된다. (　　)

12. 대부분의 사람들은 무엇을 해야 하는지 지시를 받아야 한다. (　　)

13. 훌륭한 리더는 단호해야 한다. 사람들이 어떻게 느끼든 상관없이 올바른 일을 하도록 밀어붙인다. (　　)

14. 나는 토론이 길어지지 않게 한다. 귀중한 시간을 낭비하는 일이 없도록 말이다. (　　)

15. 부하 직원들이 내 의견에 반대하는 경우는 거의 없다. 우리는 의견이 잘 맞는다. (　　)

점수를 합산해보자. 그러나 이 총점으로 지배력이 지나치거나 부족하다고 결정할 수 있는 것은 아니다. 그것은 업무와 조직의 구체적인 특성으로 결정된다. 하지만 점수는 여러분이 지배 전략을 어떻게 사용하고 있는지 깊이 생각해보는 출발점이 될 것이다. 아래 가이드라인을 살펴보자. 점수가 매우 높다면 지배 전략을 남용할 가능성이 높다. 하지만 점수가 낮아도 우려할 만한 상황일 수 있다.

점수	의미	스스로 질문하기
40점 미만	부하 직원과의 갈등에서 지배력을 행사하는 경우가 거의 없다.	환경이 이 전략을 필요로 하지 않는가, 아니면 지원하지 않는가? 혹은 이 전략을 제대로 활용하지 못하는가?
40~49점	이 전략으로 기울고 있다.	이 전략을 적절한 맥락에서 충분히 사용하고 있는가?
50~59점	이 전략을 꽤 많이 사용한다.	이 전략을 너무 많이 사용하지는 않는가? 혹시 잘못된 맥락에서도 사용하고 있지는 않은가?
60점 이상	대부분의 상황에서 이 전략에 의존한다.	이 전략을 남용할 가능성이 높다. 이 전략을 자주 사용하는 만큼 환경도 이를 지원하는가? 올바른 맥락에서 효과적으로 사용하고 있는가? 갈등 관리를 위해 다른 전략들도 같이 사용할 필요가 있지는 않은가?

조직평가
얼마나 지배적인 환경에서 일하는가?

현재 업무 환경이 여러분을 얼마나 지배적으로 행동하게 만드는지 파악하려면 다음 질문들에 아래 숫자로 대답하면 된다.

> 1: 전혀 아니다   2: 아니다   3: 보통이다
>
> 4: 그렇다   5: 매우 그렇다

1. 상사와 부하 직원 사이의 갈등은 사내 사기에 좋지 않은 영향을 미치므로 빨리 합의에 이르러 앞으로 나아갈 수 있도록 해야 한다. (　)
2. 우리 조직의 경영진은 직원들과 거리를 유지한다. (　)
3. 관리자가 부하 직원에게 소리를 지르는 일이 여러 번 있었다. (　)
4. 조직에서 권력을 행사할 수 있는 위치에 있다면 모든 사람이 내가 책임자

라는 사실을 알 수 있도록 해야 한다. (　)

5. 부하 직원이 나에게 도전하도록 허용하면 조직에서 나를 부정적으로 볼 것이다. (　)

6. 경영진은 부하 직원들을 신뢰하지 않는다. (　)

7. 경영진은 조직 내 갈등을 최소화해야 하며, 우리는 일치해야 한다. (　)

8. 내가 일하는 곳에서는 누군가가 권력을 잃어야 다른 누군가가 권력을 얻는다. (　)

9. 이곳에서 일하는 사람들은 대부분 결정을 내리는 것을 꺼리면서 책임자에게 의존하는 경향이 강하다. (　)

10. 다른 사람들이 내 권력과 권위를 빼앗으려 하므로 조심해야 한다. (　)

11. 권력이 적을수록 일에 관해 비난을 받을 가능성이 높아진다. (　)

12. 어떤 직무를 맡고 있든 조직 내 경쟁이 치열하다. (　)

13. 부하 직원들은 조직의 경영진을 신뢰하지 않는다. (　)

14. 내가 일하는 곳에서 책임자에게 공개적으로 이의를 제기하는 것은 어리석은 일이다. (　)

15. 내가 일하는 곳에서는 문제가 없는 한 책임자들이 다른 모든 사람과 거리를 유지한다. (　)

채점

점수를 합산하면 15~75점 사이가 된다. 점수가 높을수록 업무 환경이나 조직 문화가 여러분을 지배적인 방향으로 이끌고 있다는 뜻이다. 이제 자기평가 점수와 방금 완료한 조직평가 점수를 비교해보자.

자기평가 점수: _____

조직평가 점수: _____

점수가 비슷할수록 전략적으로 지배 전략을 사용하고 있을 가능성이 높다(적어도 일반적으로는). 하지만 지배 전략이 과도하게 사용되어 피해를 야기할 가능성도 있다. 자기평가 점수나 조직평가 점수가 모두 높다면 이 전략의 사용 여부를 신중하게 생각해보고 피드백을 받는 편이 좋다.

건설적 지배력을
행사해야 할 6가지 이유

1. 먼저 먹지 않으면 먹힌다.

까칠하고 비협조적인 직원과 갈등을 겪을 수 있다. 많은 조직에는 의도적으로 남의 성공을 방해하는 사람들이 있다. 그런 사람들은 악의적인 동기를 가지고 있거나, 경쟁심이나 옹졸한 사고방식에 사로잡혀 있다. 억울해하며 보복하려는 태도를 보이기도 한다. 그들과의 갈등에서 지배력을 발휘해 우위를 점하면 조직과 본인 모두 번거로운 문제를 피할 수 있다.

2. 상대방이 그 동기는 선해도 양립할 수 없는 목표를 가지고 있다.

어떤 사람들은 친절한 동기를 가지고서 조직이나 여러분의 목표와 양립할 수 없는 목표를 지향하기도 한다. 서로 협력할 수 있는 공통 기반이 부족할 수도 있다. 지배가 꼭 개인적일 필요는 없으며,

갈등을 관리하는 방법

때로는 중요한 목표를 달성하기 위해서도 필요할 수 있다.

3. 시간이 가장 중요하다.

(적어도 단기적으로는) 협력을 요청하는 것보다 지배가 더 빠른 결과를 가져오는 경우가 많다. 어떤 상황에서는 지배가 반드시 필요할 때도 있다.

4. 보안과 기밀 유지에 성패가 달려 있다.

다른 사람들이 모르는 정보를 알고 있지만, 그 정보를 공유할 수 없는 경우가 있다. 협력을 하려면 어느 정도는 정보를 공개할 수밖에 없다. 따라서 보안상 기밀을 유지해야 할 경우에는 때때로 지배력을 행사해 정보가 새어 나가지 않도록 해야 한다. 윤리적으로 행동하거나 중요한 목표를 달성하기 위해 리더십을 발휘하려면 비우호적인 모습을 보여야 할 때도 이따금 있다.

5. 지배력은 최고의 BATNA다.

때때로 협력적 전략을 시도했다가 비참하게 실패한다. 갈등 상황에서는 누구에게나 BATNA(협상으로 합의할 수 없을 때 협상 당사자가 선택할 수 있는 가장 좋은 대안)가 필요하다. 어떤 문제에서 협상에 이르지 못할 때, 권한을 가진 사람이 내릴 수 있는 최선의 대안 또는 유일한 대안은 종종 지배력을 행사하는 것이다.

6. 지배력이 임무를 수행하는 데 필수적이다.

때때로 팀, 프로젝트, 조직의 임무는 지배력을 필요로 한다. 목표
나 대의를 추구하자면 결정적인 순간에 지배력을 바탕으로 한 결
단력이 필요하다. 이것이 용기와 헌신을 쏘아 올리는 신호탄이 될
수 있다.

거짓 순응이
조직의 생존을 위협한다

지나친 지배력 행사는 극단적인 결과를 가져올 수 있다. 많은 사람이 자신의 진솔한 생각을 상사와 공유하지 않으려 한다. 제정신이라면 누가 고질적으로 지배하려 드는 상사와 창의적인 아이디어를 공유하겠는가? 누가 그런 상사의 의견에 이의를 제기하며, 그 권위에 도전하겠는가? 지속적인 지배는 사기를 꺾으며 불안하게 하고, 심지어 우울하게 만든다.

지배력 행사는 리더의 경력에 영향을 미칠 수 있다. 부하 직원들과의 갈등을 원만하게 해결하지 못해 임원으로 승진하지 못하는 사람도 의외로 많다.[5] 갈등 상황에서 지배적으로 나오는 많은 관리자와 임원은 커리어를 발전시키지 못하거나 조기에 끝난다. 또한 최고의 직원들을 잃을 위험도 있다. 좋은 교육을 받고, 자신감이 넘치며, 업계에서 중요하게 여기는 능력을 가진 사람은 상사에게 굴이 끌려다니지 않아도 다른 선택지가 많기 때문이다.

지배력 행사는 많은 비용을 치러야 한다. 일단 부하 직원들이 업무에 깊이 고민하거나 시간을 들이게 하는 대신 단순한 순응밖에 이끌어내지 못한다.[6] 지배적인 상사가 기대하는 순응 효과는 상사가 지켜보고 있을 때만 작용한다. 즉 지배적인 상사는 자기 요구대로 하는지 확인하기 위해 직원들을 지속적으로 살피고 감독해야만 한다. 상사의 감시를 벗어나면 직원들은 농땡이를 부리며 빈둥거리거나 더 나쁜 행동도 서슴지 않을지 모른다.

지배적인 문화는 수동적인 문화를 만든다. 조지 이스트먼George Eastman을 예로 들어보겠다. 이스트먼은 롤필름을 발명해 대중에게 사진을 보급하고 코닥을 이끌며 큰돈을 벌었다. 하지만 그는 갈등을 피하려는 강력한 동기를 가지고서 경직된 위계 문화를 남겼고, 이는 코닥이 변화에 적응하기 어렵게 만들었다. 토니 M. 페레즈Tony M. Perez가 2003년에 사장 겸 CEO로 코닥에 합류했을 때, 사람들은 그의 의견에 공개적으로 반대할 엄두를 전혀 내지 못하는 것 같았다. "내가 비가 온다고 하면 바깥이 화창할지라도 아무도 내 말에 반박하지 못했다"라고 페레즈가 말한 적이 있다.[7]

페레즈는 갈등을 회피하고 안주하는 코닥의 문화를 개혁하기 위해 많은 경영진을 교체했다. 그리고 의구심, 혁신적 사고, 회사의 문제를 해결하지 않으면 안 된다는 절박감을 회복시키기 위해 'R Group(R은 '저항군Rebels'을 뜻함)'을 만들었다.[8] 그러나 몇 번의 실

갈등을 관리하는 방법

패 끝에 코닥은 미국 파산법 제11장에 따른 파산에서 벗어나 훨씬 더 작고 약한 회사로 전락했다. 수많은 비즈니스 분석가가 코닥의 종말을 예측했고, 종말의 원인으로 '창업자의 지배와 전횡'을 꼽았다.

현명하게 지배력을
발휘한다는 것

　　지배력 발휘는 합리적인 동기에 기반한 전략으로, 다른 사람보다 더 많은 힘을 가지고 있고 갈등 상황이 협력적이기보다 경쟁적일 때 발동할 수 있다. 지배력이 성격 유형이나 병리적인 증상에 따른 힘일 필요도, 파괴적인 힘일 필요도 없다. 또한 지배력에 사악하거나 잔인하거나 반사회적인 힘이 담길 필요도 없다. 그 상황에 적절하고, 합법적이며, 교묘하게 전달되고, 공익에 도움이 된다면 유용하고 건설적인 전략이 될 수 있다.

　　지배 전략은 단기적으로 한 명 이상의 개인이 불만을 가지더라도 팀이나 조직의 복지와 효율을 위해 필요하다. 모든 사업주나 관리자는 조직이 어느 정도의 질서와 효율성을 가지지 않으면 존립할 수 없다는 것을 알고 있다.

　　지배력은 신중하게 의도적으로 사용될 때 가장 건설적인 효과를

　　　　　　　　　　　　　　갈등을 관리하는 방법

발휘한다. 장기적인 관점으로 맥락을 고려해야 한다. 여기서 네 가지가 중요하다.

첫째, 조직 내의 거의 모든 갈등은 지속적인 관계 속에서 발생한다. '시간이 흐르면서' 긍정적으로 발전한 관계여야 상대편에게 우위를 주장해 이익을 얻을 가능성이 높다. 무시당하거나 혹사당한 관계나 낯선 사람과 갈등할 때는 긍정적인 효과를 기대하기 어렵다. 둘째, 지배력 발휘는 항상 협력적인 전략이 실패하고 나서 최후의 수단 또는 차선책으로 고려해야 한다.

셋째, 건설적으로 지배하려면 현명한 판단력을 발휘해 그때그때 상황에 맞는 적절한 방법을 사용해야 한다. 넷째, 전부 아니면 전무라는 식의 사고와 전략을 경계해야 한다. 더 많은 힘을 가진 쪽에 유리하게 갈등을 해결하는 지배 전략이 패자를 말살해서는 안 된다. 그렇게 갈등에서 이겨봤자 관계는 잃고 갑질하는 독재자라는 악명만 얻게 될지도 모른다.

10가지 지배 전술

전술 1 권위를 명확히 세워라

조직의 모든 사람에게 동일한 선택권이나 동일한 권한이 있는 것은 아니다. 이 사실을 때때로 다른 사람들에게 상기시켜야 할 필요가 있다.

조너선은 갈등 상황에서 선천적으로 지배력을 행사하는 사람이 아니다. 그는 전직 육군 장교에서 기업가이자 CEO로 변신했지만, 부드러운 말투로 협력과 합의를 추구한다. 인내심이 강하고 서로 만족할 만한 결과를 이끌어내기 위해 시간을 아낌없이 투자한다.

미국 육군의 컴퓨터 보안 전문가였던 조너선은 토론할 시간이 충분하지 않을 때면 부드럽고 유머러스하게 계급을 내세웠다. "우리는 항상 민주주의를 지킬 시간이 있지만, 지금은 민주주의를 실천할 시간이 없습니다." 그는 자신보다 계급이 낮은 사람에게 웃으

갈등을 관리하는 방법

며 이렇게 말하곤 했다. 이는 유능한 부하들의 동기부여를 손상하지 않으면서 사소한 의견 차이를 끝내는 데 필요한 모든 것이었다.

그러나 조녀선은 권위를 명확히 세울 필요성과 그 가치를 더 직접적으로 배우게 되었다.

컴퓨터 활동 로그에서 부적절한 단축키를 발견한 조녀선은 담당 중사에게 이 사실을 알렸다.

"걱정하지 마십시오." 중사가 대답했다. "저는 거의 5년 동안 이 시스템을 다뤄왔습니다. 이 시스템을 속속들이 알고 있습니다. 저도 부대장님처럼 효율성을 중요하게 생각하고, 시간 낭비 없이 작업을 완료하는 방법을 알고 있습니다."

조녀선은 "일리 있는 말이군요"라고 일단 대답했다. "그래도 나는 이곳에 새로 부임했고 앞으로 몇 주 동안은 여러분 곁에서 함께 일하게 될 겁니다. 여러분의 업무를 더 잘 이해하고 싶습니다."

"외람된 말씀이지만 저는 보모가 필요 없습니다. 제가 알아서 하겠습니다."

조녀선은 얼굴이 화끈 달아오르면서 예전에 멘토와 나눈 대화를 떠올렸다. "계급을 무시하는 것이 좋은 상황도 있지. 하지만 모든 사람이 같은 수준의 권한을 가진 것처럼 행동하면 조직에 해롭다네. 권력과 권한은 때때로 명확히 구분돼야 하지."

"중사." 조녀선이 조용하지만 단호한 목소리로 말했다. "나는 당신의 보모가 아닙니다. 나는 당신의 상사이고 지휘관입니다. 앞으로 몇 주 동안 나는 당신과 매우 긴밀하게 일할 생각입니다. 내가 요구하는 정보는 군말 없이 즉시 보고하세요."

"하지만 부대장님, 이전 부대장님은……."

"전임자는 떠났고, 이제 내가 부대장이고 지휘관입니다. 추후 공지가 있을 때까지 매주 이 시간에 미팅을 하면서 보고서를 검토하겠습니다. 해산."

나중에 회사를 성공적으로 이끌면서도 조너선은 가끔 논쟁적인 직원들에게 책임자는 '자신'이지 그들이 아니라는 사실을 상기시켜야 했다.

전술 2 하드 파워를 완충해주는 소프트 파워를 키워라

리더는 설득력, 관계 구축과 같은 소프트 파워 전술을 사용해 서로 신뢰하는 직장 문화를 만드는 데 집중해야 한다. 그러면 의견 불일치를 해결하기 위해 하드 파워가 필요할 때 좀 더 긍정적인 분위기를 조성할 수 있다.

'하드 파워'는 사람들이 내가 원하는 일을 하게 만드는 수단이고, '소프트 파워'는 내가 원하는 결과를 다른 사람들도 원하게 만드는 능력이다. 하드 파워는 권한을 행사하고 자원을 통제하는 것(예를 들어 보너스·승진과 같은 보상, 징계·강등·해고와 같은 처벌을 결정하는 것)과 밀접한 관련이 있다. 반면 소프트 파워는 소속감, 매력, 영감 등을 토대로 동기를 부여한다. 하드 파워와 소프트 파워는 둘 다 효과적인 리더십에 중요하다.

조너선은 군대와 비즈니스 양쪽에서 소프트 파워의 가치를 배웠다. 그는 사교적이고 외향적인 성격은 아니었지만, 사람들을 좋아하고 그들과 친하게 지내곤 했다. 그는 사람들을 잘 도왔고 상호 호혜의 가치를 잘 알았다. 군대 동료가 어떤 결정을 내리려고 토론을 하고 싶어 하면, 조너선은 시간이 있거나 기술적 전문 지식이 필요할 때는 다른 사람들의 관점도 경청했다.

비즈니스 리더로서 조너선은 고객, 공급업체, 직원과의 관계를 구축하는 데 더 많은 시간을 할애했다. 그는 야근을 하는 직원이 있으면 바로 알아차리고 다음 날에 일찍 퇴근하도록 독려했다. 그는 직원들의 의견을 자주 구했으며, 자기 의견이 직원들의 의견에 영향을 미치지 않도록 종종 자기 의견을 자제했다.

하지만 조너선은 소프트 파워를 한 단계 더 발전시켰다. 그는 경청, 설득, 협력을 자신만 주의 깊게 행동에 옮길 것이 아니라 아예 이를 제도화해야겠다고 생각했다. 그는 혁신, 창의적인 문제 해결, 현명한 위험 감수 등을 장려하는 신뢰와 참여 문화를 갖춘 기술 서비스 회사를 만들고자 했다. 그리고 가끔 있는 상사의 지배력 행사는 전반적으로 협력적이고 솔직한 리더에게도 때론 필요한 예외로 이해되기를 원했다.

조너선은 역량 있는 탁월한 문화를 구축하고자 최고의 인재를 채용했다. 더불어 직원들에게 심리적, 직업적으로 안전하다고 느끼게 해주는 윤리 강령을 함께 만들었다. 그는 열린 리더십의 모범을 보였고 다른 사람들도 이를 따르도록 독려했다. 이런 역량, 건전한 윤리, 열린 사고의 결합은 신뢰로 이어진다.[9] 이를 토대로 소프트 파워가 번성하고, 때때로 한바탕 몰아치는 하드 파워 속에서도 사람들이 살아남을 수 있는 문화를 구축할 수 있었다.

전술 3 직원들을 면밀하게 모니터링하라

부하 직원들이 신뢰할 만하고 유능해도 어떤 상황에서는 그들의 역량을 개발하기 위해 면밀히 모니터링해야 할 필요가 있다.

졸업생 대표 출신들과 영재 출신들로 구성된, 매우 혁신적인 어느 비영리단체는 성과가 눈에 띄게 저조했다. 관리 감독도 부실하기는 마찬가지였다. 이 비영리단체의 이사인 마샤는 입사한 지 6개월 된 직원의 업무 성과가 매우 저조하다는 사실을 알게 되었다. 그녀는 그 직원의 상사인 웬디와 미팅을 했다. 웬디는 직원의 결점에 온정을 보였다.

웬디는 "그 직원이 개선된 모습을 보여줄 수 있도록 30일만 시간을 주세요"라고 간청했다.

마샤는 면밀한 모니터링을 거친 목표와 기준이 잘 설정된 계획

갈등을 관리하는 방법

을 봐야겠다고 말했다. "여기서 결정하라고 강요할 생각은 없지만, 이 문제를 어떻게 처리할지 자세히 알고 싶어요. 앞으로 커리어를 쌓는 동안 이 같은 상황이 더 많이 발생할 거예요." 마샤는 웬디가 실적이 저조한 직원을 모니터링하는 것을 지켜봤다. 두 사람은 자주 만났고, 마샤는 그 직원의 생산성과 업무의 질에 대한 평가 점수를 정중하지만 명확하게 요구했다. 3주 후, 그 직원의 실적이 점점 나빠지는 게 고통스러울 정도로 분명해졌다. 이때야 비로소 마샤는 30일까지 지켜볼 필요가 있느냐고 웬디에게 물었다.

"저는 그녀를 계속 돕고 싶습니다"라고 웬디가 말했다. "30일이 더 필요해요."

마샤가 대답했다. "내가 관찰한 바에 따르면 당신은 그 직원에게 구체적이고 합리적인 목표를 설정해줬어요. 그런데 당신의 평가를 보자면 그 직원은 목표 달성에 근접하지도 못하고 있지요. 그런데도 당신은 계속 노력하고 싶어 하는 것 같네요. 지금 이 상황을 내가 이해할 수 있도록 설명해봐요."

"저는 당신이 나를 너무 일일이 모니터링하는 것 같아요. 빅 브라더Big Brother가 지켜보는 것처럼요. 제가 알아서 하게 해주세요."

"당신은 그 직원에게 일자리를 지킬 기회를 주려는 모니터링을 하고 있어요. 나는 당신을 성장시키기 위해 모니터링하고 있습니다. 우리가 합의한 30일의 시간은 주겠지만, 만약 그 직원이 이 상황을 개선하지 못한다면 결정을 내려야 할 거예요. 그리고 나는 그 직원이 개선됐는지 어떤지 자세히 보고받고 싶어요."

30일째 되던 날, 마샤는 그 직원의 업무 평가 결과를 보여달라고 했다. 그 직원이 조직에 적합하지 않다는 것은 분명했다.

"해고는 정말 끔찍한 단어예요"라고 웬디가 말했다.

"사람을 떠나보내는 것은 어려운 일이에요." 마샤가 말했다. "그게 이번 일을 유심히 지켜본 이유입니다. 당신은 의욕적이고 재능 있는 사람들을 관리하는 훌륭한 관리자이지만 문제도 관리해야 해요. 내가 그렇게 면밀히 모니터링하지 않았다면 당신은 이 문제를 계속 방치했겠지요?"

"인정하긴 싫지만, 당신이 옳다고 생각해요."

전술 4 지배권을 위임하라

일부 리더들은 중요한 문제들을 효율적으로 관리하기 위해 네트워크화된 지휘·통제 인프라를 구축한다.

유명한 NFL 코치인 빌 파셀스Bill Parcells는 갈등을 관리하는 데 가장 중요한 하나를 알고 있었다. 강압적이고 노골적으로 하지 말라는 것이었다. 슈퍼볼 챔피언 자리를 두 번 차지했고 프로 풋볼 명예의 전당에 오른 파셀스는 그러는 대신에 지배권을 위임했다.

프로 풋볼 리그에서 일하면서 파셀스는 자신이 코치하는, 테스토스테론 과다증과 자기애에 사로잡힌 몸무게 136킬로그램의 슈퍼스타들을 강하게 다뤄야 할 필요가 있었다. 하지만 그가 개발한 코칭 시스템에서는 그런 역할을 위임하고 분배했다. 위대한 라인배커인 로렌스 테일러^{Lawrence Taylor} 같은 주장이 부코치 역할을 맡아 지배권을 위임받기도 했다. 파셀스는 테일러에게 개인적인 우려들을 얘기했다. 그때 테일러는 해이해져 있거나, 불량하게 행동하거나, 이외에 다른 방식으로 문제를 일으키는 팀 선수들과 정면으로 부딪치고 있었다. 파셀스는 매주 50명이 넘는 선수들 한 명 한 명과 몇 분씩 마주 앉아 안부를 물으며 사기를 끌어올리고 친밀감을 쌓느라 애썼다. 파셀스의 뛰어난 기록에서 알 수 있듯이, 이런 배려와 위임의 조합은 NFL에서 이례적으로 잘 작동했다.

이 점을 염두에 두고, 조너선은 관리자들이 자신에게 너무 의존하지 않도록 서로 피드백을 주고받을 수 있는 프로세스를 개발했다. 이 전략은 하위 직급의 직원이 워크플로 문제를 일으키기 시작했을 때 효과를 발휘했다.

마케팅팀에 제시라는 카피라이터가 있었다. 그는 창의성이 높았지만 미숙했다. 그의 상사인 사라는 회사에서 유능한 직원들 중 한 명이었으나 갈등을 싫어하고, 사람들을 관리하는 데 어려움을 겪었다.

사라는 리더십 회의에서 제시가 매우 창의적이지만 느려서, 그가 처리해야 할 창의적이지 않은 업무의 대부분이 자신에게 넘어

온다고 불만을 토로했다. 그녀는 늦게까지 제시의 서류 작업을 대신 마무리하고 제시가 쓴 글을 교정해줘야 했다.

조너선은 부하 직원에게 직접 얘기하라고 사라를 종용하는 대신에 동료 네트워크를 활용했다. 그는 까다로운 직원들에게 책임을 묻는 데 능숙한 영업 관리자에게 "노아, 당신은 어떻게 생각하세요?"라고 물었다. 노아는 사라한테 섬세하게 반응할 줄 알았다. 다른 사람들에게는 대체로 자기 의견을 매우 강하게 표현했지만, 사라에게는 부드럽게 말했다. "제시가 일을 제대로 해내지 못한다면 나중보다는 지금 직언을 하는 것이 낫습니다. 문제는 오래 계속될수록 커지거든요." 그런 다음 조너선은 아주 부드러운 말투로 얘기하는 관리자를 한 명 더 찾았다. 그녀도 노아의 의견에 동의했다. "당신이 갈등을 싫어한다는 건 알지만, 제시에게 책임을 묻지 않으면 제시는 절대 배우지 못할 거예요."

사라는 희미하게 결심하며 "제가 얘기해볼게요"라고 말했다.

전술 5 **첫수부터 지배력을 발휘하라**

'이용당하거나 조종당할 일은 절대 없을 것이다'라는 똑 부러진 메시지로 리더가 협상을 시작하면 협상이 더 잘 진행될 때가 있다.

카리는 자신의 협력적 리더십 스타일에 자부심을 가지고 있다.

하지만 그녀는 결코 호락호락한 사람이 아니다. 대형 화학 제조업체에서 일하는 그녀는 최초의 여성 관리자로서 생산 공장을 운영하게 되었다. 직원들은 주당 8시간씩 5교대 근무를 10시간씩 4교대 근무로 변경해달라고 끊임없이 요구했다. 수년 동안 그들은 역대 공장 관리자들에게 4교대 근무로 바꿔달라고 요청했지만 매번 단호하게 거절당했다.

새로운 일터에서 근무할 날이 다가오면서 카리는 많은 직원이 그녀의 승진을 과하다고 여기며, 그녀가 비교적 관대할 것이라는 소문이 떠돈다는 이야기를 들었다. 그녀는 직원들이 교대 근무 형태를 변경하는 건 어떨지 의견을 구할 것을 예상했기 때문에 미리 반대하지는 않았다. 그것이 비즈니스와 안전 문제에 어떤 영향을 미칠지 잘 몰랐기 때문이었다. 하지만 그녀는 자신이 호락호락할 것이라는 생각도 불식하고 싶었다. '내가 약하다는 인식이 박히면 협력적인 리더로서도 결코 성공할 수 없을 거야'라고 생각했다.

그녀가 출근한 첫날, 직원 대표들이 사무실로 찾아와 주당 10시간 4교대 근무를 강력하게 주장했다.

"안 됩니다." 카리가 대답했다.

충격을 받은 그들은 더 세게 압박했다.

"안 됩니다." 그녀가 반복했다.

몇 주가 지나고, 대부분의 직원들은 그 문제를 제외한 다른 문제에서는 카리가 전임자들보다 훨씬 협력적이라는 것을 알게 되었다. 이때야 비로소 대표들이 다시 돌아왔다.

"공장의 다른 문제들에는 매우 협조적인데, 왜 주당 근무시간을 조정하자는 우리의 제안은 빨리 거절했는지 이해가 안 됩니다."

"두 가지 이유가 있습니다"라고 카리가 대답했다. "첫째, 여러분은 마치 나를 치러 온 사람들처럼 험악하게 과도한 요구를 했어요. 여러분은 내 대답을 듣고 싶어 했지만, 그 문제를 두고 논의하려는 노력은 전혀 하지 않았지요. 둘째, 여러분의 제안에 관해 다른 비즈니스 사례를 제시하지 않았습니다. 그냥 여러분이 원하니까 여러분이 원하는 대로 내가 해줘야 하는 것처럼 행동했어요. 나에게도 상사가 있다는 사실을 기억하세요. 사실 여러 명이죠. 나는 이 공장의 생산성과 안전성에 관해 그분들에게 보고해야 합니다."

몇 주 후, 그들은 그렇게 해도 아무 문제 없다는 비즈니스 사례를 가지고 돌아왔다. 카리는 이를 자기 상사들에게 제시했고, 그들은 파일럿 프로그램에 동의했다. 그 파일럿 프로그램은 순조롭게 진행됐으며, 결국 새로운 정책이 채택됐다.

전술 6 집단 의사 결정을 체계화하라

기본 규칙과 의사 결정 안건에 행사할 수 있는 여러분의 영향력을 최대한 활용하라. 그리하여 사람들이 혼란과 갈등을 극복하고 최적의 결정을 내리도록 이끌어라.

갈등을 관리하는 방법

조너선은 업계에서 새로운 경쟁이 일어나고 있다는 사실을 알게 되었다. 그래서 최고의 인재를 유치하고 그들을 이탈 없이 유지할 방법을 찾고 싶었다. 또한 경쟁 업체가 가격경쟁을 시도하더라도 수익성을 유지하기를 원했다. 여러 가지 이익 공유 모델을 연구한 후, 그는 간부들을 참여시키기로 결정했다. "우리 업계에 새로운 경쟁자들이 생겨나고 있습니다. 나는 우리 회사가 계속 선두를 유지하기를 원합니다. 여러분 모두가 회사에 대한 애정 때문에, 높은 보수 때문에 계속 이곳에서 일하기를 바랍니다. 그래서 성과에 따라 급여를 인상할 수 있는 여러 가지 방법을 마련했는데, 이 일을 빨리 진행해야 할 것 같습니다. 그러지 않으면 회사가 계속 성장하면서 최고의 엔지니어와 영업 사원을 충원하는 데 어려움을 겪을 것입니다."

그리고 나서 조너선은 그 팀에 두꺼운 정보 바인더를 건네고 4일간 출장을 떠났다. 그가 출장을 간 사이에 팀원들은 혼란에 빠졌다. 그들은 서로에게 질문을 던지며 불안해하고 있었다. "주요 경쟁사 때문에 회사가 곤경에 처했나? 앞으로 수익이 줄어들까? 연봉만큼의 내 값어치를 증명하기 위해 동료들과 경쟁해야 한다는 의미인가? 조너선이 우리에게 뭘 숨기고 있는 건 아닐까?"

며칠 동안 조너선은 팀과 회사 전체를 안심시키려고 노력했지만, 직원들의 불안을 잠재우기에는 역부족이었다. 이익 공유 모델들에 관한 정보는 너무 자세히 제공한 반면, 회사와 직원들에게 유리한 모델은 어떤 것인지에 대한 정보는 별로 제공하지 않았기 때문이다. 팀원들이 느끼는 부담감에, 그는 다시 회의를 소집해 회사 규모에 적합하다고 생각되는 두 가지 모델을 추천했다. 팀의 임무는 둘 중 하나를 선택한 후 이익 공유의 기초가 될 평가표를 만드는 것이었다. 그는 누구도 급여를 덜 받는 사람은 없을 것이며, 회사의 수익성이 높아지면 모두가 더 많은 돈을 벌 수 있을 것이라고 강조했다.

그러고 나서 며칠이 지나자 논쟁은 끝나고 신뢰가 회복됐으며 소문은 사라졌다.

그때그때 상황에 맞게 적절한 통제력을 발휘하면 신뢰감을 심어줄 수 있다. 우리는 긴장해야 하는 상황이나 중요한 상황, 또는 모호한 상황에서 누군가가 주도권을 잡고 책임을 지기를 원한다.

전술 7 권력의 기반을 넓혀라
지배력을 발휘하려면 직급 같은 타이틀 이상의 힘을 축적해야 한다.

기업가 정신이 투철한 한 회사가 급성장의 가도를 달렸다. 오너는 더욱 체계를 갖춘 기업으로 거듭나기 위해 리기나를 HR 책임자로 고용했다. 기존 HR 담당자였던 신디는 수년간 회사에 근무하는 동안 일인다역을 소화하며 일하는 시간도 엄청났다. 리기나의 표

갈등을 관리하는 방법

현을 빌리자면 "그때그때 일을 닥치는 대로 해내는"데 익숙했다.

리기나는 신디가 인사에 관해서는 문외한이라는 사실을 알았다. 그래서 복리 후생 및 보상에 관한 13주 과정의 교육을 수강할 것을 제안했다. 신디는 "당신이 모든 일을 복잡하게 만들고 있어요"라고 저항했다. 하지만 리기나의 주장대로 신디의 교육을 진행했고, 신디는 교육이 시작된 지 8주가 지나자 중단했다. 리기나는 신디의 역량 부족과 불복종을 이유로 해고를 고려했지만, 먼저 오너와 얘기해야 했다.

"신디는 처음부터 우리와 함께 일해왔어요." 오너가 대답했다. "그녀는 충성심이 강하고, 다른 직원들이 일한 시간을 전부 합친 것보다 더 많은 시간을 일했습니다. 그녀를 잃고 싶지 않아요. 그녀를 계속 고용할 방법을 찾아주세요."

신디의 진짜 상사가 되려면 리기나의 직책으로는 무리였다. 리기나는 신디가 기성 권력의 이너 서클이라는 특권 의식을 가지고 있음을 깨달았다. 리기나는 신디와 나눈 모든 대화를 문서화하기 시작했고 그녀의 오류, 누락, 지식 격차 등을 꼼꼼히 기록했다. 동시에 회사의 장기적인 목표를 두고 오너와 자주 대화를 나누었다. 마침내 리기나는 HR의 역할 확대로 신디가 교육을 더 받아야 하고, 그러지 않으면 그녀가 점점 쓸모없어질 것이라고 오너를 설득했다. 마침내 오너도 동의했다.

리기나는 신디를 다시 강의실로 돌려보냈고, 신디는 다시 수업의 절반을 듣고서 더 들을 필요 없다고 불평하며 끝까지 이수하기를 거부했다. 이 무렵에 리기나는 오너와 함께 더 많은 사회적 자본을 쌓았다. 리기나는 신디에게 그 교육과정을 이수하지 않으면 해고할 것이라고 말했다. 신디는 자신을 지지해주리라고 기대하며 곧바로 오너를 찾아갔다. 하지만 오너는 주저하며 어색하게 리기나가 인사팀을 책임지고 있으니 리기나의 지시를 따라야 한다고 말했다. 신디는 충격을 받았다.

신디가 강의를 듣기를 한 번 더 미루었을 때, 리기나는 신디가 계속 근무하고 싶은지 고민할 수 있도록 3일간의 무급 휴가를 주었다. 그런데도 신디는 아무런 변화 없이 완고한 모습으로 돌아왔고 결국 해고됐다.

전술 8 점진적으로 지배력을 강화하라

아무리 뛰어난 직원이라도 변화를 거부한다면 갈등 상황에서 때때로 지배와 통제를 받아야 한다.

스콧은 식료품 도매유통업체의 우수한 직원이었다. 하지만 그의 새 상사이자 전 동료였던 레베카는 그가 관리하는 정보 기술IT 부서가 변화해야 한다고 생각했다. 그녀는 스콧을 만나 일부 기술을 업그레이드하고, 비즈니스의 핵심 역량에 속하지 않는 일부 기술은 외부에 위탁하는 방법을 논의했다. 또한 IT 부서의 현재 직원들은 모두 다른 조직에서 근무한 경험이 없었으므로 새로운 피가 필요하다고 생각했다. 스콧은 방어적으로 나오지는 않았지만 동의하지도 않았다. 그는 자기 부서가 효율성과 전문성을 높이는 방향으로 조금씩 발전하고 있다고 느꼈다. 그리고 레베카가 너무 무리하게 밀어붙인다고 생각했다.

레베카는 스콧에게 더 이상 변화를 강요하기가 꺼려졌다. 하지만 동시에 업계의 다른 회사 IT 책임자들과 상담한 결과, 스콧에게 항복해서도 안 된다고 강하게 느꼈다. 그녀는 협상을 하기로 결정했다.

몇 달이 지나고 회의가 거듭됐지만, 스콧에게 협력적으로 접근하는 방식으로는 큰 진전을 보지 못하고 제자리걸음일 뿐이었다. 그래서 그녀는 변화를 촉구했다. 자신이 원하는 변화 목록을 작성한 후에 어떤 것은 변화를 기다려줄 수 있지만, 기한 내에 꼭 변화해야 하는 사항들도 명시했다.

스콧은 처음 두 번의 기한을 놓쳤다. 첫 번째 업무 평가에서 레베카는 회사, 고객, 업계에 관한 지식과 사람을 다루는 기술에서 스콧을 길게 칭찬했다. 하지만 향후 5년 동안 IT 부서를 이끌어갈 능력이 있는지에 대해서는 점점 더 회의적인 시각을 가지게 된다는 사실도 알렸다. 그녀는 IT 부서에 확실한 변화를 가져올 시간으로 스콧에게 90일을 주었다.

"저를 해고하실 생각인가요?" 스콧이 물었다.

"아니요, 회사가 당신을 잃고 싶어 하지는 않아요. 하지만 회사에서 당신의 이동은 고려하고 있습니다. 남은 시간 동안 이런 변화들에 정말로 헌신할 수 있는지, 아니면 다른 곳으로 옮겨야 할지 잘 생각해보세요."

며칠 후 스콧은 자신의 직책 변경을 협상하기 위해 돌아왔다. "저는 여전히 당신이 원하는 일부 변화와 그 속도에 동의하지 않지만, 이 회사를 사랑하고 어떤 식으로든 기여하고 싶습니다."

스콧은 다른 역할을 매우 성공적으로 수행해냈고, 레베카는 컨설턴트의 도움을 받아 IT 부서를 성공적으로 다시 조직했다.

전술 9 **유능한 지배자 주위로 보호막을 쳐라**

엄청나게 뛰어난 재능을 가지고 있지만 극도로 까다로운 인재를 보호하기 위해 보호막을 쳐주어야 할 때도 있다. 이런 보호막은 그 사람에게서 다른 직원들을 보호하고, 그 사람도 다른 직원들의 방해를 받지 않도록 보호할 수 있어야 한다.

스티브 잡스Steve Jobs는 강박적으로 창의적이고 선견지명이 뛰어났으며 기술과 디자인 분야에서 여러 차례 혁명을 일으켰다.[10] 그러나 잡스는 아이디어가 보잘것없거나 자기 의견에 동의하지 않는 사람들을 괴롭히고 모욕하기도 했다. 그에게 협업은 그저 예의를 갖추고 의견을 주고받는 장이 아니었다. 더욱 탁월한 결과물을 얻기 위한 싸움이었다. 그는 완벽하지 않은 것을 참을 수 없었다. 유통업체가 제때에 칩을 충분히 납품하지 못하면 잡스는 그들에게 호통을 쳤다.[11] 어떤 아이디어가 마음에 들지 않으면 그 아이디어를 낸 사람에게 형편없다고 말하기도 했다.[12]

잡스는 나이가 들면서 자신이 뛰어난 재능을 가졌지만 폭력적이라는 사실을 깨달았다. 두 번째로 애플의 CEO가 되었을 때 그는 조직에 해를 끼치지 않으면서 기여하고 싶었다. 그는 스스로 자신을 통제할 수 없다는 것을 알았다. 그래서 임원들을 따로 더 고용해서 자신의 어디로 튈지 모르는 감정과 다른 사람들을 끝간 데 없이 몰아붙여 상처 주는 거친 행동을 제어했다.

지배 전략을 제대로 이해하는 리더, 즉 지배 전략을 병적 히스테리나 도덕적 열등감으로 치부하지 않는 리더는 거친 스타일 뒤에 숨어 있는 재능을 볼 수 있다. 하지만 이는 배워가는 과정이다.

사업주와 경영진이 흔히 저지르는 실수는 최고의 영업 사원을 영업 관리자로 승진시키는 것이다. 조너선은 켄에게 영업부를 맡기면서 이 함정에 빠졌다. 켄은 판매 기계 같았다. 그는 잠재 고객들과의 관계를 발전시키는 데 탁월했다. 특히 회사 서비스를 너무 복잡하지 않고 쉽게 설명하는 데 매우 능숙했다. 판매를 한 다음 재구매를 이끌어내는 능력이 탁월했다. 처음에 조너선은 켄을 관리직에 앉히기를 꺼렸다. 영업은 관리와는 다른 기술이기 때문이다. 하지만 켄이 그 자리를 원했고 설득력도 있었다. 그는 나머지 영업 직원들도 뛰어난 성과를 내도록 사려 깊은 계획을 제시했다.

조녀선은 '켄이 완벽한 관리자는 아니더라도 다른 영업 사원들이 그에게서 많은 것을 배울 수 있을 거야'라고 생각했다.

하지만 켄은 영업 직원들을 훈련하고 지도하며 격려하기로 한 자신의 우아한 계획을 따르지 않았다. 대신, 그는 자기 방식대로 직원들이 일하지 않으면 그들과 말다툼을 했다. 그는 직원들을 못살게 굴면서 '고무'했다. 직원들이 판촉 전화를 돌리다가 잠깐 쉬기라도 하면 그는 왈왈거리기 일쑤였다. 감히 그의 의견에 동의하지 않는 사람은 누구라도 자기 아닌 켄이 상사라는 사실을 가혹하게 떠올려야 했다.

조녀선은 여러 차례 개입했다. 켄을 따로 불러 갈등 해결 기술, 직원의 강점을 살리기 위한 전략, 서로 다른 관점들을 팀 접근법으로 통합하는 방법을 논의했다.

그러나 조녀선이 제안한 모든 내용은 나르시시즘에 빠진 귀머거리의 귀에 들어가지 않았다.

3주 만에 유능한 영업 사원 두 명이 그만두자 조녀선은 자신이 일을 망쳤음을 깨달았다. 영업 사원들을 더 이상 잃고 싶지 않았지만, 영업의 신인 켄 역시 잃고 싶지 않았다.

조녀선은 중대한 결정을 내렸다. 그는 켄에게 초보자와 함께 일하기에는 너무 경험이 많다고 말하면서 새로운 직책('비즈니스 개발 전문가')을 맡겼다. 그리고 새로 뽑을 영업 관리자 대신 조너선 자신이 직접 그를 관리할 것이라고 얘기했다. 켄은 자신이 가장 잘할 수 있는 일로 돌아가 판매를 거듭 성사시켰다.

전술 10 강경한 태도를 취하라

협력적인 방법들로 안 되면 상대방이 물러서도록 강제해야 할 때도 있다.

지배자들은 위협, 당근과 채찍, 하이볼highball–로볼lowball 전술(상대방이 어차피 거절할 제안임을 알면서도 상대방이 원하는 것보다 더 높은, 혹은 더 낮은 수준을 제시해야 내 목표에 근접할 수 있다고 여기는 전술), 니블링nibbling 기법(협상 마무리 단계에서 상대방에게 조금 양보하도록 유도해 내가 원하는 것을 얻어내는 기법), 치킨 게임(취소, 변경할 수 없는 입장을 공개적으로 약속하는 것), 직접적인 협박 등 최후의 수단으로 다양한 강경 전략을 사용할 수 있다.[13]

카리는 자신이 이끄는 화학 공장의 4개 교대 근무조 중 한 교대 근무조의 실적이 다른 세 교대 근무조보다 훨씬 낮다는 사실을 알게 되었다. 그녀는 직원들과 허심탄회한 대화를 나누었다. 그들의 실적과 그 실적에 관한 자신의 생각, 그리고 해당 교대 근무조를 바라보는 다른 교대 근무조들의 부정적인 시각을 공유했다.

카리가 의미 있는 대화를 나누려고 노력했는데도, 그 교대 근무 조장들은 회의 내내 오만하고 예의 없이 굴었다. 그들은 마치 자신들이 그녀보다 더 힘이 세어 그녀의 우려를 무시해도 괜찮은 것처럼 얘기했다. 그리고 그들의 이야기에 따르면 그들은 잘못된 관리와 불공정한 정책의 희생자였다. 다른 교대 근무조들도 그런 식으로 생각했다면 카리는 그들의 관점을 더 진지하게 받아들였을 것이다. 그녀는 다른 세 팀과는 매우 성공적으로 협력 관계를 구축했다.

그래서 카리는 그들이 생산 목표를 달성하지 못했음을 더욱 단호하게 지적했다.

그들은 "현실적으로 이룰 수 없는 목표입니다"라고 대답했다.

"하지만 다른 세 교대 근무조는 매달 목표를 달성하고 있으며, 도전적인 목표이지만 합리적이라고 생각한다고 얘기했습니다"라고 카리가 말했다.

처음에 카리는 그들의 오만함과 무례함에 겁을 먹었다. 하지만 그 상황을 곰곰이 검토하고 다른 사람들과 상의한 결과, 일부 교대 근무자들이 공장에 독이 될 수 있다는 것을 깨달았다. 이 상황을 계속 방치하거나 그들의 요구를 묵인하면, 그들의 태도가 공장 전체로 퍼져 생산에 지장을 주고 그녀의 평판과 신뢰도도 손상당할 수 있었다. 그녀는 자신이 어떻게 느끼든 그들이 전쟁을 고집하고 있음을 알았다.

카리는 다른 회의를 소집했다.

"여러분의 불만 사항을 고려해봤고 다른 조장들과도 상의했습니다. 먼저 여러분의 근무조를 분할해 다른 근무조에 나눠서 일하도록 하겠습니다. 이렇게 하는데도 여러분의 사고방식과 업무 방식을 바꾸지 못한다면 해고할 것입니다."

그 교대 근무조장 대표가 카리의 말을 듣고서 뛰쳐나가며 "나는 이딴 건 필요 없어!" 하고 외쳤다. "나는 그만두겠어!"

"그렇게 하세요. 당신이 스스로 선택한 일이에요." 카리가 침착하게 말했다. 며칠 후 그녀는 불복종을 이유로 또 다른 사람을 해고했다.

그 후 몇 주 동안 그 교대 근무조는 자신들을 지배했던 불평분자들의 영향권에서 벗어나 자기네 근무조를 해체할 필요가 없음을 보여주었다. 조원들은 카리의 리더십 아래에서 협력해 성과를 개선할 수 있다는 것을 증명했다.

지배 전략을 위해 꼭 알아야 할 것들

지배 전략을 사용하는 리더는 그 전략에 중독되지 않아야 한다. 이것이 지배 전략으로 효과를 볼 수 있는, 즉 분쟁 당사자들과 조직의 피해를 최소화하며 경쟁적인 갈등을 최소화하는 핵심이다. 지배력 발휘는 명확한 목표를 가진 사람이 의식적으로 선택하는 전략이기 때문이다.

유능한 리더는 자신의 권한과 통제력을 선택적으로 사용하는 데 익숙해져 갈등 상황을 지배할 필요가 있다. 또한 권력을 가진 사람은 자기 자신과 조직을 위한 협상력도 가져야 한다. 공격성을 제어하며 자기주장을 펼치는 능력 역시 필요하다. 리더가 폭력적인 혹사의 단계로 넘어가지 않고도 강력하고 단호하게 행동할 수 있게 해주기 때문이다. 마지막으로, 리더에게는 복합적인 상황을 잘 파악하는 능력이 있어야 한다. 복잡미묘한 상황을 단순하게 이것 아

갈등을 관리하는 방법

니면 저것이라는 사고방식으로 바라봐서는 안 된다. 그러면 지배력을 전략적으로 사용하기보다 보복이나 비방의 목적으로 사용할 가능성이 높다.

　지배 전략의 대가들에게는 스위치가 하나 있다. 그들은 협력적인 갈등 해결 방법들을 다 쓸 때까지 지배 전략은 예비로 남겨놓는다. 그러나 그들은 임무, 팀, 조직이 필요로 한다면 적절한 비율과 강도로 지배적 행동을 만들어낼 수도 있다.

✅ 건설적 지배를 위한 역량 개발 체크리스트

건설적 지배 전략을 구사하기 위해 다음 중에서 이미 개발한 역량이 있는지 확인하자. 내 답변들에 대해 신뢰할 수 있는 사람과 이야기를 나누자.

1. 나는 협력할 수 있으며, 합리적으로 설명할 수 있다. (　)
나는 대체로 지배력을 행사하기 전에 추론, 경청, 협상, 설득 등 의견 불일치를 해결하기 위한 다른 방법들을 시도한다. 내 도구 상자에서 지배력을 가장 먼저 꺼내는 일은 거의 없다.

2. 나는 경청하고 상의한다. (　)
나는 지배 전략이 필요한 갈등 상황이더라도 혼자 독단적으로 움직이지 않는다. 나는 신뢰하는 동료들과 돈독한 관계를 쌓아왔으며, 어려운 일이 발생하기 전후에 그들에게 자문을 하고 통찰을 구한다.

3. 나는 자기주장을 하는 방법을 알고 있다. (　)
나는 내 입장을 정하고, 확고한 태도를 유지하며, 그 관점을 고수한다. 내 요구를 분명히 할 수 있으며, 내 요구를 따르지 않을 경우 어떤 결과로 이어질지 명확하게 설명한다. 나는 흔들리거나 모호한 태도를 취하지 않고 한결같이 꾸준할 수 있다.

　　　　　　　　　　　　　　　　갈등을 관리하는 방법

4. 나는 명확하게 의사소통할 수 있다. (   )

의견 충돌로 스트레스를 받아도 내 메시지를 모호하지 않고 분명하게 전달하는 기술을 개발했다.

5. 나는 압박감을 견디며 스트레스가 심한 갈등에 대처할 수 있다. (   )

나는 공격을 받아도 내 의사를 전달한다. 나는 상대방이 내 말을 듣지 않으려 하거나 이해하지 못하더라도 매번 내 의사를 분명히 밝히며 반복해서 말한다.

6. 나는 감정을 자제할 수 있다. (   )

나는 소리를 지르거나, 거칠게 말하거나, 비꼬거나, 비하하는 말을 하지 않고도 내 의견을 주장할 수 있다. 감정, 특히 분노에 대한 통제력을 잃으면 적절한 때에 사과하고 바로잡는다. 나는 분노의 감정이 조직을 오염시키거나 협력을 저해하지 않도록 통제한다.

7. 나는 한 걸음 물러나서 상황을 더 넓은 시각으로 바라볼 수 있다. (   )

누군가를 징계하거나 해고하는 일은 스트레스나 불쾌감을 주지만, 무엇을 해야 조직에 이익이 되는지 큰 그림을 그린다.

8. 나는 비판을 받아들일 수 있다. (   )

의견이 충돌하는 와중이나 그 이후에 불쾌한 감정을 강하게 느끼기도 하지만, 비판에 방어적인 태도를 취하며 되갚아주고 싶은 본능을 조절할 수 있다. 나는 일을 너무 개인적으로 받아들이지 않는 방법을 안다.

9. 나는 자신감이 있다. (   )

나한테도 미심쩍은 부분도 있고 도움이 필요한 부분도 있지만, 나는 대의를 위해 어려운 결정을 내릴 자신감이 있는 사람이다.

10. 나는 내 결정을 스스로 지지할 수 있다. (   )
나는 어려운 결정을 내릴 때 죄책감, 후회, 수치심으로 자신을 괴롭히지 않는다. 의견 불일치의 결과가 불쾌하고 예상치 못한 비용으로 이어질 때도 있다는 것을 인정하지만, 성실하게 일하고 내 선택에 만족하며 살아갈 수 있다.

갈등을 관리하는 방법

7장

전략적 회유와
순응 전략

Making Conflict Work

고압적·독단적 권력자에게 굴복할 수밖에 없을 때

필 잭슨Phil Jackson은 203.2센티미터, 99.8킬로그램의 NBA 농구 챔피언으로 뉴욕 닉스에서 활약했다. 잭슨은 덩치가 크고 인상이 강했으며 위협적이었다. 그는 강인한 선수이자 공격적인 수비수였지만, 선수 생활을 은퇴하고 직업을 바꾸면서 새로운 변화가 필요했다.

1989년, 잭슨은 고전을 면치 못하던 시카고 불스의 감독이 되었다. 프로 농구 역사상 최고의 스타 선수들(마이클 조던Michael Jordan, 스코티 피펜Scottie Pippen, 데니스 로드먼Dennis Rodman 등)이 있는 팀이었다. 그는 역대 최고의 자존심을 가진 선수들의 코치로서 그와 선수들, 선수들 간의 갈등을 조정해야 했다. 잭슨은 동양 철학과 아메리카 원주민 철학의 영향을 많이 받았다. 그런 만큼 존중의 태도를 바탕으로 조용하면서도 현명한 코칭 스타일을 개발해 '젠 마스터Zen

갈등을 관리하는 방법

Master'라는 별명을 얻었다.

잭슨은 (로드먼처럼) 까다롭고 그다지 이성적이지 못한 선수들의 도전을 받았을 때도 있었다. 그럴 때면 그는 조용히 그들의 문제를 해결하고 그들을 어느 정도 존중하면서 관리할 방법을 찾았다. 로드먼과 갈등을 겪을 때 잭슨은 선수의 반항적인 행동과 불만(연습 불참, 지각, 부적절한 발언으로 언론 도배, 성적 일탈 등)을 받아주기도 하면서 해결했다. 그렇게 선수가 경기에 계속 출전해 높은 기량을 발휘할 수 있도록 하는 방법을 찾아갔다. 잭슨은 2014년까지 11번의 우승을 거머쥐며 NBA 감독 중 가장 높은 승률(.717)을 기록했다. 그는 NBA 역사상 위대한 감독 중 한 명으로 꼽힌다.

이 책은 갈등을 극복해서 목표를 달성하거나 갈등의 힘을 활용해 정직성, 창의성, 문제 해결력을 높이는 방법을 찾는 책이다. 그렇다면 회유나 순응은 이런 목적을 달성하기 위한 전략으로는 보이지 않을 수 있다. 어쨌든 권력자의 의지에 굴복하는 것을 의미하기 때문이다. 이는 지배받는 사람이 주로 취하는 사고방식이다.

그러나 회유와 순응도 실제로 목표를 달성하기 위해서라면 하나의 전략이 될 수 있다. 물론 직접적인 전략이 아닌 데다, 이 책에서 소개하는 다른 직접적인 전략들처럼 따뜻하고 긍정적인 느낌을 불러일으키지는 않는다. 하지만 어떤 면에서는 7가지 전략 중에서 재간과 지략이 제일 많이 필요하고, 스스로 자신에게 권한을 부여하는 전략이다.

중간 관리자는 직속 부하 직원과 의견 충돌을 빚을 때는 승리할 수 있다. 하지만 상사에게서 자신이 원하는 바를 얻어내려면 처음에는 상사를 부드럽게 회유하고 조심스럽게 다가가며 협상해야 할 수도 있다. CEO는 경영팀과 의견이 맞지 않을 때는 직접 결정권을 행사하며 명령하다가도, 필요할 때 이사회 멤버의 의견은 묵인해줄 수도 있다. 평소에 지나치게 까다롭고 요구 사항이 많은 사람, '개자식'이라는 소리가 절로 나오는 사람보다 여러분의 권한이 적다면, 회유와 순응이 딱 올바른 전략일 수 있다.

크리스틴을 예로 들어보겠다. 그녀는 직원 150명이 일하는 제조 현장에서 인사, 재무 보고를 담당하는 사무 관리자였다. 그녀는 고도로 조직화된 사람이었고, 인사 규정이나 업계와 관련한 법률 지식도 풍부했다. 그녀는 모든 예산과 회계 업무를 정확하게 처리하면서 두 가지 역할을 모두 능숙하게 수행했다. 또한 필요할 때 직원들의 편을 들어주어 인기가 많았다. 크리스틴의 직속 부하 직원으로 그녀를 열렬히 따랐던 마리나의 이야기를 들어보자. "크리스틴은 공정하고 강인한 관리자입니다. 나와 이곳에서 일하는 다른 여성들의 롤 모델이라고 생각합니다."

하지만 행크가 현장 책임자로 취임하게 되었다. 그에 관한 소문은 그보다 앞서 들려왔다. 제2차 세계대전 영화에서 튀어나온 캐릭터처럼 그는 회사에서 (물론 뒤에서) '사령관'으로 불렸다. 행크는 무슨 일이 있어도 항상 성공하는 사람이었다. 결단력 있고, 논쟁적

갈등을 관리하는 방법

이며, 까다롭고, 남을 깎아내리는 그는 '할 수 있다!'를 외치는 리더였다. 그리고 그는 갈등을 일으키는 것을 좋아했다.

행크는 크리스틴에게 의견을 거의 묻지 않고 그저 그녀가 해야 할 일만 지시했다. 크리스틴은 이를 참아내는 듯했다. 직원들은 바로 이런 분위기를 알아차렸다. 마리나는 "크리스틴이 이전 상사에게는 자기주장도 적극적으로 했는데, 지금 행크와 일하면서는 조용히 명령만 받는 하인처럼 행동해요"라고 한탄했다.

행크가 자신을 '나의 장부 관리인'이라고 언급했을 때도 크리스틴은 정중한 미소로 화답했다. 행크가 스타벅스에서 카페라테를 사다 달라고 했을 때도 그녀는 그렇게 했다. 회의 중에 행크가 무례하게 끼어들어도 그녀는 불평하지 않았다. 크리스틴의 여성 동료들은 완전히 달라진 그녀의 행동을 보고 큰 혼란을 겪었다.

"그녀는 자기 일자리를 잃을까 두려운가 봐요." 그녀의 부하 직원 중 한 명이 추측했다. "하지만 그건 말도 안 돼요. 그녀는 회사에서 아주 평판이 좋거든요."

크리스틴에게 무슨 일이 일어난 걸까? 어떻게 유능하고 확신에 차 있던 관리자가 하룻밤 사이에 타협하고 순응하는 사람으로 전락했을까?

회유나 순응이라는 단어는 우리 대부분에게는 불쾌한 단어다. 유순함, 나약함, 무력함 같은 것들을 떠올리게 한다. 소심하고 한심하게 느껴지기도 한다. 이 단어를 명사로 바꾸면 더 나빠진다. "크리스틴은 타협하고 순응하는 사람"이 "크리스틴은 겁쟁이, 비겁자, 약골"이라는 말과 같아진다.

하지만 회유와 순응은 승패가 갈리는 갈등의 끝자락에서 지는 편에 있을 때 강력한 도구가 되어준다. 잘못된 상황을 악화하지 않기 위해 고압적인 상사를 참아주고 회유하며 달래는 것이 이에 해당한다. 우리는 시간을 벌기 위해, 일자리를 지키기 위해 지옥에서 빠져나올 수 있을 때까지 달래고 또 달랜다. 요령 있고 적응력 뛰어난 리더와 팀원의 레퍼토리에는 회유와 순응이 필수적이며 이를 전략적으로 사용한다. 이 전략을 구사할 때 기분이 그리 좋지만은 않겠지만, 목표를 향해 나아가는 것이 무력한 상태보다는 훨씬 낫다.

회유와 순응 전략을 쓰기에 적합한 갈등 상황을 '불행한 용인(103쪽 참고)'의 상황이라고 한다. 이 상황에서는 횡포를 부리는 상사와의 갈등에서 쉽게 벗어날 방법이 없다. 이기지 못하면 지는 일만 남아 있을 뿐이다.

다음과 같은 경우에 갈등 상황에서 전략적으로 회유하고 순응하면 도움이 될 수 있다.

- 목표를 달성하기 위해 상대방과의 관계를 유지해야 하는 경우
- 상대방이 여러분과 함께하지 않고 대립하는 경우
- 상대방의 권력이 여러분보다 훨씬 높은 경우

갈등을 관리하는 방법

무엇이 권력 앞에서
회유하고 순응하게 만들까?

우리는 권력자와 갈등할 때 그의 비위를 맞추며 달래려는 경향을 더 강하게 보이기도 한다. 이런 반응은 어떤 유형이든 괴롭힘을 당할 때 쉽게 나타난다. 학대하는 부모, 공격적인 형제자매, 잔인한 동료, 무자비한 상사, 증오심 가득한 배우자, 독재자 등을 예로 들수 있다. 이 같은 대우에 오래 노출될수록 이런 반응은 더욱 뿌리 깊게 자리 잡는다. 자존감이 낮거나 자기 삶이 외부의 힘으로 결정된다고 믿는 사람들은 갈등 상황에서 다른 사람들에게 굴복하고 순응하려 한다. 그것을 자기 운명으로 받아들이는 경향이 있기 때문이다.

우리가 생활하고 일하는 문화도 회유하고 순응하려는 성향에 영향을 미친다. 특히 위계질서가 분명한 군대, 가톨릭교회, 스포츠팀, 기업 등에서는 부하 직원들에게 상사의 말을 고분고분 따르라고 요구하며 감시하는 일이 잦다. 그렇게 하지 않으면 불복종이다. 권위에 대한 존중과 집단주의를 중시하는 일부 국가 문화에서도 마찬가지다. 국가 문화와 조직 문화가 결합해 아랫사람들에게 고분고분 행동하라고 부추기면 회유와 순응이 뿌리 깊이 자리 잡는다. 그리하여 의혹을 제기할 틈도 없이 자동으로 그러한 태도를 취할 가능성이 훨씬 높다.

회유와 순응이 고질이 되어 우리가 선택할 수 있는 전략이 유일하게 그것밖에 없어지면 문제가 불거진다. 건강에 안 좋은 영향을 미치고 분노, 경직성, 적대감을 불러일으킨다. 그리하여 회유하고 순응하는 사람과 회유당하는 사람은 물론 조직 전체에 나쁜 결과를 가져온다.

자기평가

권력자와 갈등하면 순응부터 하는가?

회유와 순응 전략에 얼마나 끌리는지 파악하려면 다음 질문들에 아래 숫자로 대답해보자.

1: 전혀 아니다	2: 아니다	3: 보통이다
4: 그렇다	5: 매우 그렇다	

1. 나는 평생 상사와 의견이 충돌한 적이 거의 없거나 전혀 없다. (　　)

2. 사람들은 대부분 나보다 선천적으로 자기주장이 더 강하다. (　　)

3. 내 인생에서 실망스러운 일들은 대부분 불운 때문이다. (　　)

4. 나에게 일어나는 일들에 내가 미칠 수 있는 영향력은 거의 없다고 느낄 때가 많다. (　　)

5. 나도 권력을 가진 사람들에게 저항할 때가 있긴 하지만 그들의 등 뒤에서 한다. (   )

6. 내가 무엇을 하든 상관없이 일어날 일은 일어날 것임을 안다. (   )

7. 좋은 일자리를 얻으려면 적절한 때에 적절한 장소에 있어야 한다. (   )

8. 일반적으로 권위에 도전하거나 비판하는 데는 엄청난 대가가 따른다. (   )

9. 나는 책임자와의 갈등을 견디지 못하며, 차라리 그 흐름에 따르는 편이 낫다. (   )

10. 나는 안정적이고 예측 가능한 것을 좋아하기 때문에 갈등이나 분쟁을 일으키고 싶지 않다. (   )

11. 일이 진행되는 방식이 마음에 들지 않아도 나는 상황이 나아질 때까지 참는다. (   )

12. 나는 어디에서 일하든 항상 수용적이고 적응을 잘하는 사람으로 알려지는 편이다. (   )

13. 내가 지금보다 더 많은 것들을 성취하지 못하는 이유는 내가 타고난 운명 때문이다. (   )

14. 권한을 가진 사람들의 의견에 반대하면 결국 목소리를 내기 전보다 더 나쁜 상황에 처하게 된다. (   )

15. 대부분의 업무 상황에서는 마음에 들지 않는 일도 참고 견디는 것이 최선이다. 말을 한다고 해서 그 일을 누가 도와주지도 않고 문제가 해결되는 것도 아니기 때문이다. (   )

갈등을 관리하는 방법

점수가 높을수록 회유하고 순응하는 사람이라고 할 수 있다. 그러나 이 질문들에서 더욱 중요한 것은 ('자동적으로'가 아니라) '전략적으로' 회유하고 순응하는지의 여부다. 앞서 말했듯이 회유와 순응이 얼마나 효과적으로 작용하는지는 조직의 상황과 업무의 특성에 달려 있다.

점수	의미	스스로 질문하기
40점 미만	회유와 순응 전략을 거의 사용하지 않는다.	환경이 이 전략을 지원하지 않는가? 아니면 이 전략을 제대로 활용하지 못하는가?
40~49점	이 전략으로 기울고 있다.	이 전략을 적절한 맥락에서 충분히 사용하고 있는가?
50~59점	이 전략을 꽤 많이 사용한다.	이 전략을 너무 많이 사용하지는 않는가? 혹시 잘못된 맥락에서도 사용하고 있지는 않은가?
60점 이상	대부분의 상황에서 이 전략에 의존한다.	이 전략을 과도하게 사용하는지도 모른다. 이 전략을 자주 사용하는 만큼 환경이 이를 지원하는가? 올바른 맥락에서 효과적으로 사용하고 있는가? 갈등 관리를 위해 다른 전략을 같이 사용할 필요가 있지는 않은가?

조직평가
얼마나 회유하고 순응해야 하는 조직인가?

다음으로 아래 질문들에도 대답해보자. 현재 업무 환경이 회유와 순응 전략에 어느 정도 영향을 미치는지 파악할 수 있다. 각 문항에 아래 숫자로 표시하면 된다.

1: 전혀 아니다	2: 아니다	3: 보통이다
4: 그렇다	5: 매우 그렇다	

1. 현재 내가 일하는 곳에서는 권위에 의문을 제기하는 경우가 거의 없다. ( )
2. 상사는 결정을 내릴 때 부하 직원들과 상의하지 않는다. ( )
3. 경영진이 원하는 대로 결국 관철되고야 만다는 것을 모두가 알기 때문에 경영진의 의견에 애써 반대하지 않는다. ( )

갈등을 관리하는 방법

4. 여기서는 상사의 의견에 동의하지 않으면 일이 잘 진행되지 않는다. (   )

5. 내가 일하는 곳에서는 시키는 대로 하는 것이 최선이다. (   )

6. 상사의 의견에 동의하지 않으면 비난을 받거나 처벌을 받는 등 같이 타고

   있던 버스 아래로 던져진다. (   )

7. 상사가 매우 독단적이어서 다른 사람의 의견에 별로 관심이 없다. (   )

8. 내가 일하는 조직에서는 고위직에 있는 사람들이 자기 권위에 의문을 제

   기하는 것을 원하지 않는다. (   )

9. 이곳에서는 부하 직원들이 상사에게 이의를 제기하는 일이 거의 없다. (   )

10. 우리 조직의 상사들은 매우 통제적이다. (   )

11. 회의를 하면서 상사의 의견에 동의하지 않으면 상사가 비웃거나 가혹하

    게 군다. (   )

12. 상사가 모든 것을 통제하려고 한다. (   )

13. 부하 직원들은 상사의 지시라면 무엇이든 공개적으로 의문을 제기하는

    일 없이 그대로 따른다. (   )

14. 내가 일하는 곳에서는 진정한 협력 없이 시키는 대로만 한다. (   )

15. 상사는 일에 대해 이런저런 이야기를 하는 것을 좋아하지 않고 우리 의

    견도 별로 원하지 않는다. (   )

채점

점수를 합산하면 15~75점 사이가 된다. 점수가 높을수록 조직에서 전략적으로 회유하고 순응하는 것이 합리적이다. 이제 자기

평가 점수와 방금 완료한 조직평가 점수를 비교해보자.

자기평가 점수: _____

조직평가 점수: _____

대부분의 경우, 위의 두 점수가 비슷하게 나온다면 여러분이 처한 상황에 따라 그때그때 판단해서 이 전략을 사용하고 있음을 의미한다.

전략적으로 회유하고
순응해야 할 6가지 이유

1. 괴롭힘을 당하고 있다.

독재적인 상사의 테스트를 통과해야 그의 이너 서클에 들어 승진할 수 있다. 여러분은 이곳의 관리자들이 신입사원들을 길들이기 위해 지금처럼 대할 뿐 일시적인 현상이라고 믿는다. 여기서 살아남으면 여러분은 그들의 일원이 되어 직급이 올라갈 수도 있다. 많은 상황이 달라질 것이다.

2. 대탈출을 계획하고 있다.

요즘 많이 통제당하지만 더 나은 직장을 찾을 때까지 이 직장에 계속 다니면서 월급을 유지해야 한다. 물론 끔찍한 일이지만 실직하는 것보다는 낫다. 이 지옥에서 탈출할 수 있을 때까지 용감하게 견뎌내면 된다.

3. 이것을 얻으려면 저것을 해야 한다.

연봉 인상, 전근, 추천서, 좋은 말 한마디 등 여러분이 필요로 하는 구체적인 무언가가 있어야 한다. 회유와 순응 전략을 감수할 만큼 가치 있는 보상이 따라야 하는 단기 전략이다.

4. 여러분은 '시스템 게임'을 하고 있다.

가학적인 상사들이 어떻게 움직이고 무엇이 그들을 자극하는지 알고 있다. 여러분은 이 게임을 그들보다 더 잘하므로 속으로 '난 너를 파멸시키고 말겠어!'라고 생각할지도 모른다.

5. 회유와 순응이 수업료라면 기꺼이 지불한다.

일부 지배적인 상사에게서도 배울 점이 많다. 그들이 지긋지긋하게 느껴지더라도 말이다. 상사의 자존심과 권력 감각을 인정해주면 상사에게서 배운 다음에 앞으로 나아갈 수 있다.

6. 여러분이 곤란한 입장에 처해 있다.

권투 선수처럼 상대방이 점점 더 기세를 올리고 있고, 여러분은 고개를 숙인 채 두들겨 맞는 것 외에는 다른 선택지가 보이지 않는다. 다른 선택지가 있다면 그것을 택하겠지만, 현재로서는 회유와 순응이 다른 대안들보다 실질적으로 더 나은 전략이다.

갈등을 관리하는 방법

무력감도 부패한다

"모든 권력은 부패하기 쉬우며, 절대 권력은 절대적으로 부패한다." 영국의 역사학자이자 정치가인 존 액턴 경_{John Emerich Edward} _{Dalberg-Acton}의 경고이다. 그러나 그 반대도 사실이다.

하버드 경영대학원의 로자베스 모스 캔터_{Rosabeth Moss Kanter} 교수는 권력이 없다고 느끼는 무력감도 부패해 "비관주의, 학습된 무기력, 수동적 공격성"을 높인다고 말한다. 관리자와 직원은 자기보다 상대적으로 더 많은 권한을 가진 사람들에게 아무런 영향력도 발휘하지 못한다고 느낄 때 무력감에 빠져든다. 정작 자신은 높은 수준의 책임을 지고 있는데도 말이다. 캔터는 그 같은 무력감이 팽배하면 관리자와 직원들의 태도와 동기가 손상당한다고 지적한다.

극에 달한 무력감은 잠재된 원한과 분노를 불러일으켜 갈등에 건설적으로 참여하는 능력을 손상시킬 수 있다. 이로 인해 심각한 건강 문제, 경직성, 돌발 행동, 권력을 가진 사람의 기반을 훼손하는 사보타주 행위가 증가한다. 조직에 보이지 않는 비용이 발생한다고 상상해보라. 전략적인 회유와 순응이 아니라면 이 상태가 장기간 지속될 경우에 함정으로 작용하며 건강까지 해친다.

만성적으로 사용하지 않더라도 회유와 순응 전략은 나쁜 영향을 줄 수 있다. 어떤 사람들은 대부분의 상황에서 회유하고 순응해 유화하려 한다. 그렇게 할 필요가 없는데도 말이다. 이들은 주어진 상황에서 자신들에게 다른 선택지가 있다고 생각하지 않는다. 또는 전략적으로 회유하고 순응할 기회를 놓치기도 한다. 회유와 순응 전략을 잘못 적용하면 시간과 기회를 낭비하게 된다. 이 책에 소개된 다른 전략들과 마찬가지로 회유나 순응도 목표 달성을 위해 사용해야 한다. 따라서 이것도 적절한 시기에, 적절한 분량으로, 적절한 갈등에 전략적으로 적용하는 것이 중요하다.

또한 전략의 하나인 회유와 순응을, 상사를 전복하려거나 조직에 피해를 입히려는 악의적 음모와 혼동해서는 안 된다. 자신의 커리어와 평판, 동료를 위해 전략적으로 회유하고 순응하며 유화할 수 있는 정직성을 갖춰야 한다. 셰익스피어의 이아고는 오셀로를 파괴하려는 음모의 일환으로 오셀로를 '회유'했다. 그러나 누구에게도, 이아고 자신에게도 좋은 결말을 가져오지 못했다.

효율적으로
회유하고 순응한다는 것

갈등 상황에서 전략적으로 회유하고 순응하려면 지렛대 역할을 해줄 네 가지 주요 조건이 필요하다.

- 낮은 자세로 시간 벌기
- 높은 권력의 상대방이 여러분에게 더 의존하도록 만들기
- 경쟁적 목표에서 협력적 목표로 공동 목표의 성격을 전환하기
- 여러분의 권력 자원을 늘리고, 높은 권력의 상대방에게 미치는 영향력을 강화하기

조직에서 일어나는 대부분의 갈등에 대처하는 최선의 방법은 갈등을 잘 관리하고 좋은 방향으로 유도하는 것이다. 하지만 아랫사람을 짓밟는 행위에서 우월감을 찾는 지배적 상사나 상급자도 있

다. 이들과 승패가 갈리는 분쟁에 휘말린다면 이는 아주 골치가 아파진다.

그럴 때는 효율성의 개념을 재정의하고, 가능하면 장기적으로 생각하는 것이 유익하다. 회유와 순응이라는 쓴 약을 여러 번 삼키거나, 내면에 켜켜이 쌓인 분노가 해가 된다는 걸 깨닫기까지는 어느 정도 괜찮다. 그러고 나서 다른 전략도 고안하고 실행하면 분노를 해소하고, 끔찍한 무력감을 떨치는 데도 도움이 된다.

단순히 회유와 순응 전략만으로는 기껏해야 일시적인 해결책에 지나지 않으며, 과도하게 사용하면 안 좋은 결과를 가져온다. 조직 내 갈등이 발생하면 협상 결렬 시에 최선의 대안, 즉 '그만두고 나가기'가 있다는 사실을 기억하자. 이것은 불쾌한 대안, 고통스러운 대안일 수 있다. 하지만 상황이 정말 나빠지더라도 이것은 선택 사항일 뿐, 여러분이 덫에 걸려 완전히 옴짝달싹 못 하는 것은 아니다. 이 사실을 꼭 기억하라.

회유나 순응 전략은 상사가 나보다 높은 권력으로 지배력을 행사할 수 있다는 불쾌한 사실을 직시한 후, 상사에게 도전하지 않고 그의 우월한 지위에 굴복하는 데서 시작된다. 이렇게 하면 상황을 더욱 건설적인 방향으로 전환하는 방법을 찾는 동안 시간을 벌 수 있다.

그런 다음에도 상사가 의견 충돌에 좀 더 자비롭게 접근하지 않는다면, 여러분도 일련의 전술을 사용해 천천히 상사를 점진적으

갈등을 관리하는 방법

로 압박할 필요가 있다. 이때 여러분에게 허용된 만큼만 거부권을 쓰는 방식이어야 한다. 회유, 순응, 유화는 상사와 부하 직원이 형성해온 관계의 본질을 서서히 변화시켜 결국은 목표를 달성하도록 하는 것이다. 상사가 불복종하는 부하 직원으로 인식하게 되면 이는 전략으로서 실패다.

크리스틴은 지배적인 상사 행크와의 갈등을 효과적으로 관리하기 전에 자기 목표를 명확히 할 필요가 있었다. 갈등을 위한 갈등에 건설적인 목적이 있을 리 없다. 그리고 분쟁에 통제적이고 지배적으로 나오는 행크와 직접적으로 협상할 수 없다는 것도 알았다. 그래서 행크가 첫 출근을 하기도 전에 그녀는 자신의 장기적인 목표를 적어봤다.

1. 회사에서 계속 일하기
2. 승진해서 더 높은 급여를 받기
3. 고향으로 이사하기

크리스틴은 자신에게 회사를 옮길 수 있는 BATNA가 있다는 것을 알았지만, 이미 이 회사에 몇 년을 투자했다. 그리고 그녀에게는 나쁜 상사를 피해 다른 회사로 갔다가 엎친 데 덮친 격이 되고 만 친구들이 있었다. 모든 조직에는 지배적인 상사가 존재하고, 좋은 상사도 나쁜 상사로 변할 수 있었다. 그래서 그녀는 최후의 수단으로 BATNA를 마음 한구석에 간직했다.

또한 그녀는 자기 재능과 회사에 이를 어필할 수 있는 능력이 전적으로 행크의 손에 달려 있지는 않다는 사실을 알고 있었다. 더욱이 회사는 자신이 성장한 도시 근처에 내부 승진 기회가 더 많은, 더 커다란 사업장도 가지고 있었다.

이렇게 장기적인 목표를 명확히 하자 크리스틴에게는 전략적으로 행크를 회유해야 할 이유가 생겼다. 더 높은 목적이 있으면 불쾌한 상황을 헤쳐나가기가 항상 더 쉬워진다.

10가지 회유와 순응 전술

전술1 **자신을 억압해도 일단 달래줘라**

일시적으로 물러서고 굴복해 권력 투쟁에서 벗어나라. 모든 의견 충돌을 피하라.

이 방법은 간단하다. 패배를 받아들이고 인정하자. 힘들지만 자유로워지는 길이기도 하다.

이 책의 저자 중 한 명은 한동안 맨해튼에서 비즈니스 점심 식사 장소로 성업 중인 식당의 웨이터로 일했다. 그때 함께 일하던 다른 웨이터들(모두 남성)은 공격적인 경쟁을 벌이곤 했다. 대부분 팁, 최고의 자리, 메뉴 관련 지식을 두고 경쟁했고, 심지어 스포츠 이야기와 도박에 관해서도 경쟁을 벌였다. 그곳은 갈등과 적대감, 테스토스테론으로 가득 차 있었다.

처음 일을 시작했을 때 그는 정나미가 떨어지고 지쳐서 그만둘까 생각했다. 그런데 어느 날, 그곳에서 쉽게 생활할 수 있는 간단한 전술을 우연히 발견했다. 그는 묵인하고 순순히 따르기만 했다.

아침이면 좋은 자리를 차지하기 위한 웨이터들의 전쟁이 시작됐다. 그는 묵묵히 제일 외진 자리를 맡을 뿐이었다. 그런 그를 다른 웨이터들이 미덥지 못한 시선으로 바라보곤 했다. 사실 그는 어느 구역에서 일하든 상관없었다. 어차피 그곳은 매일 꽉 찼기 때문이다. 그런데도 다른 사람들에게는 단순히 이기는 것이 중요했다.

이런 굴복은 그곳에서 본 적이 없는 매우 기이한 전술이었다. 이 전술은 지배적인 웨이터들의 권력 전략을 분산시키고 역학 관계를 완전히 바꿔놓았다. 늘 흔쾌하지는 않았지만, 더 좋은 일자리가 생길 때까지 한동안은 잘 작동했다.

크리스틴에게는 이것이 상사 행크와 관계를 푸는 첫 번째 단계였다. 그녀는 커피와 점심을 가져다주고, 스프레드시트의 서식을 바꾸고, 그가 '예'를 듣고 싶어 하는 것 같으면 '예'라고 대답했다. 이 전술은 그녀가 다른 대처법을 생각할 시간을 벌어주었다.

전술 2 괴롭히는 사람에게 오히려 친근하게 다가가라

분쟁이 일어났을 때 권력이 높은 상대방에게 자신을 더 매력적으로 어필해 차후에 있을 괴롭힘에 대비하라.

갈등을 관리하는 방법

이 전술의 효과는 전적으로 얼마나 교묘하게 전달하느냐, 그리고 갈등 상황에서 얼마나 많은 매력을 발산하느냐에 달려 있다. 아부는 상대방이 여러분의 진짜 의도를 모를 때만 효과가 있다. 흥미롭게도 상대방에 비해 여러분의 권력이 낮으면 낮을수록 상대방이 이 전술을 예상하고 의심할 가능성이 높아져 효과가 떨어진다. 따라서 전적인 권한은 없지만 중간 정도의 권한을 가진 사람들에게 아부하는 것이 더 효과적일 수 있다. 행크처럼 사회적·감정적 신호를 거의 의식하지 않는 사람들에게도 효과적이다.

크리스틴은 행크의 장점을 치켜세우고, 약점을 못 본 척하면서 행크의 의견에 동조했다. 이런 호의를 베풀며 중간중간 공치사도 섞어서 행크의 환심을 샀다.

애리조나주립대학 연구원들은 사회적 영향력과 인상 관리에 대해 연구한 100여 건을 검토했다. 그 결과, 남성과 여성이 직장에서 다른 사람들에게 영향을 미치기 위해 각자 성별 고정관념에 따라 행동한다는 결론을 내렸다. 남성은 자기를 홍보하고, 호의를 베풀며, 긍정적인 결과는 자기 덕분이라고 주장할 가능성이 높다. 여성은 겸손, 칭찬, 사과 전략을 사용할 가능성이 높다. 연구진은 성별에 부합하는 행동(즉 문화에서 남성 또는 여성으로서의 여러분에게 기대하는 행동과 반응)이 성별에 부합하지 않는 행동보다 목표 달성에 더 도움이 된다고 결론지었다.

좀 더 구체적으로, 캘리포니아대학 버클리 캠퍼스와 런던정경대학의 연구원들은 남성과 여성에게 다양한 상황에서 협상을 하도록 하는 일련의 실험을 공동으로 진행했다. 여성 협상가들은 무작위로 '중립적 스타일 조건(정보에 집중하기)'과 '여성적 매력 조건(자주 눈길 마주치기, 미소 짓기, 웃기)' 중 한 그룹에 배정됐다. '여성적 매력'을 사용한 여성 협상가들이 전반적으로 더 나은 결과를 얻었다. 하지만 남성 협상가와 경쟁하는 여성으로 보일 때 이 접근 방식은 역효과를 내기도 했다.

크리스틴은 이런 사실을 직관적으로 알았다. 그리고 다른 사람들의 성공과 실패를 지켜보면서 회유와 순응 전략을 자신만의 방식으로 개선하기 시작했다. 그녀는 엔지니어링 동료인 니라지가 행크와 이전보다 훨씬 많은 이야기를 주고받는 모습을 보았다. 스포츠 이야기도 나누고 엔지니어링 부서의 성공에 대해서도 자랑했는데 꽤 효과가 있어 보였다. 행크는 점차 니라지의 의견을 마음에 들어 했고, 약간의 반대 의견도 용인했다. 크리스틴은 자신의 직속 부하 직원인 마리나에게서도 이런 모습을 발견했다. 마리나는 언젠가부터 행크에게 시시덕거리며 다른 사람들보다 더 많은 칭찬을 얻어내고, 비교적 괜찮은 대우를 받고 있었다.

하지만 크리스틴은 자신을 잘 알았으며 장기적으로 생각하고 있었다. 그녀는 자신의 어떤 목표를 달성하기 위해 행크나 다른 관리자들에게 자랑하거나 시시덕거린다고 여겨질까 봐, 그래서 그녀가 상사와 경쟁하는 것으로 인식될까 봐 우려했다. 그녀는 자신이 비

갈등을 관리하는 방법

교적 편안하게 할 수 있는 일이 무엇인지, 자신이 어떻게 인식되기를 원하는지 깊이 고심했다.

크리스틴은 자기 의도를 행크가 눈치채지 못하도록 행크에게 '친근하게 다가가는' 자신만의 미묘한 방법을 찾아냈다. 그녀는 행크의 개인적인 이야기에도 마치 관심이 있는 것처럼 귀를 기울였다. 행크가 유머를 늘어놓으면 미소를 지었다. 행크가 사람들, 경제, 회사에 관해 불평할 때는 공감하는 척했다. 행크가 깨닫지 못하는 사이에 그녀는 자기 목표를 달성하기 위해 다른 회유 전술들도 준비하고 있었다.

전술 3 투명인간이 되어 감시를 피하고 시간을 벌어라

상사의 눈에 띄지 않거나 상사의 요구 사항을 완전히 따르는 것처럼 보여서 상사가 여러분을 주시하지 않도록 하라.

행크가 관리하기 시작한 초기에 크리스틴은 투명인간 실험을 시작했다.

크리스틴은 행크가 자리를 비운 날에는 반드시 사무실에 출근했다. 행크가 회사에 있을 예정임을 알면 휴가를 사용했다. 그녀는 회의에 불참하고, 대화를 줄이고, 사무실에 머무르며 조용히 지낼 수 있는 정당한 이유를 최대한 많이 만들었다. 그녀는 점차 행크의 개

입을 줄이면서 관리할 수 있는 인사 상황을 만들었다. 행크에게 보고하는 일을 완전히 피할 수는 없지만 보고하는 방법, 시기, 양은 바꿀 수 있었다. 그녀의 목표는 행크의 독재적인 레이더망에서 최대한 벗어나 덜 감시받는 것이었다. 또한 항상 행크의 요구 사항을 완벽하게 따르는 것처럼 보이게 하는 것이 그녀의 목표였다.

크리스틴은 행크에게 정보를 제공하는 순서를 바꾸기도 했다. 행크가 통제 욕구를 드러내며 특별히 관심을 보이는 주제가 있으면 마지막에 그 이야기를 꺼냈다. 항상 논의해야 할 사항이 너무 많았기 때문에 회의가 끝날 무렵이면 서둘러 끝내는 경우가 잦았다. 행크가 다음 회의에서 그 이야기를 다시 꺼내면 그녀는 그 문제는 해결됐다고 신속하게 보고했다.

이렇게 투명인간이 되어 회피하는 전술은 행크가 크리스틴을 충성스러운 하인으로 여기도록 만드는 데 도움이 되었다. 또한 그녀는 매의 눈으로 지켜보는 행크의 시야에서 벗어나 활동할 수 있는 여지도 조금 더 확보했다. 무엇보다 크리스틴은 행크에 대해 더 알아가고, 행크가 왜 그렇게 행동하는지 이해하려고 노력했다. 그러면서 행크와 함께 건설적으로 일할 방법을 모색할 시간을 더 많이 가지게 되었다. 행크의 방어적이고 무뚝뚝한 태도로 인해 이 과정은 쉽지 않았지만, 행크는 함께 일할수록 투명하고 예측 가능한 사람이 되었다.

전술 4 독재적인 상사가 자신에게 의존하게 만들어라

주요 게이트키퍼 역할을 충실히 수행해 여러분의 힘을 키워라.

크리스틴은 입사 초기에 많은 성공한 상사들이 어시스턴트에게 전적으로 의존한다는 사실을 알게 되었다. 물론 명백한 갈등이 발생했을 때는 (누가 누구에게 보고하는지 명시되어 있는) 조직도에 따라 상사가 승리한다. 하지만 어시스턴트들이 반대 의견을 말하지 않으면서 어떻게 상사의 의사 결정에 영향을 미치는지도 배워왔다.

크리스틴은 이 전술을 행크와 일하면서 여러 가지 방식으로 적용했다. 그녀는 회사에서 요구하는 회계 절차를 완전히 이해하는 유일한 사람이었다. 그 덕분에 행크는 그녀를 믿고 일을 맡겼고, 그녀는 기꺼이 그렇게 했다.

그러나 가끔 행크는 유난히 폭압적으로 나오거나 고약하게 굴었다. 그럴 때마다 크리스틴은 겉으로는 정당한 이유를 들어서 보고서 완성을 늦추었다. 그러면 행크가 보고 기한을 지키지 못할까 봐 허둥지둥댔다. 그런 다음 그녀는 마지막 순간에 개입해 자신이 그 일을 해결했음을 분명히 했고, 행크는 안도하며 그런 그녀에게 고마워했다. 그 같은 그녀의 행동 이면에 숨은 속뜻은 "나를 너무 건드리지 마, 행크"였다.

또한 크리스틴은 행크가 너무 많은 업무를 맡아서 직접 처리하고, 너무 많은 사람을 세세하게 관리한다는 사실을 알게 되었다. 이는 역으로 행크를 제어할 또 다른 기회를 제공했다. 그녀는 행크에게 호의를 베푸는 것부터 시작했다. 그녀는 행크의 업무 체계화를 위해 더 많은 노력을 기울였고, 사소한 업무는 자신이 대신 처리하겠다고 제안했다.

시간이 지나면서 크리스틴과 그녀의 부하 직원들이 행크의 일정 관리를 완전히 해내는 주요 게이트키퍼 역할을 했다. 행크는 그녀가 자기 일정을 관리해주는 데 감사했다. 컨설턴트, 영업 사원, 심지어 회사 임원들까지 행크에게 연락하려면 크리스틴과 그녀의 부하 직원들을 거쳐야 했다.

결국 행크는 자기 목표를 달성하려면 크리스틴이 필요하다는 사실을 이해하게 되었다. 그래서 크리스틴에게는 필요할 때마다 자기 문을 두드리라고 격려했다. 이로 인해 다른 관리자들도 크리스틴에게 의존해 자신에게 필요한 것을 행크에게 알렸다. 크리스틴이 상사의 의견에 반대하는 것처럼 보이는 경우는 좀처럼 없었다. 하지만 상사가 점차 고삐를 풀게 만드는 방식으로 일을 진행시키거나 늦출 수 있었다.

전술 5 '노!'보다 '예스!'라고 더 자주 말하라

반대보다 찬성의 비율을 높여라. 상사에게 반대하는 것처럼 보이지 않도록 의견 차이를 드러낼 지점을 신중하게 선택하라.

갈등을 관리하는 방법

몇 년 전, 크리스틴은 잠시 영업직을 고려한 적이 있다. 결국 관리직으로 진로를 결정했지만, 그녀는 일찍이 배운 영업 기법인 '예스 세트 클로즈Yes Set Close'를 기억하고 있었다. 영업 사원은 보통 최소 세 번의 예스를 유도해 영업 마무리 단계에서 잠재 고객이 한 번 더 예스라고 말하도록 노력한다.

크리스틴은 행크에게 이 방법을 변형해 시도하기로 했다. 행크에게서 예스라는 대답을 끌어내는 대신, 그녀가 가능한 한 자주 예스라고 대답했다. 그래서 그녀가 행크의 의견에 동의하지 않거나 그의 요청을 미루는 등 '노!'라고 말해야 할 때 그 효과가 발휘되기를 바랐다. 이미 그녀에게서 무수히 들은 예스들이 행크의 무의식을 파고들어 그도 '예스!'라고 대답해주기를 바란 것이다.

이 방식은 때때로 효과가 있었다. 행크가 절대 자기 입장을 바꾸지 않을 것 같은 의견을 두고 "그럼 내 의견에 동의합니까?"라고 통명스럽게 질문하면 "네, 동의합니다"라고 대답했다. 크리스틴이 개인적으로 동의하지 않을지라도 말이다. 행크가 기능적이긴 하지만 다소 비효율적이라고 생각되는 행동 방침을 제안할 때도 그녀는 이렇게 대답했다. "네, 그게 효과가 있겠네요. 시작하겠습니다."

그러나 예스라고만 하면 행크조차 그녀가 진실하지 않다고 의심하기 시작할 것이었다. 그래서 신뢰를 주고 영향력을 가지기 위해 그녀는 제조 현장이나 회사에 해롭다고 생각되는 의견이나 제안에는 잠시 기다렸다가 정중히 말했다. "행크, 당신의 제안대로 하면 비용이 너무 많이 들 것 같아 걱정입니다(그는 돈 낭비를 싫어했다)." 또는 "이 제안은 고위 경영진의 눈에 바람직해 보이지 않을 것 같아요(그는 자신보다 권한이 많은 사람들이 자신을 어떻게 인식할지 상당히 의식했다)."

크리스틴은 '예스 세트 클로즈'를 변형하고 노골적으로 '아니오'라고는 말하지 않았다. 그리하여 의견이 충돌할 때도 행크가 엄청나게 지배적으로 반응하는 일 없이 그에게 영향을 미칠 수 있었다.

전술 6 상사에게서 천사의 모습을 이끌어내라

상사의 온정과 관리 능력, 상사의 이익에 호소하면서 부드럽고 고분고분한 어조로 민감한 사안을 제시하라.

크리스틴의 직원 중에서 열심히 일하던 포밍이 있었다. 어느 날, 포밍은 회사 정책과 연방법을 넘어선 휴가가 필요했다. 연로한 어머니를 돌보기 위해서였는데, 그때 크리스틴이 행크에게 도움을 요청했다.

"절대 안 돼요!"라고 그가 소리를 내질렀다.

크리스틴은 고개를 끄덕이며 침착하게 말을 이어갔다. "행크, 당신은 몇몇 직원과 그 가족들을 위해 아주 친절한 일을 여러 번 해주셨어요. 그래서 이곳에서 일하는 사람들이 당신을 존경하는 겁니다." 그녀가 설득력 있게 말했다. "그리고 그들은 포밍을 매우 아끼고 있습니다. 이 휴가가 회사에 손해를 끼치지는 않을 거예요. 다른 직원들이 그 일을 확실히 할 테니까요."

행크는 이마를 찡그리며 그녀의 호소에 불편한 기색을 감추지 못했지만, 또다시 그녀의 말을 묵살하는 것은 망설였다.

크리스틴은 "그리고 이 이야기의 요점에서 벗어나지만, 고위 경영진은 강인함과 부드러움을 모두 갖춘 관리자를 더욱 높게 평가하는 듯합니다"라고 덧붙였다.

그러고 나서 그녀는 자리를 떠났다.

몇 분 후에 행크의 전화가 울렸다. 크리스틴과 이 문제와 관련해 잠깐 이야기를 나눈 적이 있는 임원이었다. 그는 행크에게 작업장에 대해 좋은 소식을 들었노라고 말했다. 생산 수치도 좋고, 제품도 모두 기준치를 충족하며, 전반적으로 상황이 좋아 보인다는 이야기였다. 다음 단계는 직원 설문 조사라고 설명했다. 그는 행크의 전임자 때보다 사기가 더 높아졌기를 바라며 행운을 빌었다.

이 원투펀치가 효과를 발휘했다. 그의 가치관과 이해관계에 대한 호소는 윗선의 격려가 없었다면 효과가 없었을지 모르지만, 결국 의도한 결과를 낳았다. 크리스틴은 포밍의 장기 휴가 소식을 전하면서 행크가 직원의 어머니를 얼마나 걱정하는지 모든 직원이 알도록 했다.

물론 이 전술을 사용하려면 상사가 어느 정도 자기 체면에 신경을 쓰고 인정도 있는 사람이어야 한다. 냉정하고 계산적인 상사를 상대하고 있다면 계속 읽어가자.

전술 7 인맥을 활용해 상사를 압박하라

부하 직원, 동료, 회사 경영진의 존중을 기반으로 압력을 행사하고 영향력을 높일 수 있는 네트워크를 구축하라.

크리스틴이 인맥에 손을 내민 것은 그때뿐만은 아니었다. 그녀는 수년 동안 회사에서 일하면서 많은 친구들을 사귀었고 큰 존경을 받았다. 그녀는 관계 구축, 즉 인맥 쌓기가 성공적이고 만족스러운 커리어의 토대라는 것을 항상 잘 알고 있었다. 행크가 다른 직원들에게 너무 가혹하거나 완강하게 나오면, 그녀는 자신이 속한 연합 네트워크의 요원들에게 요청해 피드백을 구했다. 이 요원들은 남성이었고, 권력을 가진 위치에 있었으며, 크리스틴을 존중하고 보호했다. 행크의 눈에는 그들이 충분히 신뢰할 수 있는 메신저로 비쳤다.

크리스틴은 계속해서 훌륭한 성과를 내고 회사 내 다른 리더들의 존경을 받았다. 그래서 행크는 그녀가 얼마나 훌륭한 직원인지, 회사를 위해 얼마나 대단한 일을 많이 했는지, 고위 경영진이 그녀를 얼마나 소중하게 여기는지 여러 번 상기해야 했다. 이런 정보로 행크가 크리스틴의 팬이 되지는 않았지만, 그 덕분에 그녀를 너무 밀어붙이지는 못했다. 행크는 만사를 자기 뜻대로 하려는 통제광이었지만, 조직 정치에 대한 감각도 있었다. 행크가 얼마나 결단력 있고 협조적이며 올바른 판단을 내리는지, 크리스틴은 회사 내 권력자들에게 행크의 그러한 면모에 대해서도 종종 얘기했다.

전술 8 갈등 상황을 재구성하고 새로운 가능성을 제시하라

권력을 가진 사람들이 상황을 이해하고 다른 방식으로도 바라보게 유도하라.

이는 권력이 낮은 사람들의 전형적 협상 전략이다. 옷을 입어볼 때 의류 판매원이 얼마나 잘 어울리는지 얘기하면서 이 전략을 사용한다. 정치인 후보자는 유권자의 득실 측면에서 이슈를 만들어 표를 얻으려 할 때 이 전략을 사용한다. 그리고 열다섯 살인 아이가 외출 금지를 빨리 풀려고 협상하려 할 때도 이 전략을 사용할 수 있다("제가 교육적으로 중요한 경험들을 얼마나 많이 놓치고 있을지 생각해보세요!").

힘이 약한 협상가가 갈등 상황에서 상사의 목표와 목적을 바꾸는 전략이 있다. 바로 상사가 원하는 결과가 생각보다 비용이 많이 든다고, 혹은 다른 결과가 상사에게 더 유리하다고 설득하는 전략이다. 이 전략은 갈등의 중심 무대를 상사의 손에 맡기는 것이다. 이로 인해 상사가 더 지배적으로 나올 우려가 있으므로 위험한 전략일 수 있다. 하지만 영민한 부하 직원은 때때로 회유라는 베일 아래에서 설득할 수 있다.

크리스틴은 한때 이 전술을 사용했다.

행크는 크리스틴도 아는, 개인적인 어려움을 겪고 있어 성과가 좋지 않은 직원을 해고할 준비를 하고 있었다. 그녀가 상사였다면 그 직원과 상담해 성과 계획을 세워줬을 것이다. 하지만 행크는 그 직원을 해고하기로 결심했다.

크리스틴이 할 수 있는 일은 회사 인사팀에 전화해 행크의 해고 결정을 늦추는 정도뿐이었다. 하지만 그녀는 그 결정이 회사의 시스템과 인사 문제로 비화되면 갈등이 더 커지리라는 것을 알고 있었다. 그녀는 행크를 막는 대신 그에게 영향을 미치기로 결심하고 이렇게 말했다.

"행크, 이 상황에서 당신이 무슨 말을 하든 하라는 대로 실행하겠지만, 이 일로 인해 당신이 상부 경영진에게 어떻게 비춰질지 걱정됩니다. 이 직원에게 개인적인 문제와 성과 문제를 해결할 시간을 주지 않으면 성급한 결정으로 보일까 봐 염려스러워요. 이 사람은 회사에 친구가 많은 호감도 높은 장기근속 직원입니다. 사람들이 당신을 어떻게 생각할지 상상해보세요. 하지만 말씀드렸듯이 서류 절차는 밟아놓고 당신이 결정하는 대로 따르겠습니다."

　　　　　　　　　　　　갈등을 관리하는 방법

행크는 자기 결정에 따른 비용을 조용히 다시 계산했다. 그런 다음, 해고 결정을 발표하는 대신 그 직원에게 90일이라는 시간을 주어 상황을 반전시켰다.

전술 9 수동 공격적 전술들은 은근하게 행사하라

상사에게 거부권을 쓰면서도 일자리는 지키고 영향을 줄 수 있는 수동 공격적 전술을 개발하라.

일본에서 실시한 흥미로운 연구 결과가 있다. 냉담하거나 무능한 상사 밑에서 일하는 비서들이 상사에게 복수하는 법이다. 그들은 수동적이지만 꽤 공격적인 다양한 전술을 개발해 거부권을 행사하면서도 일자리를 지키는 것으로 밝혀졌다.[1] 예를 들어 일본 여성 직장인들, 즉 남성 관리자가 '○○ 양'이라고 부르는 여성들은 그 남성의 평판에 손상을 입혀 그가 조직에서 성공하는 것을 방해한다.

한 남성이 여성 비서에게 친절하고 온당하게 대하면 그 소문이 사무실의 모든 여성에게 전해졌다. 그러면 그의 평판이 올라가 그가 해야 할 일들이 아주 빠르게 처리됐다. 그러나 그 남성이 무례하거나 까탈스러운 태도를 보이면 모든 여직원이 공모해 그에게 저항했다. 그들은 그의 보고서를 늦게 제출하고 눈에 띄는 오류도 발견하지 못한 척했다. 그가 상사한테 '○○ 양들'에 대한 불만을 토로하면 오히려 여직원들을 관리하지 못한다는 이유로 이번에는 상사들로부터 신망을 잃었다.

크리스틴과 행크의 상황은 이와 같지는 않았지만 비슷했다. 회사 리더들은 행크가 매우 유능하고 결과 지향적이라는 점을 인정했다. 하지만 사람들에게 너무 완강하고, 누구의 말도 잘 듣지 않으며, 호전적이고, 갈등이 생겼을 때 강압적으로 밀어붙여 사기를 떨어뜨린다는 것도 잘 알려져 있었다.

직원 설문 조사는 행크가 어느 자리로 옮겨 가든 매년 그를 괴롭혔다. 때때로 컨설턴트와 코치가 그에게 배정되기도 했지만 별 소용이 없었다. 주변 사람들은 금세 그에게 협조하는 얼굴을 보였지만 소문이 끊이지 않았다. 다른 많은 소문과 마찬가지로 그에 관한 소문도 모두 거짓도 사실도 아니었다. 그가 회의에서 언성을 높이면 팀원들에게 소리를 질렀다는 소문이 퍼지곤 했다. 젊은 여성 행정 보조원에게 화를 냈을 때는 그가 '매주' 여직원들을 울린다는 소문이 본사에까지 퍼졌다.

크리스틴과 행정 직원들에게는 행크의 경력에 영향을 미칠 수 있는 공식적 권한이나 직접적 수단이 없었다. 하지만 그런 소문에 딱히 반박하지 않음으로써 그의 평판에 영향을 미칠 수 있는 비공식적 능력은 충분했다.

갈등을 관리하는 방법

전술 10 허락받는 것은 '잊어도' 사과하는 것은 잊지 마라

시스템이 너무 비효율적이어서 아무도 눈치채지 못하기를 바라면서 여러분이 하고 싶은 대로 하고 규칙도 어겨라. 다만 누군가 눈치챌 경우를 대비해 사과할 준비도 해야 한다.

멜카이트 그리스 가톨릭교회의 팔레스타인 대주교인 엘리아스 차쿠르Elias Chacour의 회고록에 나온 회상 장면이다. 한 수녀원에 지역 문맹 퇴치 프로젝트를 위해 수녀 두 명을 지원해줄 수 있는지 물었다. 그러자 수녀원장은 주교에게 확인해봐야 한다고 말했다.

나중에 수녀원장은 "주교님은 수녀 두 명은 허락하지 않겠다고 분명히 말씀하셨습니다. 저는 그분의 뜻을 거역할 수 없습니다"라며 "그러니 수녀 '세 명'을 보내겠습니다!"라고 덧붙였다.

이 전략은 단기적으로는 효과가 있지만, 나쁜 결과를 가져올 수 있으며 반복적인 효과도 기대하기 어렵다. 크리스틴은 아주 가끔 행크와 갈등을 겪을 것을 뻔히 알면서도 돌이킬 수 없는 결정(예를 들어 단독으로 적당한 지출을 승인하거나 공급업체의 납품 기한을 연장하는 일)을 선제적으로 내렸다. 그리고 나면 그녀는 꼭 행크의 의도를 오해했다고 사과했다. 대체로 순응적인 그녀의 태도, 이따금씩 보이는 그녀의 후회와 반성 덕분에 행크가 그녀에게 드러내는 반감도 줄어들었다.

회유와 순응 전략을 위해 꼭 알아야 할 것들

회유와 순응이 전략으로 작동하면, 즉 목표를 달성하는 데 도움이 되면 그것은 뛰어난 기량과 태도 덕분이다. 회유에 실패하는 이유는 이런 기술과 태도가 부족하거나, 이와 양립할 수 없는 태도를 같이 취했기 때문이다.

전략적 회유와 순응의 바탕이 되는 기본 기술이나 태도에는 자기 인식, 자제력, 회복 탄력성 등이 있다. 전략적으로 사고하고 인적 네트워크를 형성한다면 현재 상황에서 벗어날 계획을 세우는 데 도움이 된다. 또한 직장에서 피해 의식이나 자격 의식(특별한 대우를 받을 만한 일을 하지 않았는데도 자신에게 마땅히 그런 대우를 받을 자격이 있다고 느끼는 것)에 빠지지 않도록 해준다. 용기, 전략, 자존감을 토대로 회유하고 순응하는 것이 훨씬 효과적이다.

진정으로 능숙하게 회유하고 순응하는 사람들은 지배자에게 협조적이고 성실하며 존경심을 보이는 동시에 동료들의 존경도 얻는다. 그들은 동료에게 속마음을 털어놓기도 하고, 심지어 지배자에게 압박을 가하기 위해 동료들과 함께 집단으로 음모를 꾸미기도 한다.

통제광들은 서로 다른 관점으로 토론하는 동안 '예'라는 대답만 듣고 싶지는 않다고 주장한다. 하지만 실제로는 '예'라는 대답을 듣고 싶을 뿐만 아니라 그 대답대로 믿고 싶다는 뜻이다. 회유와 순응 전략에 미숙해 역작용하면 상사의 불신을 멈추지 못한다. 그렇게 되면 무관심해서 비참여적이고 불성실하며 수동 공격적으로 보일 가능성이 높다. 역작용하는 회유와 순응은 커리어에 좋지 않다. 그저 하루하루를 버티며 막연하게 권력 교체나 행운의 탈출을 바라고 있다면 회유와 순응도 별 효과가 없을 것이다. 전략적인 행동의 본질은 우연에 기대는 의존도를 최소화하는 것이다.

크리스틴은 실제로 회유와 순응의 달인이 되었고 그 전략은 매우 효과적이었다. 당시에는 행크를 회유해 유화하고 순응하지 않고는 그녀의 목표를 달성할 다른 방법이 없었다. 크리스틴이 이전처럼 투지를 불태웠다면 고귀한 순교자가 되어 회사를 떠나야 했을 것이다. 대신 그녀는 달래고 회유했다. 전략적으로 말이다. 2년후, 크리스틴은 부분적으로는 행크의 추천으로 승진했다. 그녀는 자신이 원하는 도시로 이동할 수 있었고 연봉도 상당히 인상됐다. 전략적인 회유와 순응은 그녀에게 매우 인상적인 투자 수익으로 돌아왔다.

✓ 전략적 회유와 순응을 위한 역량 개발 체크리스트

전략적 회유와 순응 전략을 구사하기 위해 다음 중에서 이미 개발한 기술이 있는지 확인해보자. 내 답변들에 대해 신뢰할 수 있는 사람과 이야기를 나누자.

1. 나는 만족을 지연할 수 있고, 목표가 있어서 스트레스를 받을 때도 집중력을
   유지한다. (   )

나의 미래와 내가 원하는 것을 장기적으로 생각하기 때문에 짧은 기간은 타협하거나 투쟁할 수 있다. 권력을 가진 누군가를 회유할 때면 내가 왜 이 일을 하는지, 어디로 향하고 있는지 스스로 상기한다.

2. 나는 나보다 더 많은 권한과 영향력을 가진 사람을 상대할 수 있다. (   )

내가 책임자가 될 필요는 없으며 내 목표에 부합할 때 권위에 굴복할 수 있다. 나의 이익을 위해 나는 의견이나 아이디어를 보류해야 할 때를 안다.

3. 나는 조직 내에 서로 지지하는 사람들의 인맥을 구축한다. (   )

조직 전체에서 두루 관계를 형성한다. 다른 사람들이 나에게 관심을 가지고 나를 좋아하게 만든다. 이렇게 하면 그때그때 요청하지 않아도 내 상황에 대한 지지를 이끌어낼 수 있다. 그들에게 지원을 요청해도 지배적인 상사에게 해를 끼치려는 것처럼은 보이지 않는다.

4. 나는 조직 밖에서도 돈독한 관계를 맺고 있다. ( )

나는 감정과 속내를 토로하며, 조언을 구하고, 정서적 지원을 받을 수 있는 친구들이 있다.

5. 나는 조직의 규정과 정책을 잘 알고 있다. ( )

이 지식을 활용해 의견이 충돌할 때 다른 사람에게 영향을 미칠 수 있다. 때로는 권한이 있는 사람에게 어떤 요청이나 제안이 조직의 정책을 위반하는 것임을 지적하기도 한다. 이 같은 갈등에서 내 힘은 내 의견을 주장하는 데서 나오는 것이 아니다. 권력자가 지켜야 하는 규칙의 힘에서 나오는 것이다.

6. 나는 일을 너무 개인적으로 받아들이지 않는다. ( )

상사와 겪는 어려움에 대해 큰 그림을 그리고, 다른 사람들과 상의한다. 때로는 유머 감각을 활용해 상사와의 갈등을 더 폭넓은 관점으로 바라본다. 또한 감정이 상할 때도 있지만 상처를 입지 않도록 스스로를 돌본다. 지배적인 관리자에게서 부당하거나 가혹한 비판을 받았을 때 완벽주의에 사로잡히지 않도록 스스로를 다독이는 방법을 알고 있다.

7. 나는 간접적인 방법으로 다른 사람에게 영향을 줄 수 있다. ( )

내 목표가 권력을 가진 사람의 목표와 일치하지 않을 때, 나는 협력적인 상사에게처럼 직설적으로 말하지 않고도 그 상황을 변화시킬 방법이 있다. 나는 시기(타이밍), 업무 흐름, 회의 준비, 일정 등의 요인들에 관여해 지배적인 권위자에게 완전히 순응하거나 협력하지는 않는다는 사실을 위장할 수 있다.

8. 나는 윤리 의식이 강하다. ( )

간접적인 방법으로 상사에게 영향을 주려 할 때도 조직의 기능이나 평판을 해치는 행동은 자제한다.

9. 나는 권력자가 나를 필요로 하게 만들 수 있다. (   )

나는 조직과 상사에게 내 가치를 보여준다. 상사와 의견이 일치하지 않을 때도 상사가 나에게 의지해 나를 완전히 지배하거나 착취하지 못하도록 내 가치를 높이는 일을 배우고 실천한다.

10. 나는 이력서를 항상 최신 상태로 유지한다. (   )

인생은 예측할 수 없고 조직은 변화한다는 것을 알기 때문에 현재 직장에 전적으로 의존하지 않는다. 나는 취업 시장에서 기회들이 생기기를 엿보며 예비 계획을 세워놓는다.

갈등을 관리하는 방법

8장

선택적
자율성 전략

Making Conflict Work

자율성 행사의 타이밍, 상대방이 나를 더 필요로 할 때

퀴즈를 하나 내겠다. 더티 해리Dirty Harry와 메리 포핀스Mary Poppins 의 공통점은 무엇일까?

1. 둘 다 중무장을 하고 있다.
2. 아이들을 웃게 만들고, 워커 홀릭 부모가 자녀에게 고마워하 도록 돕는다는 같은 목표를 가지고 있다.
3. 둘 다 권력자들과 논쟁을 벌인다.
4. 둘 다 암울한 도시 환경에서 자기 목표를 추구하며 독립적으 로 행동한다. 대개 자기 주변에 있는 권위자들을 무시한다.

1번을 선택했다면 틀렸다. 해리 캘러핸은 44구경 매그넘 카트리 지를 장착할 수 있는 스미스 앤 웨슨 모델 29 리볼버를 가지고 다

갈등을 관리하는 방법

닌다. 메리 포핀스는 하늘을 나는 우산과 바닥이 없는 여행 가방만 들고 다닌다.

2번을 선택했어도 틀렸다. 2번은 메리의 목표이고, 해리는 악당들에게 대가를 치르게 하는 것이 목표다.

3번을 선택했다면 착각한 것이다. 해리는 검사에게 미쳤다고까지 말하며 긴 시간 동안 논쟁을 벌이지만, 메리는 고용주에게 "나는 아무것도 설명하지 않아요"라고만 말한다.

정답은 4번이다. 두 캐릭터 모두 팀에서의 관계보다는 개인의 목표 추구를 토대로 갈등에 접근한다. 그런데 그렇게 개인적인 목표를 추구하는 것이 그 사람 자신에게도 조직에도 이익이 된다. 그 사람이 조직에 심리적으로 완전히 몸담고 있지는 않더라도 말이다. 해리는 마지막 악당을 죽인 후 배지를 물속에 던지고 멀리 걸어간다. 메리는 뱅크스 가족을 변화시킨 다음 바람을 타고 다른 '조직'으로 떠난다.

1986년 1월 28일, 우주왕복선 챌린저호가 이륙 후 73초 만에 폭발해 승무원 전원이 사망했다. NASA의 이미지를 회복하고 우주왕복선 프로그램을 계속 진행하기로 결심한 레이건 행정부는 신속하게 이 비극을 조사할 '독립 위원회'를 소집했다. 저널리스트 제임스 글레이크James Gleik의 보도에 따르면 이 위원회는 "상징적 가치로 선정된 NASA 내부자와 인물들"로 구성됐다. 바로 닐 암스트롱Neil

Armstrong, 척 예거Chuck Yeager, 리처드 닉슨Richard Nixon 대통령의 전 국무장관 윌리엄 로저스William P. Rogers 등이었다.[1] 리처드 파인먼Richard Feynman만 예외였다.

파인먼은 노벨상을 수상한 이론물리학자로 독립적인 성향이 강했다. 청문회 당시에 그는 말기 암으로 죽어가고 있었다. 위원회는 NASA와 우주왕복선의 사명을 보호하기 위해 총력전을 펼쳤다. 그렇지만 참사의 배후에 있는 과학적·기술적 사실을 단독으로 밝히려는 파인먼을 침묵시킬 수는 없었다.

파인먼은 위원회 청문회에서 기억에 남는 시연을 진행했다. 그는 얼음물 한 잔을 요구했다. 챌린저호에 사용된 오링 실이 참사 당일 아침의 발사 현장 온도인 화씨 32도(섭씨 0도)에서 복원력을 잃는다는 사실을 입증하기 위함이었다. 이 시연 직전에 로저스 위원회장이 화장실에서 암스트롱에게 "파인먼은 정말 골칫거리로 변하고 있어"라고 말하는 것을 엿들었다.

파인먼이 제시한 물리적 증거와 《뉴욕 타임스》의 조사 보도는 NASA가 오링의 저온 위험성을 알고 있었음을 시사했다. 그런데도 위원회는 NASA의 잘못을 대부분 무혐의로 처리했다. 파인먼은 그 과정을 개인적으로 설명하면서 이렇게 썼다. "기술을 성공시키기 위해서는 홍보보다 현실을 우선해야 한다. 자연을 속일 수는 없기 때문이다." 결국 정치보다 과학적 사실을 추구한 파인먼의 고민은 참사에 대한 해결책으로 이어졌고, 수많은 미래 우주비행사의 생

갈등을 관리하는 방법

명을 보호했다.

자율성 행사란 갈등하기 불편하다고, 두렵다고 도망치는 것이 아니다. 때로는 그 반대일 수도 있다.

이 전략은 우선적인 목표 달성에 중점을 두는 것에서 출발한다. 갈등이 목표를 달성하는 데 도움이 된다면 반드시 갈등에 동참해야 한다. 그렇지 않다면, 즉 갈등의 보상이 그만큼 스트레스를 받을 가치가 없다면 이야기는 달라진다. 다른 사람이 항의하든 우려를 표하든 그 갈등에서 빠져나온다. 아니면 일방적으로 목표를 달성해버린다. 자율성을 전술로 사용하는 사람들은 여러 수단을 동원해 궁극적으로 최종 목표를 달성하는 데 가치를 두지, 갈등을 둘러싼 관계나 특정 사건에는 가치를 두지 않는다.

궁극적으로 자율성을 사용할지 말지는 무엇으로 결정할까? 이는 목표를 달성하기 위해 특정한 사람이나 집단과 계속 관계를 맺어야 하는지에 따라 결정된다. 파인먼은 폭발 참사와 관련한 과학적 진실 규명과 인간의 안전 추구를 자신의 평판, 인간관계, 동료들 사이에서의 입지보다 우선시했다. 그의 건강이 악화하는 상황이어서 더욱 그러했다.

자율성은 나는 상대방이 필요하지 않지만 상대방은 여전히 나를 필요로 하는 경우, 내가 원하는 것을 얻으려는 갈등 상황에서 경험할 수 있는 힘이다. 다른 사람들과 구별되는 힘이다.

협상에서는 상대편에 대한 의존도를 줄일 수 있는 사람이 더 좋은 결과를 얻는 경향이 있다. 갈등 상황에서 의존도를 낮추고 독립성을 높여 더 나은 협상 결과를 이끌어내는 두 가지 주요 전술이 있다.[2]

첫째, 매력적인 BATNA를 찾아내거나 개발한다. 다른 협상가들이 제시하는 대안에 대해 좋은 선택지를 가지고 있으면 분쟁에서 힘을 얻고 자유를 누릴 수 있다. 둘째, 나에 대한 상대편의 의존도를 높여 내가 그들을 필요로 하는 것보다 그들이 나를 더 필요로 하게 만든다.

다음과 같은 경우에는 선택적으로 자율성을 행사하고 직접적인 갈등에서 완전히 벗어나는 것이 유익할지 모른다.

- 목표를 달성하기 위해 상대방과의 관계를 유지할 필요가 없는 경우
- 상대방이 여러분에게 반대하는 경우
- 다른 분쟁 당사자의 의견에 정말로 찬성해야 할지 잘 모르겠는 경우

자율성을 전략적으로 추구하는 경우에는 상대방의 상대적 힘이 크게 중요하지 않다.

무엇이 갈등 스트레스 없이
자율적으로 일하고 싶게 만들까?

어떤 사람들은 다른 사람의 도움 없이 혼자서 일하고, 관계 욕구는 직장 밖에서 채우고 싶어 하는 자율성 전략을 선호한다. 이들은 자신을 어떤 집단의 구성원이나 팀원이 아닌 개인으로 보는 경향이 강하다.[3] 많은 영업 사원이(물론 전부는 아니지만) 갈등을 관리하고 대립을 피하는 방법으로 자율성에 크게 의존한다.

개인주의적이고 자립을 중시하는 가정이나 문화에서 성장해도 자율성 전략에 빠르게 의존하게 된다. 이들은 스스로 해내는 사람들을 롤모델로 삼고, 도움 없이도 일을 수행해내는 능력에 자부심을 가질 확률이 높다. 특히 어려움을 겪을 때 다른 사람에게 의존하지 않는 것을 고귀한 일이라고 생각할 수도 있다. 또 자율적인 성향의 사람들은 단순히 다른 사람들과 소통하며 교류하는 것을 불편해한다. 혼자서 문제를 해결하는 것이 가장 편하다고 느낀다.

그러나 특정한 상황에서 선택적으로 자율성 전략을 사용하면 긍정적인 효과를 가져온다. 노력할 가치가 없거나, 끈질기게 이어지거나, 비생산적이거나, 더 중요한 목표와는 관련 없는 투쟁들과 거리를 둘 수 있기 때문이다. 자율성 전략은 이 책의 다른 모든 전략과 마찬가지로 반사 반응이나 습관, 성격 등에 근거해 선택하는 것이 아니다. 이 전략이 중요한 목표를 성실하게 달성하는 데 얼마나 도움이 되는지를 분석해 명확한 근거에 따라 현명하게 선택하는 것이다.

하지만 역시 다른 모든 전략과 마찬가지로, 지나친 자율성은 결코 바람직하지만은 않다. 자율성 전략을 과도하게 사용하면 다른 사람들을 소외해 화나게 만들 수 있으며 사회적으로, 직업적으로 배척당할 수 있다. 이기적이고 자기중심적이며 거만하게 보이기도 한다. 이 때문에 파인먼에게는 "골칫거리"라는 평판이 따라붙었다.

자율성 전략은 선택적으로 사용하는 것이 제일 좋다.

갈등을 관리하는 방법

자기평가

갈등 속에서 얼마나 자율적으로 행동하는가?

다음 질문들은 갈등 상황에서 자율성 전략을 얼마나 많이 사용하는지 파악하는 데 도움이 된다. 다음 문항들에 아래 숫자로 표시해보자.

1: 전혀 아니다   2: 아니다   3: 보통이다

4: 그렇다   5: 매우 그렇다

1. 내가 일하는 곳에서 갈등이 발생하면 나는 항상 당면한 상황을 참아주며 아무것도 하지 않는 편을 선호한다. (   )

2. 나는 갈등을 모른 척하는 경향이 있다. 갈등이 나에게 그리 중요하지 않기 때문이다. (   )

3. 업무상 갈등이 있을 때 나는 보통 그 상황에서 벗어날 기회를 찾으며, 나에게 필요한 것은 다른 곳에서 채운다. (   )

4. 직장에서 발생하는 대부분의 갈등은 별로 중요하지 않으므로 아무 일도 하지 않는다. (   )

5. 직장에서 누군가와 의견이 맞지 않을 때는 상대방과 논의하기 전에 내가 원하는 것, 나에게 필요한 것을 독립적으로 얻을 방법이 따로 있는지 먼저 찾아보려 한다. (   )

6. 유일무이한 개인으로서 행동하는 것이 나에게 중요하다. (   )

7. 나는 다른 사람들에게 의존하기보다는 자립을 더 선호한다. (   )

8. 나는 내 행동에 전적으로 책임을 진다. (   )

9. 나는 남들과 다르다는 것을 즐긴다. (   )

10. 나는 어떤 일에서도 다른 사람들에게 의존하는 것을 좋아하지 않는다. (   )

11. 나는 다른 사람들과 분리된 독립적 인격체로서 행동한다. (   )

12. 나에게 일어나는 일은 내가 하기로 결정한 일이다. (   )

13. 나는 집단 결정이 잘못됐다는 것을 알면 지지하지 않는다. (   )

14. 나는 내 미래를 스스로 결정한다. (   )

15. 내 가치관과 내가 속한 집단의 가치관이 상충하는 경우, 나는 내 가치관을 따른다. (   )

채점

점수를 합산하자. 다시 말하지만 업무의 맥락이 가장 중요하다.

아래 가이드라인을 살펴보라. 점수가 매우 높다면 이 전략을 과도하게 사용할 가능성이 높다. 하지만 점수가 낮아도 우려할 만한 상황일 수 있다.

점수	의미	스스로 질문하기
40점 미만	갈등 상황에서 자율성 전략을 거의 사용하지 않는다.	환경이 이 전략을 지원하지 않는가? 아니면 이 전략을 제대로 활용하지 못하는가?
40~49점	이 전략으로 기울고 있다.	이 전략을 적절한 상황에서 충분히 사용하고 있는가?
50~59점	이 전략을 꽤 많이 사용한다.	이 전략을 너무 많이 사용하지는 않는가? 혹시 잘못된 맥락에서도 사용하고 있지는 않은가?
60점 이상	대부분의 상황에서 이 전략에 의존한다.	이 전략을 과도하게 사용하는지도 모른다. 이 전략을 자주 사용하는 만큼 환경도 이를 지원하는가? 올바른 맥락에서 효과적으로 사용하고 있는가? 갈등 관리를 위해 다른 전략을 같이 사용할 필요가 있지는 않은가?

조직평가
자율성을 지향하는 조직에서 일하는가?

　　다음으로 아래 질문들에도 대답해보자. 현재 업무 환경이 자율성 전략을 사용하기에 어느 정도 부합하는지 파악할 수 있다. 다음 문항들에 아래 숫자로 표시하면 된다.

1: 전혀 아니다	2: 아니다	3: 보통이다
4: 그렇다	5: 매우 그렇다	

1. 우리 조직에서는 직원 개개인이 자신의 고유한 잠재력을 실현하도록 장려한다. (　　)

2. 아이디어가 좋은 사람은 그것이 자기 아이디어임을 경영진에게 알린다. (　　)

3. 내가 일하는 곳에서는 스스로 생각하는 능력을 중요하게 여긴다. (　　)

　　　　　　　　　　　　　　　　　　　　갈등을 관리하는 방법

4. 성과가 높은 팀에서도 두드러지는 개인이 조직에서 인정받는다. (   )

5. 우리 회사 직원들은 독립성을 중시한다. (   )

6. 각 개인의 행복은 대체로 동료의 행복과 무관하다. (   )

7. 조직에서 관리자들의 의견은 우리의 의사 결정에 그렇게 중요한 영향을 미치지는 않는다. (   )

8. 동료들 중 한 명이 실패하더라도 나는 함께 책임지는 모습을 보인 적이 없다. (   )

9. 동료의 의견은 개인의 의사 결정에 어떤 영향도 미치지 못한다. (   )

10. 동료들과 함께 성공적으로 수행한다고 해서 그 일이 나를 더 뛰어난 사람으로 보이게 하지는 않는다. (   )

11. 여기서는 개인의 기여가 팀워크보다 중요하게 여겨진다. (   )

12. 내가 일하는 곳에서는 기이한 괴짜도 그저 다른 것일 뿐이다. (   )

13. 이곳 사람들은 대부분 개인주의 성향이 강하다. (   )

14. 우리 조직에서는 창의성이 충성심보다 중요하다. (   )

15. 이곳에서는 많은 사람이 자신의 독립적인 목표에 집착한다. (   )

채점

점수를 합산하면 15~75점 사이가 된다. 점수가 높을수록 조직에서 자율성 전략을 사용하는 것이 합리적이라는 뜻이다. 이제 자기평가 점수와 방금 완료한 조직평가 점수를 비교해보자.

자기평가 점수: _____

조직평가 점수: _____

일반적으로 두 점수가 비슷할수록 이 전략을 분별력 있게 사용하고 있을 가능성이 높다. 물론 갈등 상황마다 분위기가 다르므로 이 전략을 언제 누구와 함께 사용해야 할지 구분해야 한다.

갈등을 관리하는 방법

선택적 자율성으로 갈등에
대응해야 할 6가지 이유

1. 적어도 지금은 관계보다 목표가 더 중요하다.

간절한 목표가 있으면 때로는 관계를 긴장시키거나 다른 사람 혹은 팀을 무시할 수 있다. 관계 같은 것들을 염두에 두지 않고 목표를 향해 나아간다.

2. 어떤 갈등은 노력을 들일 가치가 없다.

갈등 그 자체가 목적이 되어서는 안 된다. 갈등은 한쪽 또는 모든 분쟁 당사자가 가치 있는 목표를 추구하는 과정의 일부여야 한다. 그러나 목표의 가치보다 비용(시간, 돈, 격론과 혼란, 역기능, 혹사 및 착취)이 훨씬 크다면, 갈등을 피하고 목표를 달성할 다른 방법을 찾는 것이 좋다.

3. 여러분의 목표 달성이 상대방에게 달려 있지는 않다.

다른 사람의 저항을 해결하지 않고도 목표를 달성할 수 있다면, 특히 그 사람이 방해되거나 여러분보다 권력이 높은 사람이라면 혼자서 목표를 향해 나아가라.

4. 갈등의 결과가 목표에 도움이 되지 않으므로 갈등에 무관심하다.

사소하거나 무의미한 일에 시간과 감정을 낭비하지 말고 집중하라.

5. 상대방의 동기나 판단을 신뢰하지 않는다.

협상에 선의가 결여되어 있거나 나쁜 의사 결정권자를 상대하는 경우, 리스크가 보상을 덮어버리기 쉽다. 속지 말고 다른 방법을 찾아보자.

6. 협상을 시작하면 얻는 것보다 잃는 것이 더 많다.

여러분이 지도록 설정된 게임이라면 아예 게임을 하지 마라.

갈등을 관리하는 방법

지나친 자율성은
승진을 방해한다

　모든 전략이 그렇듯이 자율성이 극단으로 치달으면 문제가 있다. 자율성에 갇힌 동료는 너무 개인주의적이거나 이기적으로 보일 수 있다. 자기애에 빠져 있거나 갈등을 회피하는 사람, 팀이나 조직에 관심이 없는 사람으로 보일 수 있다. 지나치게 자율적으로 행동하면 팀 플레이를 하지 못하는 사람으로 낙인찍힐 위험이 크다.

　래리는 도매 회사에서 일하면서 매달 최고 실적을 달성하면 영업 관리자로 승진할 수 있으리라고 생각했다. 그는 개인 판매 목표를 달성하기 위해 회의를 건너뛰고, 잡담은 나누지 않으며, 영업팀 내에 감도는 긴장감을 무시했다. 그의 목표가 오로지 실적 달성이었다면 괜찮았을 것이다. 하지만 그의 다른 목표는 관리였고, 그는 팀원들의 신뢰와 협력을 얻는 데 필요한 관계 쌓기를 놓쳤다. 그는 자신보다 실적이 훨씬 낮은(그러나 다른 팀원들을 알아가고, 의견 차이를 해결하고, 동료들이 공통 기반을 찾도록 돕는 데 훨씬 더 많은 시간을 할애한) 사람이 승진하는 것을 보고 큰 충격을 받았다.

팀원들의 의견이 엇갈리고 난관에 부딪치는 일은 결코 유쾌하지 않지만, 사람들을 하나로 모아주는 효과도 있다. 사람들은 종종 문제를 해결하고 협상하는 과정을 거치면서 더 가까워진다. 자신들의 의견 차이가 해소되면 유머가 나오고 유대감과 안도감을 느낀다. 문제 해결을 위한 토론에 참여하지 않는다면 무관심하고 배려심이 없으며 비우호적인 사람으로 비치기 쉽다. 또한 지나치게 독립적이라는 평판이 돌면 과도한 자의식과 자격 의식으로 거만하고 고집스러워 보일 수 있다.

마지막으로, 자율성 전략을 너무 사용하지 않아도 바람직하지 않다. 이 전략은 안전하게 처신하거나 약점을 보이지 않으려 물러나는 것이 아니다. 그런 선택은 자율적으로 행동한다기보다 겁을 먹은 것이다.

효과적으로
자율성을 행사한다는 것

갈등이 일어났을 때 자율성을 잘 발휘하려면 어떻게 해야 할까? 그 상황에서 자신이 필요로 하는 것에 중점을 두면서도 중요한 동료들을 소외하지 않아야 한다. 즉 그 둘 사이에서 교묘하게 줄타기할 줄 알아야 한다. 자율성 전략은 목표를 달성하기 위해 다른 사람에게 의존하지 않아도 될 때(적어도 그다지 많이 의존하지 않을 때) 유용하다. 이때 권력 차이와 갈등은 그 상황, 그리고 여러분의 목표와 크게 관련이 없을 것이다.

자율성 전략을 잘 활용하면 시간과 번거로움을 줄일 수 있다. 문제 해결에 더 효율적이고 효과적으로 임할 수 있으며, 이상적으로는 갈등이 발생한 관계에 부정적인 영향도 거의 미치지 않을 수 있다. 소란스럽지 않게 문제를 해결하는 능력 있는 동료로 좋은 평판을 얻을지도 모른다. 그러나 잘못 사용하면 동료들과 소원해지고 후에 새로운 문제를 일으키게 된다.

이 전략에서는 갈등에서 상대방과 직접적으로 실랑이하지 않고도 자신의 필요나 이익을 충족할 방법을 찾는 것에 집중해야 한다. 의존도를 줄이기 위해 사용할 수 있는 전술이 많지만, 상대방을 화나게 만들지 않으면서 의존도를 줄일 수 있는 전술은 몇 가지 안 된다. 그 10가지 전술을 소개하겠다.

갈등을 관리하는 방법

10가지 자율성 전술

전술 1 탁월한 가치를 제공하라

여러분이 조직에 제공할 수 있는 가치가 중요한 것인가? 그렇다면 다른 사람들의 간섭으로부터 자신을 보호할 수 있다.

영화 〈글렌개리 글렌 로스Glengarry Glen Ross〉에서 (알 파치노Al Pacino가 연기한) 리키 로마는 부동산 회사의 영업왕이다. 그는 보통 자신의 (판매) 목표를 달성하기 힘들 조짐이 보이면 심한 갈등을 일으키려고 한다. 그는 다른 세일즈맨이나 영업 관리자의 협조가 굳이 필요 없다. 우수 고객 리스트만 있으면 된다. 그는 또한 상당히 비열한 캐릭터로, 고객의 불안감을 조종하고 심지어 판매를 성사시키기 위해 거짓말도 한다. 그러나 그가 이렇게 부도덕해서 자율적으로 움직일 수 있는 것은 아니다. 그는 회사에 특별한 가치를 창출하기 때문에 영업 관리자가 그의 결점들을 눈감아주는 것이다.

대학 병원의 심장학과 과장으로서 나디아는 팀 플레이어이자 팀 리더였다. 그녀는 환자를 치료하며 새로운 정책을 시행하고 새로운 시도를 하려고 했다. 그러려면 자기 밑에 있는 많은 의사와 간호사의 엄청난 협력이 필요했다. 리더십의 관점에서는 여러 가지를 고려하지 못했지만, 그녀는 수년간 최선을 다했다.

무엇보다 그녀는 연구에 가장 큰 열정을 쏟아부었다. "죽기 전에 유용한 심장 치료제를 시장에 최대한 많이 출시하고 싶습니다." 그녀는 전략적인 사람이었다. 자기 목표를 실현하려면 리더십과 임상 책임에서도 물러날 수 없다는 것을 알고 있었다.

나디아는 15년 후에 미국 최고의 심장 외과의가 되기 위해, 그래서 의료 센터의 목표 달성에도 기여하기 위해 끊임없이 노력해왔다. 그녀는 자신이 책임지고 있는 7가지 주요 영역의 목록을 들고서 상사에게 갔다. "이 중에서 4가지는 삭제하고 여기서 2가지를 더 줄이고 싶습니다." 그리고 "주요 연구 지원금이 갱신되는 6개월 뒤에는 주로 연구에 집중하고 싶습니다"라고 덧붙였다.

상사는 마음을 바꿔달라고 나디아에게 간청했지만 결국 그녀의 요청을 승인했다. 1년 만에 나디아는 연구 활동을 확장했다. "사람들은 여전히 의료 센터의 모든 문제에 나를 끌어들이려고 합니다. 그런 요청들은 대부분 행정 관리자들에게 넘깁니다. 별로 효과적이지 않겠다고 생각하더라도 말이에요. 나는 내 연구만 생각하고

갈등을 관리하는 방법

싶습니다."

나디아는 두려움 때문에 갈등을 피하는 것이 아니다. 어떤 이유로 그녀의 연구가 이어지지 못하게 된다면 다른 의사들, 행정 관리자들, 자신보다 권력이 높은 사람, 낮은 사람을 막론하고 맞서 싸울 것이다. 나디아는 자기 커리어를 위해 선택적 자율성 전략을 취했다. 그녀의 주요 전술은 조직에 매우 가치 있는 존재가 되어 다른 요구 사항들을 줄이는 것이었다. 운 좋게도 나디아가 속한 현명한 조직은 그녀가 자신의 자율적인 목표를 추구할 수 있게 해주었다.

전술 2 독립적으로 일할 수 있는 전문가가 되어라

다른 사람들이 여러분에게 의존하도록 전문 지식을 습득하라. 이를 토대로 목표 달성에 방해되는 원치 않는 싸움에서 벗어날 수 있다.

배리 베이텔Barry Veitel은 90명의 직원을 둔 ICAT에서 기술 분석가로 일하고 있다. ICAT는 지진, 토네이도, 홍수, 허리케인 같은 재해에 대비해 중소기업에 보험을 제공하는 회사다. 베이텔은 다양한 시스템을 유지, 관리하는 일반 IT 직원으로 시작했다. 15년에 걸쳐 그는 정책 관리 시스템을 담당하는 매우 자율적인 주제 전문가subject-matter expert(지식, 기능, 태도의 측면에서 해당 직무나 과제를 가장 잘 알고 있으며 이를 잘 수행할 수 있는 사람)로 성장했다.

베이텔은 주^州 규제 기관에서 요구하는 문서들을 보관하고 관리하는 데 필요한 데이터베이스 아키텍처와 프로그래밍 언어에 정통하다. 그는 경영진은 아니지만, 정책 관리 IT를 어떻게 조직하고 실행할지 그 실질적인 권한을 가지고 있다. 회사에서 법률이나 계약에 따라 배포하는 모든 문서가 그가 유지, 관리, 운영하는 시스템에서 생성되기 때문이다. 회사에는 베이텔의 업무를 직접적으로 지원해줄 수 있는 사람도, 그 업무를 완전히 이해할 수 있는 사람도 없다.

관리자들은 필요한 것이 있으면 베이텔에게 그것을 언제까지 해달라고 말하지 않고, 언제까지 해줄 수 있는지 묻는다. "내가 항상 약속대로 수행한다는 것, 우리가 서로를 신뢰한다는 것. 그 두 가지가 아니었다면 내가 이렇게까지 독립적으로 일할 수 없었겠죠. 경영진은 나의 실행 능력을 신뢰하고, 나는 간섭 없이 내가 가장 잘 아는 방식으로 일하도록 나를 내버려두는 경영진을 믿습니다."

베이텔의 철학은 간단하다. '자기 업무를 잘 알고 탁월하게 수행하라.' 조직은 베이텔에게 방해만 되지 않으면 자신이 원하는 것 이상을 얻을 수 있음을 알고 있다.

몇 년 전, 최고정보관리책임자^{CIO, Chief Information Office}는 정보 기술 책임자를 고용했다. 그녀는 다른 경영진과 함께 전략적 혁신에 집중하기 위해 신임 관리자에게 일상적인 IT 업무 중 상당수를 처리하도록 맡겼다.

신임 관리자는 분명 뛰어난 커리어를 가지고 있었다. 그렇지만 IT 직원들이 일을 제일 잘하는 방식을 이해하지 못한 채 자기 방식대로 지시했다. 기대와 달리 그는 조직에 융화하는 대신, 무작위로 팀을 배치하고 변화를 위한 변화를 추구하며 조직을 혼란에 빠뜨렸다. 베이텔은 신임 관리자의 의견에 정면으로 반대하지는 않았다. 하지만 CIO가 긴장감을 감지하고, 직원들과 근본 원인에 대해 면담한 후 신임 관리자를 해고했다.

베이텔을 관리하는 최악의 방법은 그를 관리하려 드는 것이다. 그는 일주일 안에 다른 고임금 IT 직장에 취업할 수 있는 경력을 갖추고 있다. 그의 상사들은 베이텔이 은퇴 시기를 맞고 있긴 하지만, 적어도 당분간은 그들에게 그가 필요하다는 것을 잘 안다. 베이텔이 이 회사를 꼭 필요로 할 일은 없음도 말이다.

만약 베이텔에게 권력 축적과 같은 다른 목표가 있다면 어떨까. 아마도 관리직으로 승진하는 단계를 밟고 주요 의사 결정에 참여하는 편이 더 나을 것이다. 권력자는 스스로 깨닫든 깨닫지 못하든 자기 목표를 달성하기 위해 다른 사람들을 필요로 하는 경향이 있다. 하지만 베이텔은 권력에 관심이 없다. 그는 자유와 독립을 원한다.

전술 3 경쟁에서 벗어나 틈새시장을 찾아라

자유로운 주변부에서 활동하며 갈등에서 벗어날 기회를 엿봐라.

피트는 전형적인 세일즈맨이 아니다. 매우 내성적이고 수줍음도 많다. 하지만 그는 기계 엔지니어링 회사에서 첨단 기술 제품만 전문으로 취급한다.

다른 영업 사원들은 회사에서 나오는 제품군이라면 대부분 다 판매할 수 있지만, 피트는 유일하게 특별 제품만 취급한다. 이를 위해 그는 꼼꼼하게 정리하고, 끊임없이 공부하며, 전국 각지의 고객사를 방문해 대면 상담을 한다. 그 덕분에 그가 본사에 머무르는 시간은 별로 없다.

피트는 기계 작동법이나 수리법을 잘못 이해한 고객에게는 기꺼이 조용히 이의를 제기하고 고객과의 갈등을 해결한다. 앞으로 판매량을 늘리고 더 많은 수익을 올리기를 원하기 때문이다. 그는 회사 정책이 제품을 판매해 고객을 돕는 데 방해된다면 기꺼이 정중하게 반대할 의향이 있다. 그는 성격 차이로 인한 갈등, 팀 내의 다툼, 사무실 정치에 관여하고 싶지 않을 뿐이다.

더욱이 고객과 경쟁업체가 자꾸 피트에게 좋은 일자리를 제안하고 있다. 회사는 그런 피트에게 계속 만족감을 주고 싶어 한다. 피트가 장악한 틈새시장은 회사로부터 독립적인 거리를 유지하게 해주는 자신만의 왕국이다. 고용주는 피트가 퇴사하는 것을 바라지 않으므로 그가 원하는 대로 하게 해준다.

갈등을 관리하는 방법

정중하게 독립을 선언하라

권력자들을 비롯해 다른 사람들에게 경쟁적이거나 무관심하거나 비참여적으로 보이지 않도록 하라. 여러분이 독립성을 기반으로 조직에 크게 기여할 수 있음을 분명히 보여줘라.

마리아는 정서장애인들을 위한 기숙학교에서 야간 프로그램 책임자로 근무했다. 오후 4시부터 자정까지 시설뿐만 아니라 학생들과 직원 5명을 책임져야 했다. 상사인 노라가 5시에 퇴근하면, 마리아는 자정에 교대자가 도착할 때까지 혼자서 학교를 관리했다.

마리아에게는 조직에서도 중요하게 여기는 분명한 목표가 있었다. 아이들이 자신을 필요한 존재, 중요하고도 특별한 존재, 사랑받는 존재로 느끼게 해주고, 일반 학급에 적응할 수 있도록 돕는다는 목표였다. 또한 그녀의 나이 스물다섯, 한창 권위에 의구심을 품을 나이로 반항적인 성향을 가지고 있었다. 다른 교직원들은 해결해야 할 대상, 피해가며 일해야 할 대상, 아니면 도움을 요청해야 할 대상에 불과했다.

마리아는 한 팀으로서 '우리'를 생각하지 않았다. 그녀는 정서적으로 불안정한 아이들에게 긍정적인 감정을 이끌어내고 어떻게 행동하면 되는지 가르치는 개인적 목표를 추구했다. 부모들과 아이들은 그녀를 '피리 부는 선생님'이라 부를 정도로 사랑했다.

마리아는 늦은 오후에 열리는 팀 회의에 불참했고, 다른 회의에서도 산만하게 굴거나 지루한 표정을 지었다. 어떻게 하면 프로그램을 개선할 수 있을지, 교실을 어떻게 배치할지, 가족 방문의 날에 메뉴는 무엇으로 하면 좋을지 논의할 때도 그녀는 성의를 보이지 않았다. 하지만 자신이 애착을 느끼는 어린이를 누군가 입에 올리면 그 아이를 옹호하느라 갑자기 뛰어들었다. 그 아이를 도울 방법에 대해 논쟁을 벌이고 자기 아이디어도 적극 냈다.

아이들을 위해서라면 그녀는 자기 업무를 뛰어넘어 일했다. 아이들을 위해 노래를 작곡하고 기타를 연주하며 게임을 만들기도 했다. 감정이 요동치는 아이들의 이야기에 귀를 기울이고 대화를 나누며 가외의 시간을 썼다.

상무이사로서 노라는 마리아가 아이들에게 열정을 가지는 만큼 팀에도 더욱 애정을 가지고 전념하기를 바랐을 것이다. 노라가 마리아의 개인적 목표와 무관한 일을 특별히 요청하면 마리아는 완벽하지는 않지만 어느 정도는 수긍할 수 있을 만큼만 수행했다. 어느 날, 마리아는 금요일까지 어수선한 비품 보관함을 청소해달라는 요청을 받았다. 그녀는 그 일을 일주일 내내 미루다가 겨우 끝냈다.

노라는 마리아의 연례 업무 평가를 하면서 마리아가 조직에 가치 있는 인재이지만, "팀 정신이 더 필요하다"라는 피드백을 분명히 했다. 그러고 나서 노라는 마리아에게 다른 직원들과 더 협력하는 법을 배우도록 주간 근무로 전환하겠다고 말했다.

갈등을 관리하는 방법

마리아는 정중하게 직접적으로 대답했다. "저도 비품 보관함 청소같이 저에게 주어지는 일들을 더 빨리 끝낼 수 있습니다. 하지만 늦은 오후와 저녁에 아이들과 시간을 보낼 때 제일 행복합니다. 학교에 헌신하고 싶은 마음도 가장 많이 들고요. 아이들이 좋은 기분으로 잠들게 해주고 싶거든요. 그런데도 아이들이 커리큘럼에 따라 바쁘게 움직이는 한낮의 학교에서 20명의 선생님과 함께 주간 근무를 해야 한다면 실망스러울 것 같아요. 그러려고 제가 여기에 있는 게 아니에요."

노라는 마리아가 그렇게 얘기하지 않아도 자신에게 선택권이 있다는 것을 깨달았다. 마리아가 독립적으로 일하도록 허락하든가, 마리아와 더는 일하지 않든가.

전술 5 목표에 도움이 되지 않는 일은 피하거나 미뤄라

목표에 집중하고, 세부적인 일과 소소한 실랑이는 다른 사람들에게 맡겨라. 회의를 건너뛰고, 전화 회의는 피하고, 작은 일은 양보해 더 중요한 일에 집중할 여유를 가져라.

맬컴은 대형 주립대학의 영어 조교수로 채용되자 뛸 듯이 기뻤다. 문학의 하나로 영화 연구를 확장하고 저술 활동을 하면서 이 주제로 일련의 강좌를 개발할 수 있는 플랫폼을 가지게 되었기 때문이다.

맬컴이 부임한 지 얼마 지나지 않아 최근에 은퇴한 교수가 그를 따로 불렀다. "나는 이 대학에서 30년 동안 팀 플레이어가 되기 위해 정말 열심히 노력했다네. 특히 지위도 물질적 보상도 그리 따르지 않는 행정 업무를 많이 맡았지. 그렇게 하지 않았다면 내 커리어가 훨씬 탄탄해졌을 걸세. 그랬다면 나는 더 많은 돈을 벌었을 테고, 다른 기관들에서 더 유리한 직책도 제안받았겠지."

맬컴은 그의 말을 들으면서 저술과 출판에 열정을 쏟지 않고, 이와 무관한 일에 시간과 에너지를 허비하는 대학원 과정의 교수들을 떠올렸다. 그들 중 일부는 종신 교수직도 얻지 못했다. 그는 그런 일이 자신에게는 절대 일어나서는 안 된다고 다짐했다.

학과 정치나 대학 정치에 휘말리면 시간을 많이 쓰게 되고 지칠수 있다. 맬컴의 새 동료들 중 상당수는 수줍음이 많고 사회성이 부족해 차라리 문을 닫고 자기 연구실에서 일하기를 원했다. 협력을 할 수 있더라도 그들과 협력한다면 종신 재직을 이루고, 학자로서 명성을 떨치고자 하는 자신의 목표에는 다가설 수 없을 것 같았다. 맬컴은 출판과 종신 재직으로 자유로워질 때까지 조용히 자기 목표를 차근차근 이루기로 결심했다.

그래서 맬컴은 교수 회의에는 참석했지만 대부분의 토론과 협상에서 침묵을 지켰다. 동료 채용이나 예산 할당 같은, 드물게 자신이 중요하다고 생각하는 사안과 관련된 결정이 아니라면 토론 중에

갈등을 관리하는 방법

자기 의견을 내세우지 않았다.

맬컴에게는 학과의 많은 결정이 별 의미가 없어 보였다. 그는 기권하거나 다수의 의견에 손을 들어주곤 했다. 그냥 중립을 지키겠다고 말할 때도 있었다. 때로는 복도까지 고성이 흘러나올 정도로 며칠씩이나 열띤 토론이 벌어지곤 했다. 맬컴은 그러지 않았다. 교수 회의가 끝나도 마찬가지였다.

대신 그는 좋은 강의 평가를 받고, 저명한 학술지에 논문을 발표하는 데 주력했다. 전국적인 콘퍼런스에서 강연을 하며 대외적인 신뢰를 쌓고, 무엇보다도 자신의 대표작을 완성하는 데 에너지를 쏟았다. 그의 목표는 종신 재직 신청서를 심사받을 때 확실한 포트폴리오를 만드는 것이었다. 자신의 목표에 방해되거나 귀중한 시간을 낭비하게 하는 논란은 피하는 편이 현명했다.

전술 6 게이트키퍼를 구하라

자신과 조직에 유익한 목표를 추구하는 동안 다른 사람들과 거리를 둘 수 있도록 도와줄 사람을 구하라.

라슨은 의료 기술 스타트업의 CEO다. 그가 관리하는 직원은 대부분 자칭 괴짜들이다. 그들에게 실험실을 주면 그들은 행복해한다. 하지만 사업적 결정을 내리라고 하면 움찔한다. 그래도 그들은 어떤 사안을 두고 얘기하며 분석하고 논쟁하는 것을 좋아한다. 이들을 의사 결정에 너무 많이 참여시키면 소규모 신생 회사의 CEO가 감당할 수 없는 시간을 소비하게 된다.

그래서 라슨은 게이트키퍼 역할을 해줄 운영 관리자로 데브라를 채용했다. 데브라는 인내심을 가지고 경청하고, 문의하고, 확인하고, 칭찬하고, 조언한다. 그녀는 라슨이 자리를 비울 때, 즉 자주 자리를 비울 때 직원들을 관리한다. 또한 잡다한 걱정거리를 처리하며, 문젯거리를 해결하고, 라슨이 깊이 생각하고 싶어 하지 않는 결정을 내린다. 그녀는 일을 처리하면서 아무도 무시당한다고 느끼지 않도록 한다. 그녀는 엔지니어나 과학자들의 자존심, 불안감을 다독이며 회사의 일상적인 업무를 처리했다. 라슨은 회사가 의존하는 외부 네트워크를 관리하며 협상을 담당한다.

한 달에 한 번, 라슨과 데브라는 모두 함께 결정해야 할 사항들을 논의하는 회의를 진행한다. 데브라는 토론을 위해 팀의 문제와 아이디어를 수집하고, 라슨은 팀에서 검토했으면 하는 다른 사항을 추가한다. 일부 안건에 대해서는 이런 심의가 매우 활발하게 진행된다. 팀도 정책, 관행, 시설 업그레이드, 스케줄이나 기타 일상적인 문제에 대해 의견을 내놓는다.

회의 중에 라슨은 방향성, 전략 계획, 주요 투자, 핵심 고객에 대한 중요한 결정을 대부분 내린다. 그는 선택적으로 자율성을 발휘하는 CEO다. 그는 세세하게 관리하거나 지배하지 않는다. 주요 결

갈등을 관리하는 방법

정들은 대부분 스스로 내린다. 그의 목표는 회사를 최대한 효율적으로 성장시키고 사소한 일에 신경 쓰지 않는 것이다.

데브라는 라슨이 1인 전략적 마케팅 부서이자 큰 그림을 그리는 리더의 역할을 할 수 있게 해주는 완충 역할을 한다.

라슨의 방식은 여러 계층의 전문 경영진이 있는 대기업에서는 통하지 않을 것이다. 리더십 훈련을 받은 사람들은 대부분 크고 중요한 의사 결정에 참여하기를 원한다. 그러나 그의 밑에서 일하는 엔지니어들과 과학자들은 실험 현장과 관련한, 즉 자신이 보고 듣고 만질 수 있는 구체적 문제들과 관련한 의사 결정에 대해 자문을 받는 데 만족한다. 주요 계약이나 재무 분석, 5년 후 회사의 모습과 같은 더 크고 추상적인 문제와 동떨어져 있어도 개의치 않는다.

전술 7 일단 행동하라

허락을 구하지도 말고, 격려를 기다리지도 마라. 카르페 디엠!

애디는 특수교육을 하면서 자율성 전략을 사용했다. 그녀의 목표는 행동에 문제가 있는 8학년 학생들이 학교를 그만두지 않도록 하는 것이었다. 그녀는 학교에서도 내몰리면 그 아이들이 있을 곳이 거리뿐임을 알고 있었다. 그녀는 아이들의 성공을 돕기 위해 무엇이든 하기로 결심했다.

다른 교사들이 항상 그녀와 같은 목표를 추구하는 것은 아니었다. 특수교육을 공부하지 않았기 때문에 그런 아이들을 어려워하고 심지어 불쾌하게 여기기도 했다. 그들은 학생 중 한 명이 학교를 그만두거나 퇴학당해도 잠을 잘 잤다. 오히려 학교 위원회와 특별 행사에 더 많은 관심을 쏟았다.

하지만 애디는 한 가지만 염두에 두었다. 바로 아이들이 계속 학교에 다니게 하는 것이었다. 그래서 그녀는 학교의 허락을 구하지 않고 몇 가지 조치를 취했다. 다른 교사들을 설득해 아이들이 완료할 수 있는 다른 종류의 숙제를 내준 것이다. 그녀는 아이들이 더 나은 학습 자료를 얻도록 자기 노트를 공유해줄 일반 학생 몇 명도 구했다.

또한 애디는 다른 수업의 주제와 과제를 자신에게 미리 알려달라고 교사들을 설득했다. 아이들이 새로운 내용에 대비하도록 도와주려는 것이었다. 그녀는 시설 관리자에게 금요일 오후 7시까지 체육관을 개방해달라고 요청해, 아이들의 바람직한 행동에 대해 보상했고 금요일 농구 토너먼트로 마무리했다.

다른 교사들은 처음에 애디의 방식과 끈기에 짜증을 냈지만, 1년 만에 그 성과를 보고서 더 이상 포기하라고 강요하지 않았다. 애디가 나머지 교직원들로부터 올해의 교사로 선정되기 전까지 학교는 이에 관해 거의 알지 못했다.

갈등을 관리하는 방법

전술 8 목표에 어긋나면 우회로를 이용하라

팀의 정서나 의견보다 목표가 더 중요할 때는 우회하라.

베브는 팀워크를 잘하는 간호사다. 팀워크가 그녀의 가장 중요한 목표에 방해가 되지 않는다면 말이다. 우리 대다수가 그러하듯 그녀도 직장에서 돈을 벌고, 일을 잘 해내며, 배우고 성장하는 등 여러 목표를 가지고 있다. 하지만 그녀에게는 다른 모든 목표를 압도하는 한 가지 목표가 있었다. 바로 아픈 사람들을 아주 잘 간호하는 것이다.

어느 날, 스물네 살의 건강한 건설 노동자가 맹장 수술을 받고 병동에 입원했다. 이때 베브는 야간 근무팀과 협력해 그에게 필요한 처치가 있으면 다 취해지도록 최선을 다했다. 며칠 동안은 모든 것이 일상적이었다.

그러던 중에 베브가 무언가를 알아챘다. 그의 상태가 좋지 않았다. 피부색이 약간 이상했다. 그리고 평소보다 조용해졌다. 베브는 불길한 예감이 들었다.

베브는 팀원들과 상의했다. 다른 간호사들은 의례적으로 그녀의 말을 들었지만 동의하지는 않았다. 그녀는 수간호사에게 의사를 불러달라고 요청했다. 상사는 "오늘은 의사 선생님이 너무 바빠요. 전화할 만한 이유도 없고요"라고 대답했다.

그래서 베브는 의사에게 직접 전화했다. 그것도 새벽 1시에.

"바이털사인은 정상인가요?" 의사가 물었다.

"네."

"수면 패턴이 달라졌나요?"

"아니요."

"열은?"

"괜찮습니다."

"비경구적 영양에 문제가 있습니까?"

"아니요."

"그럼 아침에 회진할 때 환자를 보겠습니다."

다음 날 아침에 의사는 환자가 정상적으로 회복하고 있다고 말했다. 차트에도 그렇게 기록했다.

다음 날 밤, 그런데도 베브는 같은 느낌을 받았다. 그녀는 직감으로 그 상황을 그냥 두고 볼 수 없음을 알았다. 그녀는 새벽에 환자를 깨워 대화를 나누었다.

"간호사 선생님, 내가 죽어가는 것 같아요"라고 환자가 중얼거렸다.

그녀는 곧바로 의사에게 전화를 걸었다.

"나를 그냥 내버려두지 않을 거죠?" 의사가 불평했다.

"선생님, 이 환자는 죽어가고 있어요. 제가 알아요."

"좋아요, 알았어요." 의사가 투덜거렸다. "복부와 골반 CT를 찍으세요."

CT 촬영 결과, 환자에게서 생명을 위협하는 복부 혈액 유출이

갈등을 관리하는 방법

발견됐고, 한 시간 후 이 청년은 다시 수술을 받았다.

베브는 팀원들이 성가셔하고 의사가 짜증을 낸다는 것을 알고 있었다. 그러나 그녀는 신경 쓰지 않았다. "나는 내 일을 하고 있었어요. 내 목표는 그 청년을 돌보는 것이었습니다. 대부분 팀과 함께 하지만 그때는 팀원들이 어떻게 생각하는지, 의사가 나에 대해 어떻게 느끼는지 신경 쓰지 않았어요. 때로는 팀을 우회해야 할 때도 있지요."

전술 9 때로는 정해지지 않은 길로도 가라

파격적으로 접근하라. 이상해져도 괜찮다. 나답게 행동하라. 조직도에서 벗어나 생각하자.

팀워크를 자랑하는 연극단이 드디어 개막식 밤무대에 오를 준비를 마쳤다. 몇 주간의 준비 끝에 그들은 무대에 오르고 싶은 열망으로 차올랐다.

댄은 리허설 중에 늘 기이한 행동을 하고 수줍음을 많이 탔지만, 대체로 연출 지시에 따라 재미있고 잘 짜여진 코미디 장면을 만들어냈다. 감독은 결과물에 만족했고, 이제 관객의 반응만 지켜보면 되었다.

하지만 막이 오르자 댄은 갑자기 바뀌었다. 대사를 바꾸고, 새로운 애드리브를 추가하고, 거의 모든 장면을 장악했다. 다른 배우들은 처음부터 당황해 관객의 환호성을 듣고 나서야 정신을 차렸다. 댄은 짐 캐리Jim Carrey나 에이미 폴러Amy Poehler처럼 라이브 관객 앞에서 변신했다. 리허설 때보다 모든 장면이 더 재미있었다. 공연이 끝날 무렵에는 감독의 마음까지 사로잡았다.

댄은 배우들이 말하는 앙상블 연기자가 아니었다. 그의 목표는 다른 배우들이나 감독을 기쁘게 하는 것도, 그들과 친하게 잘 지내는 것도 아니었다. 단지 라이브 관객을 웃기는 것, 그뿐이었다. 그는 공연을 망치지 않고 변화시켜 개선했다. 그리고 그는 매일 밤 다르게 해냈다. 그는 팀 플레이어가 아니라 그저 엉뚱하고 기발한 코미디 천재였다. 감독은 댄에게 순응을 강요하기보다 그의 독립성을 인정해 출연시키기로 결정했다.

자율적인 개인은 사회 규범과 조직 규범이 그어놓은 선들 안에서만 움직이지 않는다. 이들은 매우 혁신적이어서 인습, 상식, 고정관념을 타파하며 탁월한 능력을 발휘한다. 할리우드는 티나 페이Tina Fey나 앤디 코프먼Andy Kaufman과 같은 아이코노클라스트iconoclast에게 보상을 제공한다. 하루가 다르게 빠르게 변화하며 발전하는 산업들은 스티브 잡스나 마크 저커버그Mark Zuckerberg처럼 자율적으로 사고하는 인재를 높이 평가한다.

전술 10 다음 출구에서 내릴 준비를 하라

상황이 목표 달성을 방해하는 경우, 궁극적인 자율성의 형태는 갈등에서 벗어나거나 조직에서 탈퇴하는 것이다.

자율성 전략은 무엇보다도 강력한 BATNA와 고퀄리티의 결과라는 두 가지 요소에 달려 있다. 여러분의 특별한 가치와 대안이 고용계약상 전일제에 매여 일하느냐, 선택적 자율성을 발휘하느냐를 가르는 핵심이다. 영업, 의료, 관리, 교육, 엔지니어링, HR, 운영, 재무 또는 기타 틈새시장이나 산업에 관계없이 말이다.

다양한 방식으로 다음 출구에서 나갈 수 있다.

팀원이라면 조직에 더 가치 있는 다른 업무에 집중하고 싶을 때 관리자에게 프로젝트에서 제외해달라고 요청할 수 있다.

영업 사원은 놀라운 커리어가 최고의 고용 안정성과 독립성을 보장한다고 믿는다.

간호사는 수입이나 관료주의보다 환자 돌봄에 대한 열정으로 다른 병원이나 클리닉으로 이직한다.

학술 연구원은 항상 자금을 조달할 방법을 외부에서 찾으므로 자신이 속한 기관의 변덕에는 덜 휘둘린다.

어느 조직에서나 임원들은 함께 일했던 모든 사람과 연결되어 있다. 그러므로 회사가 리더로서 임원의 손발을 묶기 시작하면 임원은 다른 옵션들을 고려한다.

자기 자원이 풍부한 사람은 다른 선택지가 있다. 언제든 "일자리를 새로 구하고 때려치우면 되지"라고 말할 수 있다(또는 의례적인 사직서를 작성하면서 적어도 그런 생각을 할 수 있다).

직장은 대부분의 사람들에게는 커뮤니티다. 어떤 사람들에게는 자기 목표를 달성하기 위한 플랫폼일 뿐이다. 우리 대부분에게는 이 두 가지 성격이 복합적으로 작용하는 곳이 직장이다.

자율성 전략을 위해
꼭 알아야 할 것들

 더티 해리와 메리 포핀스는 우연히 목표를 달성한 것이 아니다. 이 장에서 소개한 실제 인물들처럼 그들도 사후적事後的 사고가 아닌 사전적事前的 사고를 했다. 조직에서 독립을 선언하려면(혹은 조용히 독립을 추진하려면) 몇 가지 역량이 필수적이다.

 첫째, 현실적이고 창의적인 BATNA를 개발해야 한다. 여러분이 샌프란시스코에서 가장 강인한 경찰, 런던에서 초자연적인 능력을 가진 보모, 회사 최고의 영업 사원, 병원 최고의 외과 의사, 학교 최고의 교사라면 여러분에게는 선택지가 있을 것이다. 그러나 이런 옵션을 고정적이거나 영원한 것이라 생각하지 말고 계속 개발하고 발전시켜야 한다. 자율성은 유지하고 관리하며 혁신할 필요가 있다.

둘째, 목표를 계속해서 명확히 해야 한다. 많은 사람이 어느 정도는 목표가 주어지기를 바란다. 하지만 목표를 날카롭고 명확하게 설정하면 언제 싸우고 물러날지, 언제 분쟁을 무시할지 결정하는 데 도움이 된다.

셋째, 적어도 일부 업무에서만큼은 독립적으로 일하는 사람이 되고 싶다면 다른 사람들에게 의존하지 않을 방법을 찾아야 한다. 자율성을 중요하게 생각한다면 상대방이 나를 더 많이 필요로 하고, 내가 상대방을 덜 필요로 할수록 좋다.

마지막으로, 독립을 위해서는 때때로 교묘한 영향력 전술, 간접적인 의사소통, 간혹 특이한 행동이 필요하다. 여러분 자신이 남들과 다른 것에 편안해질수록 남들과 다른 행동을 해도 더 많이 용인된다.

✅ 선택적 자율성을 위한 역량 개발 체크리스트

선택적 자율성 전략을 구사하기 위해 다음 중에서 이미 개발한 역량이 있는지 확인해보자. 내 답변들에 대해 신뢰할 수 있는 사람과 이야기를 나누자.

1. 나는 목표를 명확히 세우는 데 능숙하다. (   )
나는 스스로 방향을 설정할 줄 알고, 조직의 맥락에서 내가 무엇을 성취하고자 하는지도 잘 안다. 내 목표들이 조직의 요구와 관련이 있고 조직에 가치를 가져다주지만, '나 개인'의 목표처럼 느껴진다.

2. 나는 집중력을 유지하는 데 매우 능숙하다. (   )
나는 목표와 나 사이를 가로막는 방해 요소를 잘 견뎌낸다. 아무리 많은 사람이나 업무가 내 주의를 흐트러뜨리려 해도 불필요한 것을 걸러내며 목표를 향해 계속 나아갈 수 있다.

3. 나는 다른 사람들과 거리를 둘 수 있다. (   )
필요할 때는 다른 사람과 거의 교류하지 않고 나의 길을 간다. 다른 사람과 교류할 때는 내가 추구하는 목표와의 연관성을 유지한다.

4. 나는 스스로 생각하는 데 능숙하다. (   )
나는 다른 사람들의 아이디어를 경청하고 때때로 그것을 통합해 받아들이기도 한다. 하지만 그들을 기쁘게 하거나 그들과 타협하기 위해 그 아이디어들을 이용하지는 않는다. 나는 내가 무엇을 원하는지 알고 있으며, 어떤 일을 하는 가장 좋은 방법과 최적의 결과를 얻는 방법을 스스로 찾아낸다.

5. 나는 다른 사람의 심기를 거슬러도 괜찮다고 생각한다. (   )
목표를 향한 나의 행동이 다른 사람들에게 다소 피해를 주더라도 괜찮다. 주변 사람들의 감정보다 내 목표가 더 중요하다. 모든 사람이 나를 좋아할 필요는 없다.

6. 나는 최소한의 칭찬과 지원으로 목표를 추구할 수 있다. (   )
나는 자신감이 넘치고, 목표를 달성했을 때 내적으로 엄청난 만족감을 느낀다. 이런 이유로 다른 사람들이 칭찬을 하지 않아도 나에게 큰 문제가 되지 않는다.

7. 나는 팀 환경 밖에서 일하는 데 능숙하다. (   )
팀이 내 목표 달성에 도움이 된다면 팀에서 일할 수 있다. 그러나 목표를 달성하는 데 팀이 필요하지 않거나 방해가 된다면 혼자서도 일할 수 있다.

8. 사람들이 등 뒤에서 나에 관해 얘기하는 것을 알아도 무시할 수 있다. (   )
내가 독립적으로 행동하는 것을 좋아하지 않는 사람들이 내가 없을 때 나를 험담하거나 비판해도 크게 개의치 않는다.

9. 나는 관리 감독을 거의 또는 전혀 받지 않고도 업무를 완수하는 데 능숙하다. (   )
나는 조직에 가치를 제공한다. 그리고 관리자는 이 가치에 충분히 만족스러워하며 나를 내버려둔다. 내 목표가 조직의 목표와 일치하는 한, 다른 사람이 가

갈등을 관리하는 방법

치를 창출하는 방법을 나에게 알려줄 필요가 없다. 누군가 체크하거나 책임을 묻지 않아도 나는 성과를 낼 수 있다.

10. 나는 어떤 토론이나 의견 대립이 중요한지 그렇지 않은지 평가하는 데 능숙하다. (   )
나는 목표를 달성하기 위해 필요한 경우에는 갈등에 참여하지만 명확한 목적 없이 갈등에 휘말리는 것을 거부한다.

9장

효과적
갈등 적응력 전략

변화에 적응해야
살아남는다

2008년, 서른여덟 살의 닐 바로프스키Neil Barofsky는 꿈에 그리던 뉴욕의 연방 검사직을 그만두고, 워싱턴 DC의 부실자산구제프로그램TARP, Troubled Asset Relief Program 기금을 감시하는 특별감찰관이 되었다. 바로프스키는 전년도 금융 붕괴 이후 7,000억 달러(약 934조 2,900억 원) 세금이 배분되는 과정에서 금융 사기가 더 이상 발생하지 않도록 최선을 다하고 싶었다. 자신에게 미국 국민을 보호해야 할 도덕적 의무가 있다고 생각했기 때문이다. 그러나 워싱턴에 도착한 바로프스키는 물러나는 부시 정부와 새로 들어서는 오바마 정부의 재무부가 자신의 관리 감독을 방해하리라는 것을 곧 깨달았다. 검사로 훈련받은 그는 이런 장애물들에 영리하고 집요하게 직접적으로 맞서며 정면으로 접근했다. 그는 의회와 우파가 모두 자기 편이라는 것을 알고 있었다.

갈등을 관리하는 방법

몇 달 동안 그 일을 했지만, 그는 아무 성과도 내지 못했다.

하지만 바로프스키는 검사 생활을 하면서 배운 또 하나가 있다. 바로 배우는 법이었다. 언제나 끈질긴 그는 결국 자기 의제를 밀고 나아가려면 정직한 접근 방식에서 벗어나야 한다는 것을 깨달았다. 그는 자신이 이용할 수 있는 모든 수단을 동원해 어떻게든 진전을 시켜야 했다. 그는 대의를 위한다는 공동의 관심사에 착안해, 재무부와 지속적으로 벌이게 될 분쟁 프레임을 다시 짜기 시작했다.

바로프스키는 워싱턴 정치판을 잘 모른다는 자신의 무지를 유리하게 활용했다('백악관의 요청을 거절할 수 없다는 뜻인가요?' 하는 식이었다). 그는 언론에도 일관되게 투명한 태도를 취하면서 정치적 협력자들의 신뢰와 지지를 쌓았다. 정보와 전략적 지침을 얻기 위해 전 동료들과 워싱턴 내부자들로 구성된 강력한 네트워크에 의존했다. 다른 모든 방법이 실패했을 때는 부실자산구제프로그램을 설립해 자기 사무실을 만들어준 국회의원들에게 의지했다. 그는 워싱턴에서 근무한 기간이 짧았고 지역적 기반도 부족했다. 하지만 많은 사람이 그의 성과를 이례적으로 높이 평가했다.

찰스 다윈Charles Darwin은 "살아남는 것은 가장 강한 종도, 가장 똑똑한 종도 아니라 변화에 제일 잘 적응하는 종이다"라고 말했다. 바로프스키의 경험과 갈등 적응력에 대한 우리의 연구 결과도 이를 뒷받침한다. 일반적으로 사람들은 모든 갈등에 한 가지 방식(예를 들어 지지 아니면 지배)으로 접근했다. 그렇게 만성적으로 사용해온 전략이 실제 벌어지는 현실적인 상황에 잘 맞지 않을 때 문제들이 발생했다. 이런 관점에서 볼 때, 특히 장기적인 관점에서 효과적인 갈등 관리를 해나가려면 유연성이 필요하다. 이와 더불어 관련 환경 변화를 파악하고 이에 대응할 수 있는 능력도 중요하다.

사람들은 갈등에 대처할 때 자신에게 익숙한 방식을 선호한다. 그래서 상황에 따라 매우 다른 접근 방식이 필요해지면 심정적으로 힘들어진다. 이런 만성으로 굳어진 선호도가 얼마나 견고한지는 개인의 성격과 사회적 요인의 조합으로 형성된다. 하지만 궁극적으로는 각 전략에 대한 직간접적 경험의 정도와 질이 이를 결정한다.

신경과학 연구에 따르면 우리 뇌에서 함께 활성화되는 뉴런들은 서로 연결되어 있다. 특정 패턴으로 연결된 뉴런들이 반복적으로 활성화하면 뇌에 신경 '초고속도로'가 만들어진다. 반면 익숙하지 않은 신경 연결 경로들은 아무도 다니지 않는 '뒷길'로 강등되어 점점 더 접근성이 떨어지고 사용 빈도가 줄어들게 된다.[1] 습관적인 인식, 의사소통 패턴, 행동의 한계가 갈등의 부정적인 결과를 가져오게 한다. 그런데도 우리는 여전히 습관적인 인식, 의사소통 패턴, 행동에 갇힌다. 우리만의 문제가 아니다. 직장 내 관계에 따른 의식儀式과 기대도 우리를 행동 패턴들에 가둬놓는다. 관계에서 권력이 바뀌어도 서로에 대한 기대만으로 원래의 역학 관계가 유지될 수 있다. 이는 적응력에 대한 또 다른 과제다.

갈등을 관리하는 방법

갈등 적응력
=적응력+성실성+피드백

'적응 Adaptation'은 한 단위(아메바, 뇌, 사람, 집단, 조직, 개체군, 종 등)가 서식지나 환경에 더 적합하게 발달 또는 진화하는 과정이다. 조직적 측면에서 적응은 눈에 띄는 단서, 신호에 반응하는 행동의 변화로 정의되며, 이는 기능적 결과로 이어진다.[2] 적응에는 기본적으로 사전事前적 적응과 사후事後적 적응의 두 가지 유형이 있다. '사전적 적응'은 현재 상황은 변하지 않지만, 그 상황에 접근하는 방식이 잘못됐음을 깨닫고 적응하기로 결정할 때 일어난다. '사후적 적응'은 변화에 대한 반응으로 일어난다.

갈등 관리 영역에서 적응이란 상황에 따라 각기 다르게 필요한 전략, 유용한 전략을 다양하게 사용할 수 있는 능력을 말한다. 4장부터 8장까지 설명한 각 전략은 특정한 상황에 유용하고 적합하지만, 때로는 그에 따른 비용도 든다. 지나친 지배 전략은 억압적이고 소외감을 유발한다. 자비 전략을 잘못된 맥락에서 사용하면 수동적이고 나약해 보인다. 지지 전략을 잘못 적용하면 자신감 없어 보이고 한심하게 느껴진다. 만성적으로 자율성 전략을 취하면 이기적이고 무관심해 보일 수 있다. 회유와 순응 전략을 오래 고수하면 정서적으로 해롭다. 사전적이든 사후적이든 갈등 적응력의 핵심은 유연성, 그리고 그때그때의 환경 변화를 파악하고 적절하게 대응하는 능력이다.

갈등 상황에서 적응력이 주는 이점은 확실하다. 그러나 너무 적응을 못해도 문제지만 너무 잘 적응하는 것도 그리 바람직하지만은 않다. 심리학자들은 개인의 성향, 그리고 사람마다 환경에 접근하는 방식이 너무 빠르게 변화하면 불안정해지고 엄청난 격변을 겪을 수 있다는 사실을 발견했다.[3] 지나치게 유연하면 이중적인 사람, 나약한 사람, 교활한 사람이라는 평판을 얻기도 한다. 변화하는 갈등 상황에 적응하려 할 때 무엇이 옳은지, 무엇이 중요한지, 무엇이 필요한지 판단할 자신의 감각을 내적으로 유지할 방법을 찾아야 한다.

우리가 보기에, 갈등에 적응하며 관리하는 접근 방식은 적응력 adaptation과 성실성integrity이라는 다소 상반되는 두 가지 프로세스로 구성된다. 상황에 따라 변화하고 적응하는 능력인 적응력은 가치관, 세계관, 목표, 열망을 일관되게 유지하는 능력인 성실성과 균형을 이룬다. 이런 방향성으로 갈등을 바라보면 전략들을 유연하게

갈등을 관리하는 방법

펼치면서도 안정감 속에서 만족스러운 속도로 목표를 달성할 수 있다. 이는 갈등 관리에 더욱 건설적이고 만족스러우며 지속 가능한 접근 방식의 토대를 제공한다. 다른 사람들도 누누이 얘기해왔 듯, 적응력이 뛰어난 개인은 원칙에 입각하되 동시에 실용적이어야 하며,[4] 목표를 확고히 하되 그 수단에는 유연해야 한다.[5]

지속 가능한 적응력을 위해서는 '피드백 읽기'라는 한 단계가 더 필요하다. 1920년대에 메리 파커 폴릿이 직장 내 갈등에 관해 썼 듯, 인간은 갈등을 정지 상태의 사건이라 생각하고 싶어 한다. 그래서 갈등을 그 순간에 고정되어 있는 독립적 사건으로 바라보는 오류를 범하기 쉽다. 관리자는 일방적으로 갈등을 해결하려고 시도한 후 이렇게 말하면서 그 같은 오류를 범한다. "좋아요, 이제 넘어 갑시다! 이 문제는 해결됐으니까, 다음 문제!"

갈등에 적응하는 것은 지속적으로 일어나는 작용이다. 갈등이 발생하기 전, 갈등이 진행되는 동안, 그리고 갈등이 끝난 후에도 상황에 맞게 갈등의 원인과 결과, 그리고 갈등 당사자들의 반응을 파악해야 한다. 진을 빼며 힘들게 하는 소리로 들릴 수 있지만, 유능한 관리자는 본능적으로 이 과정을 깨우친다.

무엇이 갈등 속에서
적응력을 발휘하게 만들까?

    개방적이고, 사회적 지각력이 뛰어나며, 감정과 행동이 복잡하고, 자기 인식이 높은 사람일수록 적응력을 더 잘 발휘할 수 있다. 하지만 적응력은 시간을 들여 다양하고 반복적이며 효과적인 갈등 경험들을 쌓으며 발전하는 기술이기도 하다.

    우리가 성장하고, 생활하고, 일하는 사회적·문화적 환경도 적응 성향에 영향을 미친다. 컬럼비아대학 연구실에 따르면, 다른 사람들과 협상할 때 문화적으로 매우 단순한 규칙("다른 사람들이 여러분을 속이면 다시는 그들을 믿지 마라")을 가진 그룹은 더 논쟁적인 협상을 하고 그리 만족스럽지 않은 결과를 얻는 경향이 있었다. 그러나 갈등 협상에 대해 더욱 복잡하고 미묘한 규칙("다른 사람들이 여러분을 속이면 다시는 그들을 믿지 마라. 다만 여러분을 속일 수밖에 없었거나, 자기 행동이 여러분을 속이는 행동이라고 자각하지 못했거나, 대체로

                                        갈등을 관리하는 방법

좋은 의도에서 여러분을 속인 것일 때는 예외다")을 가진 그룹은 건설적인 역학 관계를 맺으며 훨씬 더 성공적으로 협상을 진행했다.[6]

연구에 따르면 다음과 같은 업무 환경은 다른 환경보다 적응력을 키우는 데 더 도움이 되는 것으로 나타났다.[7]

- 비상 상황 또는 위기 상황을 타개해야 하는 환경
- 높은 수준의 업무 스트레스를 감당해야 하는 환경
- 문제를 창의적으로 해결해야 하는 환경
- 불확실하고 예측할 수 없는 업무 상황에 대처해야 하는 환경
- 새로운 업무나 기술, 절차를 학습해야 하는 환경
- 대인 관계 적응력을 발휘해야 하는 환경
- 문화적 적응력을 발휘해야 하는 환경
- 새로운 신체적 장애에 대응해야 하는 환경

후속 연구로 팀 적응력team adaptation을 연구한 바에 따르면, 이런 근무 조건에서 근로자의 적응력을 높이는 핵심적 요소가 한 가지 있다. '심리적 안전'이다.[8] 에드거 셰인Edgar Schein과 워런 베니스Warren Bennis의 중요한 연구에서 유래한 개념으로, 심리적 안전은 충분한 대인 신뢰와 상호 존중의 상황에서 느낄 수 있다.[9] 심리적으로 안전한 업무 분위기가 조성되지 않으면 위의 8가지 환경은 적응력을 키워주기는커녕 실패나 갈등 악화로 이어지기 쉽다.

자기평가
자연스럽게 갈등에 적응할 수 있는가?

자신이 얼마나 적응력을 타고났는지 파악하려면 다음 질문들에 아래 숫자로 대답해보자.

1: 전혀 아니다	2: 아니다	3: 보통이다
4: 그렇다	5: 매우 그렇다	

1. 나는 장기적인 목표에 도움이 된다면 내 성격에 맞지 않는 갈등 전술들도 때때로 사용할 것이다. (   )

2. 나는 갈등을 해결하기 위한 '최선의 방법이 단 하나뿐'이라고 생각하지 않는다. (   )

3. 나는 갈등 상황에서 다양한 전술을 사용하는데, 이는 장기적인 목표에 도

갈등을 관리하는 방법

움이 될 수 있다고 생각하기 때문이다. (   )

4. 나는 갈등 상황에서도 결과를 고려하지 않고 충동적으로 반응하는 일이 거의 없다. (   )

5. 나는 내 커리어의 성공을 스스로 통제할 수 있다고 느낀다. (   )

6. 다른 상황일 때, 다른 사람들과 함께 있을 때 나는 종종 아예 다른 사람처럼 행동한다. (   )

7. 나는 다른 사람들이 나를 좋아하게 만드는 데 능숙하다. (   )

8. 때때로 나는 누군가를 기쁘게 하거나 그 사람의 호감을 얻기 위해 내 의견이나 업무 처리 방식을 조정한다. (   )

9. 나는 다른 사람들이나 다른 상황들로 바뀌면 그에 맞게 내 행동을 바꾸기가 별로 어렵지 않다. (   )

10. 나는 업무상 필요할 때 갈등 상황에서 매우 지배적일 수 있다. (   )

11. 나는 목표를 달성하는 데 필요하다면 직장 내 갈등 상황에서 나약하고 의존적인 모습을 보일 수 있다. (   )

12. 나는 필요하다면 업무 갈등 상황에서 대립적이고 지배적인 태도를 취할 수 있다. (   )

13. 나는 다른 사람들에게 굴복해야 하는 업무 갈등 상황에 원만하게 대처할 수 있다. (   )

14. 나는 평생 폭넓은 감정의 스펙트럼을 경험해왔다. (   )

15. 나는 시도하면 대체로 성공한다. (   )

점수를 합산한 다음에 아래 가이드라인을 참고하자. 점수가 매우 높다면 이 전략을 과도하게 사용할 가능성이 크다. 하지만 점수가 낮아도 우려할 만한 상황일 수 있다.

점수	의미	스스로 질문하기
40점 미만	갈등 상황에서 적응력을 거의 발휘하지 않는다.	환경이 이 전략을 지원하지 않는가? 아니면 이 전략을 제대로 활용하지 못하는가?
40~49점	이 전략으로 기울고 있다.	이 전략을 적절한 상황에서 충분히 사용하고 있는가?
50~59점	이 전략을 꽤 많이 사용한다.	이 전략을 너무 많이 사용하지는 않는가? 혹시 잘못된 맥락에서도 사용하고 있지는 않은가?
60점 이상	대부분의 상황에서 이 전략에 의존한다.	적응력을 과도하게 발휘할 확률이 높다. 이 전략을 자주 사용하는 만큼 환경도 이를 지원하는가? 올바른 맥락에서 효과적으로 사용하고 있는가? 갈등 관리를 위해 다른 전략들도 같이 사용할 필요가 있지는 않은가?

갈등을 관리하는 방법

조직평가
얼마나 적응적인 환경에서 일하는가?

현재 환경이 얼마나 적응력을 발휘해 행동하도록 만드는지 파악하려면 다음 질문들에 아래 숫자로 대답해보자.

1: 전혀 아니다	2: 아니다	3: 보통이다
4: 그렇다	5: 매우 그렇다	

1. 내가 근무하는 곳에서는 일관된 접근 방식을 융통성 없이 요구하기보다는 긴장된 상황뿐만 아니라 다양한 상황에 다재다능하게 대처할 것을 요구한다. (　)

2. 나의 업무 환경은 긴급한 상황에서도 명확하게 생각하도록 해준다. (　)

3. 직장에서 우리 문화가 아닌 다른 문화에 관해서도 배우도록 권장한다. (　)

4. 우리 팀은 예측할 수 없는 상황이 발생하면 활력을 되찾는 것 같다. (   )

5. 우리 조직은 세부적인 지침보다는 업무에 관한 전반적 원칙과 가이드라인을 제공한다. (   )

6. 우리 팀은 불편한 상황과 환경에서 일할 때 탁월한 능력을 발휘한다. (   )

7. 우리는 종종 직장에서 새롭고 낯선 문제를 해결해야 할 때가 있다. (   )

8. 우리 팀은 불명확한 상황에서 탁월한 능력을 발휘한다. (   )

9. 나는 함께 일하는 대부분의 사람들을 매우 존경한다. (   )

10. 나는 동료들이 옳은 일을 할 것이라고 믿는다. (   )

11. 우리 조직은 업무 수행상의 결함을 바로잡는 조치를 권장한다. (   )

12. 우리 팀은 다면적인 문제들에 대해서 독특한 분석법을 개발하는 데 능숙하다. (   )

13. 우리의 업무 환경은 사람이 다르면 다른 방식으로 대할 것을 장려한다. (   )

14. 우리 직장은 조직 체계와 규칙에 대한 유연한 감각을 제공한다. (   )

15. 우리는 결과를 예측할 수 없는 경우에도 위험을 감수하고 과감하게 업무를 추진하도록 격려받는다. (   )

채점

점수를 합산하면 15~75점 사이가 된다. 점수가 높을수록 조직에서 적응력을 발휘하는 것이 합리적이라는 뜻이다. 이제 자기평가 점수와 방금 완료한 조직평가 점수를 비교해보자.

갈등을 관리하는 방법

자기평가 점수: _____

조직평가 점수: _____

    일반적으로 두 점수가 비슷할수록 이 전략을 분별력 있게 사용하고 있을 가능성이 높다. 물론 갈등 상황마다 분위기가 다르므로 이 전략을 언제 누구와 함께 사용해야 할지 구분해야 한다.

갈등에 적응해야 할
6가지 이유

1. 갈등 적응력이 효과를 발휘한다.

사례를 기반으로 하는 국제 협상 연구에 따르면, 협상 당사국들이 상대편의 상대적인(그리고 관련 있는) 힘에 맞춰 전략과 행동을 조정할 때 협상이 더 효과적으로 이루어졌다.[10] 이는 힘이 약한 국가든 강한 국가든 마찬가지였다. 또 다른 연구들에 따르면, 효과적인 협상가들은 갈등을 해결하는 데 하나의 방식만 사용하지는 않았다. 그들은 다양한 전술의 유익한 요소를 활용하는 혼합적 또는 '복합적' 접근 방식을 사용했다.[11] 실제로 변호사들을 대상으로 연구한 결과, 유능한 변호사는 협상할 때 갈등 스타일 중 어느 하나에 딱 들어맞지 않는 특성과 행동 패턴을 보인다는 사실이 이를 뒷받침한다.[12]

2. 갈등을 덜 고통스럽게 받아들이도록 만든다.

한 연구에 따르면 긍정적인 갈등에 관해 성찰한 참가자들이 부정적인 갈등에 관해 성찰한 참가자들보다 자기가 처한 상황의 요구에 더욱 적응력 있게 행동했다.[13]

3. 갈등을 거쳐 더 많이 배운다.

또 다른 연구에 따르면 적응력이 높은 사람들은 적응력이 낮은 사람들에 비해 갈등에서 더 많은 것을 배운다. 또한 더 포괄적인 관점을 가지며, 장단기 목표 모두에 더 집중한다.[14]

4. 경쟁자들을 좋아한다.

적응력이 높을수록 동료들에 대한 만족도가 높다.

5. 업무 스트레스를 덜 받는다.

적응력이 높을수록 업무 스트레스 수준이 낮다.

6. 갈등이 더 나은 리더와 관리자를 만든다.

조직 관련 연구에 따르면, 행동 복잡성과 사회 지능(적응력의 기본 구성 요소)이 높은 경영진이 장기적으로 더 유능하다는 사실이 밝혀졌다.[15]

적응력을 발휘해
갈등에 대처한다는 것

  적응력 전략은 7가지 갈등 상황 모두에 적용할 수 있다. 이 전략은 본질적으로 여러 상황에 적용된다. 즉 온정적 책임의 상황, 명령과 통제의 상황, 협력적 의존의 상황, 불행한 용인의 상황, 독립적인 상황, 파트너십의 상황, 영역 다툼의 상황에서 맥락에 따라 유용하다. 항상 유리한 것은 아니지만(일부 지속적인 갈등에서는 한두 가지 전략에 집중해야 하는 경우도 있다), 장기간에 걸쳐 적응력을 갖추면 더욱 만족스럽고 효율적인 조직 생활을 하게 될 가능성이 높다.

  적응력을 발휘하는 기본 단계는 간단하다.

- 갈등 상황에서 자신에게 정말 중요한 것이 무엇인지 파악한다.
- 자신이 어떤 갈등 상황에 처해 있는지 파악한다.
- 잠재적으로 사용할 수 있는 다양한 전략과 전술을 확인한다.

　갈등을 관리하는 방법

- 제일 적합한(그리고 문제를 가장 덜 일으킬) 옵션을 선택한다.

- 능란하게 실행한다.

- 갈등을 겪으며 배운다.

이게 전부다. 쉽지 않은가? 맞다, 감정, 감정 저장소, 만성적인 선호도, 다른 사람들이 관련되어 있을 때를 제외하고는 말이다. 그러면 더 까다로워진다. 이제 적응력 전략을 구성하는 주요 전술들을 더욱 종합적으로 제시해보겠다.

10가지 갈등 적응력 전술

전술 1 상대방에게 맞는 전략들을 혼합하라

갈등이 전개되는 양상에 따라 전략과 전술을 바꾸어라.

마이크는 연 매출 5억 달러(약 6,675억 원) 규모의 제조 회사에서 총괄 관리자로 근무하고 있다. 그는 적응력이 없었다면 하루도 버티지 못했을 것이다. 그의 상사이자 CEO인 월터는 비즈니스에는 뛰어나지만 사람들에게는 지독한 인물이다. 이따금 폭발하는 월터는 마이크에게 의존하기도 하고, 그를 혹사하기도 한다.

마이크는 종종 자기 목표를 달성하기 위해 전략적으로 회유하고 순응한다.

"월터는 15분에서 1시간 동안 장황하게 열변을 토하며 화를 내곤 합니다"라고 마이크는 말한다. "우리가 논의 중인 결정 사항이

갈등을 관리하는 방법

나 문제를 두고 화를 내기도 하지만, 어떤 때는 우리가 얘기하는 것과는 무관한 날것의 감정일 때도 있습니다. 그럴 때 저는 보이지 않는 벽을 세웁니다."

마이크의 '벽'은 의식적으로 자신을 분리시키는 것이다. 그는 저녁 식사로 무엇을 먹을지, 주말에 누구와 함께할지 생각하면서 자기 머릿속으로 들어간다. 가끔 고개를 끄덕이며 월터의 눈을 쳐다보기도 하고, 몇 마디 말을 주워듣곤 마치 실제로 듣고 있는 것처럼 그 말들을 반복하기도 한다.

때때로 마이크는 회유, 순응 전략과 함께 지지 전략을 병행하기도 한다.

월터는 어떤 결정을 내릴 때 마이크가 동의하지 않으면 가끔 고함을 치며 폭언을 한다. 사소한 결정이거나 몇 주 동안 시간이 있는 일인 경우, 마이크는 "좋아요, 사장님 방식대로 하겠습니다"라고 말한다. 하지만 며칠이 지나고 월터가 좀 차분해지면 마이크는 다시 그 이야기를 꺼낸다. 그러면 월터는 재고하거나 협상해주곤 한다. 마이크는 "우리는 때때로 서로의 차이점에 관해 매우 우호적인 대화를 나누며 함께 더욱 효율적으로 일할 수 있습니다"라고 말한다.

그리고 기한이 촉박하고 돌이킬 수 없는 중대한 결정을 두고서 월터가 일장 연설을 늘어놓을 때도 있다.

"그때는 벽을 세우지 않습니다"라고 마이크가 설명한다. 그는 사실들, 숫자들, 자기주장이 발휘하는 힘을 가지고, 권력을 행사하는 월터의 지위에 대항하면서 건설적인 지배력으로 월터의 독설에 기꺼이 맞선다.

마이크는 부하 직원들과 갈등이 있을 때는 실용적으로 자비를 보이는 전략을 선호한다. 그는 월터의 폭발하는 스타일이 트리클다운 효과trickle-down effect(낙수 효과)로 회사 문화에 스며들지 않게 하고 싶다.

마이크는 팀원들의 합의를 이끌어내는 데 대부분의 시간을 쓴다. 부하 직원들이 실수를 인정하거나 나쁜 소식을 전하면 일단 솔직하게 얘기해줘서 고맙다고 말한다. 부하 직원들이 자기 의견에 동의하지 않을 때는 더 많은 의견을 내도록 격려한다. 그리고 합의를 강조하지만, 10번 중 한 번은 팀원들의 의견을 경청하되 팀의 결정을 거부한다. 그는 회의와 회사 친목 행사가 즐거운지 확인한다. 한 팀원이 일주일 동안 입원했을 때는 매일 병문안을 갔다.

마지막으로, 마이크가 비즈니스에 도움이 된다고 생각하는 중요한 목표가 있는데 월터의 반응을 상대하고 싶지 않다면 그냥 실행에 옮긴다. 때로는 선택적 자율성을 발휘하다가 날벼락을 맞기도 하지만, 그렇지 않을 때도 있다.

마이크는 책임자는 아니지만 힘, 즉 권력이 있다. 그의 권력은 뛰어난 성과, 부하 직원들의 충성심, 상사의 신뢰, 갈등 적응력에서 비롯된다.

갈등을 관리하는 방법

전술 2 현재 상황을 흔들어라

변화를 요구하는 기존 조건들을 이용하거나, 사실상 현상 유지를 불안정하게 만드는 새로운 조건들을 만들어라. 모든 갈등 당사자가 다르게 보고, 생각하고, 느끼고, 반응하도록 자극하는 것이다. 그러기 위해 자리이동, 외부인들과의 대화, 새로운 장소로의 여행 등 물리적 변화를 시도하라.

현재 상태를 뒤흔들면 자동반사적으로 처리하고 대응하는 한계에서 벗어나 새로운 전략을 개발하고 발전시킬 수 있다.

우리가 매일 직면하는 갈등은 반복될 수 있다. 옹졸한 독재자들과 같은 일을 반복해서 겪게 되면 매번 같은 대응 전략을 사용하고 싶은 유혹에 빠지기 쉽다. 조직 이론가인 가레스 모건Gareth Morgan은 이를 "불안정성의 문을 여는 것"이라고 표현했다.[16]

미셸 르바론Michelle LeBaron은 우리 동료 중 한 명이다. 그는 1993년, 이스라엘-팔레스타인 분쟁을 해결하기 위해 세계 각지의 외교관들을 더블린 근처에 모이게 했던 이야기를 들려줬다. 그들에게서 새로운 아이디어를 이끌어내려는 시도였다. 그때 퍼실리테이터들의 주요 과제는 외교관 그룹이 분쟁에 관해 이야기를 할 때 기존의 상투적인 틀에서 벗어나게 하는 것이었다. 예를 들어, 중동 문제를 정의하고 대응하는 방식을 좌우하는 입장 표명, 반복적인 프레임, 제한적인 가정 등이 그것이다. 처음 이틀 동안은 표준적인 문제 해결 형식을 따랐을 뿐 별다른 진전이 없었다.

사흘째 되는 날, 외교관들은 벨파스트로 버스 여행을 떠났다. 참가자들은 낡은 스쿨버스에 함께 밀치락달치락 몸을 실었다. 그러면서 서로를 가로막고 있던 벽 하나를 허물고 서로를 다르게 바라보기 시작했다. 서로의 공통점을 발견하고 열정을 공유하면서 더욱 유쾌하게 소통하기 시작했다. 북아일랜드 평화운동가들과 함께 여러 차례의 토론과 공동 프로젝트에 참여했다. 그 과정을 거치면서 외교관들 사이의 동료애가 더욱 깊어졌다. 단체 식사를 마친 후 버스를 타고 더블린으로 돌아갈 때 참가자들은 어둠 속에서 함께 노래를 불렀다. 르바론 교수는 "이 여행을 다녀온 후에야 대화가 활기를 띠고, 독창성이 생겨났다. 그리고 이스라엘과 팔레스타인 사이의 난해한 갈등을 변화시킬 상상력이 발휘되기 시작했다"라고 썼다.[17]

퍼실리테이터들은 참가자들 사이의 역학 관계 변화에 감격했지만 무슨 일이 벌어졌는지는 이해하기 어려웠다. 그러던 중에 어떤 깨달음을 얻었다. 르바론이 이렇게 썼다.

우리는 뻔한 말 같지만 눈에 보이지 않던 명백한 진실을 떠올렸다. 여기에 참가한 우리 모두가 창의적인 능력을 지니고 있으며, 놀이와 아름다움을 사랑하는 실제 신체를 가졌다는 진실을 말이다. 왜 이런 명백한 사실을 언급할까? 다른 많은 워크숍과

갈등을 관리하는 방법

마찬가지로, 이 워크숍은 모든 사람이 목 위로만 존재하는 것처럼 설계됐기 때문이다. (…) 신체적 움직임은 우리가 이제 막 깨닫기 시작한 방식으로 태도를 변화시키는 거대한 촉매제다.[18]

인간은 신체를 가진 독립체이다. 그러므로 대화를 나누고 협상을 시도할 때 이를 무시하거나 부정한다면 그건 실수다. 신체에 변화를 주는 시도들(자리 이동, 몸으로 부대끼는 경험, 외부인들과의 대화, 새로운 장소로의 여행 등)은 우리가 적극 장려하는 방법 중 하나다. 갈등에 대한 우리의 프로그래밍된 만성적 반응을 흔들어 깨우고 변화시켜 다르게 보고, 생각하고, 느끼고, 대응하도록 하기 때문이다.

기업은 팀을 외부로 끌어내 다른 방식으로 서로를 만나게 해서 팀을 뒤흔든다. 조직에서 서로의 역할을 이해하지 못해 의견이 일치하지 않을 때 쓰는 방법이 있다. 다른 부서의 직원과 일시적으로 직무를 교환시켜 변화를 일으키는 것이다. 고객들을 직접 상대하면 창고에서 비판하는 사람의 관점이 바뀔 수 있다. 마감 기한에 쫓기는 더운 창고에서 실제로 일해보라. 그러면 무대 뒤에서 고객들을 만족시키기 위해 일어나는 일들을 바라보는 고객 서비스 담당자의 방식이 달라질 수 있다.

전술 3 시스템을 바라보라

갈등과 감정이 촉발되어 격렬해질수록 우리의 생각과 느낌, 선택의 폭이 좁아지고 단순해진다. 모든 당사자에게 중요한 것은 갈등을 더욱 전체적으로 바라보려고 노력하는 일이다.

대부분의 '호모 사피엔스'처럼 여러분도 갈등에 처하면 즉시 상대방이 얼마나 잘못했는지 그 한 가지에 집중하게 될 것이다. 이는 우리를 흑백논리, 옳고 그름과 '우리' 대 '그들'을 나누는 사고방식에 갇히게 하고, 결과적으로 상황을 바라보는 우리의 지각을 지나치게 단순화한다. 이것이 위협에 대응하는 자연스럽고 논리적인 방어 반응이기는 하다. 하지만 이것은 우리의 경험과 다양하게 사용할 수 있는 전략들에 대한 감각을 제한하기도 한다.

문제를 조기에 지나치게 단순화하는 것을 피하고, 상황의 본질과 사용할 수 있는 다양한 전략적 옵션을 파악해야 한다. 이 단계는 분쟁 당사자와 중재자 모두에게 중요하다.

짐은 미국 정부 연구소의 지부장으로 새로 부임했다. 그의 상사는 "오늘부터 당신의 골칫거리"가 될 지사장 톰의 반발을 어떻게 처리할 생각이냐고 물었다. 짐은 갈등의 맥락을 살펴볼 시간을 달라고 요청했다. 그는 이전 경험들을 토대로 어떤 갈등은 개인의 문제가 아니라 시스템의 문제라는 것을 알게 되었다. 그는 업무에 작용하는 많은 힘을 이해하고 싶었다.

갈등을 관리하는 방법

짐은 여러 관점으로 살펴보는 것부터 시작했다. 그는 톰이 관리하는 과학자 10명에게 짖어대기만 했다는 사실을 알게 되었다. 과학자들도 톰에게 맞받아쳤다. 짐이 귀를 기울일수록 분노의 소리가 커졌다. 짐은 톰 자신의 이야기에서 가장 많은 것을 알게 되었다. 다른 과학자들과 일 자체에 대한 불평을 많이 들은 짐은 톰의 관심사를 물었다. 톰은 과학을 향한 절제된 열정을 지니고 있었으며, 대학에 다니는 자녀가 둘이었다.

"제가 이 일을 하기로 한 것은 맞습니다"라고 톰은 인정했다. "하지만 지금 제 연구는 중단된 상태입니다." 결국 톰은 자신이 관리 업무를 줄이고 싶어 한다는 것을 깨달았다. 자기가 좋아하는 일을 하지 못하게 하는 승진은 결코 승진이 아니었다. 짐은 톰이 다시 연구로 돌아가도록 했다.

그 후 1년 동안 짐은 과학자들을 지사장 직책에 번갈아 배치했다. 과학자들이 이 직무를 존중하게 되면서 갈등은 줄어들었다. 네번째로 지사장을 맡게 된 사람은 그 일을 잘 해냈고 정착했다.

갈등에 관해 짐은 이렇게 조언한다. "먼저 경청한 후 질문하세요. 처음으로 쏟아놓는 불만보다는 전체 불만을 이해하려고 노력해야 합니다. 처음에 제시된 문제들에 대한 해결책은 대개 차선책일 뿐입니다."

전술 4 현재에 적응하며 건설적인 내일로 나아가라

갈등 적응력이 높은 개인은 주어진 상황에서 자기 행동이 적절한지 고려하면서 동시에 분쟁을 조정한다. 그리하여 모든 갈등 당사자에게 이익이 되도록 한다는 장기적 목표를 놓치지 않는다.

적응력 전략은 단기적으로는 우발적인 갈등에 적용해볼 수 있다. 그 상황에 바로 요구되는 바를 관리해 갈등이 커질 가능성을 줄인다. 또한 건설적인 조치에 필요한 안정된 환경을 만드는 데도 도움이 된다. 그러나 (자비, 협력, 지지 같은) 더욱 협력적인 접근 방식들이 장기적으로 모든 갈등 당사자에게 긍정적인 결과를 가져올 가능성이 더 높다.[19] 갈등에 적응하려는 사람은 어떤 상황이 주어지더라도 그 상황에서 자기 행동이 적절한지 고려한다. 그렇게 해서 모든 관련자에게 이익이 되도록 갈등을 조정하려는 목표를 놓치지 않는다.

다음과 같은 경우들은 어떻게 보이는가?

어느 비영리단체 관리자는 최근에 채용한 신입 사원과 의견 충돌을 빚었다. 관리자는 그 갈등을 다스려 일이 제시간에 잘 끝날 수 있게 해야 했다. 관리자는 적응력을 능숙하게 발휘해 신입의 논쟁적인 성격 이면에 숨겨진 재능을 발견하고, 신입과 더욱 협력적으로 일할 수 있는 기반을 마련한다.

어느 리더는 유능한 전문가들로 팀을 구성하고 싶지만, 창업 초

기 단계여서 대부분의 업무를 직접 처리해야 한다. 그는 스스로 목표를 설정하고, 그 목표를 달성해가면서 처음에는 어시스턴트 몇 명만 직원으로 두었다. 당분간은 직원들의 의견 차이를 대부분 무시할 생각이었다. 이것이 초기에 목표를 달성할 수 있는 유일한 방법임을 알고 있기 때문이다. 그러나 서로의 의견 차이를 극복해가는 강력한 팀을 구성하지 못하면, 자신의 자율적인 접근 방식이 장기적으로 한계에 부딪힐 것임도 안다.

이번에는 어느 학교 행정가의 이야기다. 그 학교의 한 젊은 교사가 한 학생의 부모와 친구가 되어 이런저런 이야기를 주고받았다. 그런데 어느 날 페이스북에 논란이 될 만한 자료를 올린 것이다. 학교 행정가는 이 젊은 교사와 논쟁하기도 협상하기도 일체 거부했다. 그는 더 많은 문제를 예방하는 차원에서 자신의 권한으로 임시 정책을 발표했다. 하지만 장기적인 관점에서는 소셜 미디어 규칙 만들기에 더 많은 교직원을 동참시킬 계획이다. 그의 목표는 교직원들과의 합리적인 집단 협상을 거쳐 합의한 정책이다.

마지막으로, 연차가 오래된 직원은 신임 관리자가 초기에 어리벙벙해하며 비즈니스를 제대로 이해하지 못하면 그 사실을 금방 눈치챈다. 그러면 그는 단기적으로 자율성을 발휘해 부서의 혼란스러운 의견 불일치를 대부분 회피한다. 그는 경험을 토대로 자신의 목표와 그 목표를 추구하는 방법을 알고 있다. 그런데도 관리자가 직원들과 함께 목표를 설정하고, 비즈니스 전략을 구현할 지식을 쌓으며, 협력적 리더십 기술을 개발할 날을 고대한다.

전술 5 '셔틀 외교'를 실천하라

갈등 당사자들 사이를 오가며 단계별로 다른 지능적 갈등 전략을 사용하라. 목표는 모든 당사자(관련자)와 조직이 수용할 수 있는 결과다.

'셔틀 외교'라는 표현은 욤 키푸르 전쟁(제4차 중동전쟁) 이후, 분쟁을 중재하려고 애쓴 미국 전 국무장관 헨리 키신저Henry Kissinger의 노력을 가리키는 용어로 처음 사용됐다.[20] 그 이후에는 갈등 당사자들을 중재하는 사람들의 행동을 설명하는 용어로 쓰이기 시작했다. 즉, 갈등 당사자들이 협상을 거부하거나 너무 화가 나서 직접 대면하지 못할 때 이쪽저쪽 오가며 중재를 이끌어내는 것을 말한다.

회사 중역인 아르망은 영업 관리자인 제인과 구매 관리자인 랠프 사이에 긴장감이 감도는 것을 느꼈다. 다른 관리자들도 두 사람이 서로 비꼬는 뒷말을 하고 상대방을 에둘러가며 일을 처리한다는 것을 알 정도였다. 서로 피하는 모습이 역력했다. 아르망은 두 사람을 한자리에 모아 삼자 회의를 열었다. 두 사람은 처음에는 입을 꼭 다문 채 아무 말도 하지 않았다. 하지만 아르망의 질문에 대답하면서 결국 서로를 향한 완강한 혐오감을 드러냈다.

아르망은 일명 '셔틀 미팅'을 시도하기로 결정했다. 그는 제인과 랠프를 차례로 만나 자신의 의도와 목표를 알렸다. 그렇게 둘 사이에 메시지를 전달해, 결국에는 그들 스스로 서로의 의견 차이를 조정할 수 있기를 바랐다.

아르망은 두 관리자가 서로를 좋아할 필요는 없지만, 강한 반감을 보이며 회피하는 일이 없기를 원했다. 두 부서는 조직 차원에서 서로 협력해야 했다. 그러지 않으면 둘 중 한 명 또는 둘 다 부서 이동을 하거나 해고될 것이 불 보듯 훤했다. 그는 자신에게 힘이 있다는 것을 알았지만, 그 힘을 더 큰 공동의 이익을 위해 사용하고 싶었다.

먼저 그는 실용적 자비 전략으로 개별 면담을 거쳐 감정을 좀 누그러뜨린 상태에서 서로의 의견 차이와 성격 차이를 끌어냈다. 그리고 더 많은 협력을 위해 상대방이 할 수 있는 일이 무엇인지, 상대방에게 바라는 행동이 있다면 어떤 것이 있는지 물었다. 아이러니하게도 두 사람 다 더 많이 소통하고, 정보를 요청하면 더욱 빨리 처리해줄 것과 친절을 원한다고 대답했다. 또한 유머를 줄이고 (서로 재미없어했다), 공격적인 이메일을 보내지 말고, 상대 팀에 관해 불평을 늘어놓지 않기를 원했다. 아르망은 이러한 사항들은 충분히 고칠 수 있는 문제라고 생각했으며 그렇게 말했다.

아르망은 두 사람을 오가며 서로의 요청 사항을 전달했다. 그리고 조직 기여도 측면에서 자신이 두 사람을 어떻게 바라보는지 각

각 얘기했다.

그러나 셔틀 미팅을 마무리하기 전에, 아르망은 건설적인 지배력을 발휘해 그들 각자와 상황을 제압하는 회의를 한 번 더 가졌다. 그들이 직접 관계를 재개할 준비가 된 것 같았다. 이때 그는 각자에게 변화를 보이지 않으면 앞으로 다른 조치를 취할 것이라고 말했다. 두 사람 모두 업무 역량이 뛰어나기 때문에 많은 시간을 들여 그가 중재해온 것이다. 하지만 조직에서는 일을 잘하는 게 다는 아니라고 충분히 설명했다. 그는 이제 두 사람이 여전히 서로를 좋아하지 않을지언정 의견 충돌이 생겨도 잘 해결하면서 잘 지낼 것으로 생각한다는 기대감도 드러냈다.

그런 다음에 아르망은 두 사람과 회의를 하면서 다시 협력적인 분위기로 돌아갔다. 여러 번의 셔틀 미팅 결과를 검토하면서 그는 두 사람이 어떻게 다른지, 두 사람에게는 어떤 가치가 있는지, 서로에게 무엇을 더 필요로 하고 필요로 하지 않는지 정리했다. 그리고 두 사람을 위해 이를 문서로 작성했다.

제인과 랠프는 2년 더 협업 관계를 개선했다. 두 사람의 관계는 여전히 완벽하지 않았다. 하지만 아르망의 목표는 두 사람이 (빈정대며 회피하는 등) 서로를 해치는 행동을 멈추고, 최소한 다른 사람들 앞에서 '좋은 관계를 유지하는' 것이었다. 랠프가 다른 직장으로 떠났을 때 세 사람은 안도했다. 이 갈등은 다른 많은 갈등과 마찬가지로 해결되지는 않았지만 2년 동안 잘 관리됐다.

갈등을 관리하는 방법

전술6 경쟁 상대에게서도 적응력을 배워라

혼자서 적응할 필요는 없다. 친구, 동료, 협력자, 심지어 과거에 적이었던 사람들도 모두 자신의 다양한 영향력을 발휘해 갈등 관리 전략들을 적용한다. 그렇게 해서 우리 목표를 달성하는 데 도움을 준다.

안토니오의 리더십 강점 중 하나는 겸손이다. 그는 갈등이 불거졌을 때 자신에게 도움이 필요하다는 것을 안다. 스스로 인정하듯 그는 언제나 그렇듯 협조적이다. 안토니오는 갈등 조언자 네트워크에 의존해 적응력을 키우고 있다. 크고 복잡한 비즈니스 의사 결정을 할 때 그는 합의하려고 노력했다. 하지만 여러 관점으로 분쟁을 관리하는 방법을 알려주는 다양한 네트워크의 도움을 받아 제일 확실한 합의를 이룰 수 있음을 수년에 걸쳐 배웠다. 이제 적합한 해결 전략을 찾느라 온갖 수단을 강구하지는 않아도 되었다.

정말 중대한 결정에는 수입과 도매 유통 사업의 기반을 성공적으로 닦은 아버지를 참여시킨다. 안토니오의 아버지는 직원 고용을 유지하고, 비용을 낮추며, 지역사회에 환원해야 한다고 열정적으로 주장한다. 이것이 그의 성공 비결이었으므로 이를 한결같이 고수하고 있다. 아버지는 의견 충돌이 있을 때 독단적으로 행동하는 경향이 있지만, 마음이 넓어서 독재자라는 소리를 듣지는 않는다.

COO는 모든 숫자를 관리하는 사람이다. 갈등은 건전한 비즈니스 논리와 손익 여부를 토대로 해결해야 한다. "어떤 문제에 합의할 수 없을 때는 데이터를 판단 기준으로 삼아야 합니다." 그녀는 기꺼이 타협할 의향이 있지만, 모두가 "잔인한 사실을 직시할" 때까지는 그럴 수 없다.

안토니오의 형은 모든 사람의 감정을 알고 싶어 한다. 그는 이 회사에서 파트타임으로 일을 하며 사회복지를 실천하고 있다. 그는 논리와 전통만큼 감정도 의견을 일치하지 못하는 데 영향을 미치는 중요한 요소이므로 감정에도 잘 대처해야 한다는 것을 알고 있다. 안토니오는 갈등 이면에 잠재된 감정들을 간과할 때가 있다. 특히 부하 직원들이 불안하거나 화가 났다는 사실을 숨기고 싶어할 때는 더더욱 그렇다. 그의 형은 그런 감정을 밖으로 끌어내어 인정하고 근본적인 문제를 해결할 수 있도록 해준다.

몇 년 전, 안토니오는 《포춘Fortune》이 선정한 500대 기업에서 은퇴한 사외 이사진을 영입했다. 이사진은 대기업의 관점으로 갈등을 어떻게 관리하는지 노하우를 제공한다. 이사회 멤버들은 분쟁이 발생하면 이렇게 질문할 가능성이 높다. "법적 파급 효과는 무엇인가?" "언론에 어떻게 비칠 것인가?" "이 갈등의 결과가 최고의 인재를 채용하고 보유하는 당신의 능력에 어떤 영향을 미칠 것인가?"

그리고 안토니오는 창고에서 트럭에 물건을 싣는 직원들까지 모든 직원의 말에 귀를 기울인다. 보상을 두고 의견 차이가 생겼을 때, 그는 직원들이 이 문제를 어떻게 생각하는지 알고 싶어 했다. 그뿐만 아니라 나아가서 이 문제에 어떻게 접근하면 좋을지, 여러

갈등을 관리하는 방법

직원에게 의견을 물었다. 직원들은 경영진 회의에 참석해 그 상황을 논의할 직원 대표 몇 명을 선출해야 한다고 대답했다.

그리고 너무 많은 사람에게 소리를 질러서 해고된 이사가 있었다. 안토니오는 2년 동안 그와 대화를 나눈 적이 없었다. 하지만 가끔 커피를 마시며 그에게서 특정 분쟁들을 처리하는 방법에 관해 조언을 구하기로 했다. "이 갈등을 어떻게 다루어야 하는지 알려줄게요. 당신이 상사라고 말하세요. 그게 다예요." 그가 거친 브루클린 억양으로 설교했다. 물론 안토니오는 터프가이의 목소리를 그대로 따라 하지는 못했다. 그래도 때로는 부하 직원 중 한 명을 그같은 지배력으로 통제해야 한다는 것을 알고 있다.

안토니오가 사람들에게 앞으로 어떻게 할지 말하거나, 잠시 경청을 한 다음 투표를 했다면 갈등을 더 빨리 '해결할' 수 있었을 것이다. 하지만 안토니오에게 조언해주는 사람들은 항상 편치 않은 방식으로 분쟁에 접근하도록 한다. 이 접근 방식은 복잡하고 감정에 호소하며 시간을 많이 필요로 하지만 대체로 더 효과적이다.

전술 7 부드럽게, 그러나 자기 중심을 잡고 움직여라

이슈들에 대해 창의적이고 유연하며 통합적인 태도를 취하라. 그러나 협상할 여지가 없다고 판단되는 이슈에 대해서는 자기 입장을 명확히 하고, 필요한 경우에 강경한 전술들로 전환할 계획을 세워라.

존이 부서 관리자가 되자 그의 상사들은 그에게 엄격해져야 한다고 했다. 전임자가 지나치게 관대하고 비효율적이었던 탓에 존은 단호하고 공정하게 일하라는 지시를 받았던 것이다. 존은 자신이 실제로는 상반된 메시지를 복합적으로 받고 있음을 알았다. 회사 문화는 지배적인 관리자에게 관용을 보이지 않았다. 존은 배를 흔드는 일 없이 직원들을 불편하게 만들지 않으면서도 상황을 엄격하게 관리해야 했다. 존의 새로운 부하 직원들은 대부분 변화에 흥분했다. 그들은 유능하고 의욕이 넘쳤으며 이전 관리자에게 좌절감을 느꼈기 때문이다.

하지만 데이비드라는 직원은 그 같은 변화에 덩달아 흥분하지 못했다. 그는 수년간 회사에 근무했지만 생산성은 미미한 수준에 불과했기 때문이다. 그는 새로운 소프트웨어나 다른 시스템을 익히지 못했다. 그런데도 몇 년 동안 무턱대고 고무도장을 찍어대듯 '기대에 부합한다'는 물렁한 평가를 받아왔다. 존은 이런 기록으로는 이 회사에서 데이비드를 해고하지 못한다는 것을 알았다.

그래서 존은 위아래로 협상을 진행했다.

먼저 존은 상사와 만나서 데이비드에 관해 논의했다. 그에게 시간을 충분히 주었는데도 여전히 기대에 부응하지 못한다면, 다른 부서로 보내겠다는 데 합의했다. 협상은 '충분한 시간'을 어느 정도로 할 것인지 정하고, 데이비드를 어느 부서로 보낼지에 초점을 맞추었다. 마침내 존과 상사는 데이비드를 특별 이벤트, 오찬, 고객

갈등을 관리하는 방법

방문을 준비하는, 인력이 부족한 부서로 보내는 데 합의했다.

그러고 나서 오랜 기간 근무한 직원인 데이비드에게 새로운 책임을 맡기기로 협상했다. 부서 이동에 대해서는 일절 말하지 않고 말이다. 존은 데이비드에게 한 소프트웨어 시스템 기반의 업무 능력을 기르고 다른 시스템도 하나 더 배우라고 요청했다. 데이비드는 두 가지 일을 동시에 할 수 없다며 불만을 토로했다. 이에 존이 타협해 데이비드에게 다른 도시에서 열리는 교육에 참석하라고 요구했다. 이번에는 데이비드가 가족과 떨어져 지내기는 힘들다고 말했다. 존은 수업 횟수를 줄여줬다. 존은 데이비드와 협상하면서 자신이 이전 관리자처럼 관대하지는 않지만, 기꺼이 수용할 의향도 있음을 보여줬다.

새로운 관리자에 관해 묻자 데이비드는 "까다롭지만 불합리하지는 않다"라고 얘기했다.

하지만 데이비드는 업무상 불가피한 변화를 따라잡는 데 계속 주저하는 모습을 보였다. 그러자 존은 부드러운 태도에서 강경한 태도로 전환할 준비를 했다. 먼저 존은 상사에게 다시 한번 약속을 받아냈다. "그래요, 데이비드가 바뀌지 않는다면 다른 부서로 보내도 좋습니다"라고 상사가 약속했다. 그러고 나서 존은 데이비드에게 갔다.

"데이비드, 나는 당신이 성공적으로 업무를 수행할 수 있기를 바랍니다. 하지만 부서 내에서 이런저런 변화로 스트레스를 많이 받는 것 같군요. 특별이벤트팀으로 가는 것은 어떨지 한번 생각해보세요."

데이비드는 그 팀이 자신에게 맞지 않을 것 같다고 말했다.

존은 "30일 후에도 당신의 태도와 생산성이 개선되지 않으면 당신을 다른 부서로 보내겠다고 보고했고 승낙도 받았습니다"라고 강조했다. 협상은 끝났다.

31일 후 존은 데이비드를 다른 부서로 보냈다.

전술 8 직간접적 방법을 모두 동원해 더 큰 이익에 집중하라

적응력을 발휘해 권력 차이가 나는 갈등을 관리할 때는 직접적인 설득과 간접적인 영향력 행사를 신중하게 병행할 필요가 있다. 이는 조작이나 속임수와는 엄연히 다른데, 그 구분은 오로지 여러분의 성실성에 달려 있다.

데일은 도로가 곧게 뻗은 서부 텍사스에서 자랐다. 그 덕분에 그가 가고 싶은 곳이 어디든 빠르게 직진할 수 있다. 데일에게는 사람들도 그렇게 보였다. "사람들이 어디에서 오는지 알 수 있고, 어디로 가는지 볼 수 있습니다."

하지만 비료와 농약을 생산하는 글로벌 기업에서 일하는 것은 달랐다. 경력을 쌓는 동안 함께 일한 리더 중에는 수십억 달러(수조 원) 규모의 비즈니스를 관리하는 리더들도 있었다. 이들은 매우 결과 중심적, 성과 지향적이었고 권한이 막강했다. 그런 리더들을 직접 상대하다 보면 벽에 부딪혔다. 데일은 서부 텍사스의 곧게 뻗은 고속도로 같지 않은 길들도 찾아야 했다.

데일은 캐나다 사업부에서 근무하는 동안 북아메리카 CEO인 척에게 보고했다. 데일은 척과 함께 일하는 것을 좋아했다. 척은 대부분은 사려 깊고 자신감 넘치는 데일의 답변에 귀를 기울였다. 그리고 결정도 데일에게 맡기는 편이었다. 척이 "내 방식대로 합시다"라고 말하는 일은 드물었다.

한 가지 문제만큼은 척이 타협의 여지를 전혀 보이지 않았다. 그는 데일에게 캐나다 사업부를 토론토에서 위니펙으로 옮기라고 지시했다.

"척은 20년 만에 토론토 사무소를 폐쇄하고 적임자들을 설득해 시베리아와 비슷한 위니펙으로, 토론토에서 서쪽으로 2,253킬로미터나 떨어진 곳으로 옮기라고 말했습니다"라고 데일이 설명했다. "척은 위니펙에서 자랐기 때문에 영하 25도는 별문제가 되지 않았지요."

그러나 데일은 회사의 장기적인 미래에 대해 많은 고민을 했다. 캐나다 사업부를 활기차고 아름다운 문화 도시인 캘거리로 이전하기를 원했다. "척과 나는 토론토에서 벗어나는 데는 전적으로 동의했습니다. 그리고 우리 비즈니스의 80퍼센트가 서부에서 이루어지기 때문에 이전이 합리적이라는 데도 합의했지요."

그런데도 데일은 위니펙은 끔찍한 아이디어라고 생각했다. "하지만 그렇게 말하지는 않았어요. 척이 이 일을 우리 둘 사이의 갈등으로 생각하지 말았으면 했거든요. 척이 다른 도시를 좋아하는 나 개인의 감정 때문이라고 생각하지 않기를 바랐어요." 데일은 몇 년 안에 다시 미국으로 돌아와 일하고 생활하게 될 것임을 알고 있었다. 그는 회사는 물론 자신과 함께 이주하게 될 가족을 위해 장기적인 해결책을 원했다.

"캐나다 동부의 거만한 전문가라는 사람들은 가족과 끈끈한 유대 관계를 맺으며 문화적 편견도 가지고 있었지요. 그래서 나는 그들을 서부로 이주시키는 일이 척과 나의 공동 문제로 여겨지게 했습니다. 나는 텍사스 출신이고 척은 캐나다 서부 출신이라, 우리 둘 다 거들먹거리는 동부 사람들에게 감정이 있었지요."

이번에는 데일이 도전적인 질문을 던졌다. "그저 강압적으로 얘기하는 것 말고 과연 동부 사람들에게 서부로 이주하라고 설득할 수 있을까요?" 데일은 직원들이 사무소 이전 문제에서 따돌림을 당한다고 느끼며 화를 낼 때까지 기다리지 않고, 처음부터 직원들과의 갈등을 관리하기를 원했다. 그렇게 되면 회사가 직원들을 잃게 되리라는 것을 알았기 때문이다. 그리고 척과의 정면 대결도 피하고 싶었다.

척도 문제를 파악했다. 유능하고 중요한 인재들에게 이사를 가라고 명령하면 그들이 거절할 수도 있었다. 척은 그 사실을 너무도 잘 알고 있었다. 데일은 그들이 기꺼이 이사를 하게 하면서 척의 생각도 바꾸게 할 방안을 고심했다. 드디어 데일은 비즈니스에 가장 적합한 도시를 찾아 조사하고, 향후에 최고의 인재를 유치하고 보유할 프로세스를 만들자는 방안을 제안했다. 척은 위니펙이 당연한 선택이라고 생각했지만 데일의 안에 동의했다.

그래서 데일은 직원들과 컨설턴트들을 인터뷰하고 주요 직원들과 함께 여러 도시를 방문했다. 위니펙은 좋은 선택이 아니며, 자신이 남모르게 선호하던 캘거리가 최적의 장소라는 결론에 이르렀다. 그때까지도 데일은 '척이 내 결정을 무시하고 찍소리도 못 하게 할 거야'라고 생각했다. CEO인 척에게는 분명 그럴 수 있는 권한이 있었다. 하지만 그 과정에서 충분히 심사숙고했고 '우리' 문제를 해결하기 위한 것이었다. 그런 만큼 척은 그 결정을 반대하지 않았다.

전술 9 팀워크로 함께 적응력을 향상하라

적응력을 키우는 고급 전술 중 하나는 팀을 활용하는 것이다. 팀이 비슷한 목표들을 공유한다면, 다른 팀과 충돌할 때 다양한 전략을 개별 팀원에게 위임하는 편이 유리할 수 있다.

노라는 질병에 관한 연구를 후원하고 지휘하는 연방 기관의 지

사장으로 일하고 있다. 그녀의 책임 중 하나는 과학자들이 소속 기관 또는 다른 연구팀들과 협력하도록 독려하는 것이다. 그 일은 쉽지 않았다. 각 연구팀은 특정 연구에 열정적이고 심지어 텃세까지 부리는 경향이 있다. 과학자들은 대부분 질병의 이해, 예방, 치료라는 총체적 목적을 공유했다. 하지만 연구 실행, 기한, 방법, 측정 기술, 데이터 해석, 권장 사항 등 많은 부분에서 의견이 달랐다.

어떤 프로젝트를 시작할 때 노라는 그 프로젝트를 커다란 직소 퍼즐이라고 생각한다. 이때 각각의 퍼즐 조각은 자신과 직원들이 함께 통합 프로젝트에 끌어들여야 하는 각기 다른 연구팀이다. 어떤 연구팀은 다루기 쉽지만, 어떤 연구팀은 그렇지 않다. 그래서 그녀는 팀원들과 전략을 짜서 각 연구팀, 특히 까다로운 연구팀을 더 효과적으로 다룰 수 있도록 조율한다.

나는 보통 우리 기관의 권한을 사용해 프로젝트의 범위와 변수, 기간, 기대치, 규칙을 설정하는 지배자 역할을 맡는다. 프로젝트 마감일과 관련 규정을 확실히 하고, 특정한 시간에 특정한 방식으로 진행해야 하는 일들이 있다고 설명한다. 그런 다음에는 지지자가 된다. 지지자 역할을 맡은 나는 과학자의 관점에 공감하고 지원하려 노력한다. 과학자가 수줍음이 많거나 말주변이 없으면 그의 관점을 끌어내려 노력한다. 세 번째로는 자비로운 중재자가 된다. 적극적인 대화와 공동 의사 결정을

갈등을 관리하는 방법

장려하고, 의견 충돌이 너무 빨리 해결되지 않도록 한다. 새로운 아이디어가 필요할 때는 창의적인 트러블메이커 역할을 하는 악마의 옹호자가 되기도 한다.

결과는?

"아주 잘 작동하고 있습니다. 우리는 다른 연구팀들과 함께 일할 때 매우 생산적입니다. 이번 주에 큰 프로젝트 하나를 막 시작했습니다. 다른 곳에서는 생각하지 못했을 새로운 아이디어가 몇 가지 나왔고, 우리 모두의 다음 단계가 매우 명확해졌습니다."

전술 10 하이브리드 적응 전략을 새로 개발하라

우리는 갈등에 둘러싸여 지내므로 다른 사람들을 관찰하고 실험하며 배울 기회가 많다. 매일 밤마다 갈등을 잘 관리한 사례들이나 잘못 관리한 사례들이 뉴스로 쏟아져 나와 교훈으로 삼을 수 있다. 적응력에는 기꺼이 배우고, 결합하고, 종합하려는 의지도 포함된다. 그러므로 갈등 관리 레퍼토리는 지속적으로 늘어난다.

이 책에서는 갈등 관리를 위한 7가지 기본 전략을 제시한다. 그 중 6가지 전략은 특정 상황에 제일 적합하다. 우리가 '순수 대응 유형'이라고 부르는 전략들이다. 연습을 거쳐 이런 전략들을 현명하게 잘 조합하면 여기서 이야기하는 이론적 상황에서 조금 또는 많이 벗어나는 상황에도 맞출 수 있다.

분쟁 당사자들이 공통 목표든, 경쟁 목표든 매우 중요한 목표를 공유하는 상황들을 연구한 결과, 과학자들은 다음과 같은 하이브리드 전략들을 정리할 수 있었다.

| 상황에 따른 조건부 전략 | 상황에 따라 강경한 전략과 통합적인 윈윈 전략을 모두 사용한다. 하지만 갈등 당사자들은 호전적인 강경책이 일반적으로 갈등 확대, 소외, 기타 부정적인 결과로 이어진다는 사실을 인지하고 있다.

| 맞대응(상호주의) 전략 | 상대방이 사용하는 전술들을 모방해 상호주의 전략으로 사용한다. 그러면서 양쪽은 공동의 해결책을 위해 협력하고 함께 노력할 때, 궁극적으로 더 나은 결과를 얻을 수 있음을 깨닫게 된다(이 전략을 사용하려면 갈등 당사자들의 권력이 본질적으로 동등해야 한다).

| 공개 전략/은폐 전략 | 이 전략은 국제 문제에서 점점 많이 사용된다. 한 가지 전술을 공개적으로 사용하면서 뒤로는 그와 반대되는 전술을 은밀하게 사용하는 것이다. 공개적으로는 강경하고 호전적인 입장을 표명한다. 그렇지만 비공개적으로는 그와 반대로

　　　　　　　　　갈등을 관리하는 방법

비밀리에 공동의 해결책을 찾으려는 협상을 진행하는 형태를 취할 수 있다.

| 협상 체인 | 일반적으로 분쟁 중인 리더가 강경한 노선을 견지해야 하고, 상대방과 어떤 식으로도 함께할 수 없는 상황에서 사용되는 전략이다. 이 전략에는 개인들을 차례대로 내세워 협상을 진행하는 전술이 포함된다. 이는 협상에 실패 또는 역효과를 보거나 그것이 공개될 경우, 양측 리더들이 협상 사실을 부인할 수 있도록 하기 위함이다.

| 내부 분열 전략 | 정치와 협상의 세계에서는, 갈등을 겪는 집단이어도 그 집단 내에서 하나의 입장, 즉 기본 방침만 공유하고 있으면 성공적이라는 통념이 있다. 하지만 연구에 따르면 매파와 비둘기파, 강경파와 중도파 등 내부 분열이 있는 집단이 협상에서 더 나은 성과를 거두는 경우가 많았다. 강경파는 협상에서 요구 사항을 관철하는 반면, 유연성을 갖춘 중재자들은 모든 당사자의 필요를 충족하는 통합적 해결책을 찾으려 노력하기 때문이다. 이는 균형 잡힌 접근 방식과 최적의 솔루션을 제공한다.

| 단기 전략/장기 전략 | 대담한 협상가들이 시도하는 또 다른 접근 방식이다. 더욱 협력적이고 유연한 방향으로 논쟁적인 협상에 임

하는 데 동의하지만, 초기 접근 방식이 실패하면 강경한 전술들을 구사한다. 이를 위해서는 고도의 통합 협상 기술이 필요하다.

　이것들은 갈등을 민첩하게 해결하는 역량과 기술을 발전시키면서 사용할 수 있는 하이브리드 전략 중 일부에 불과하다. 중재를 연구하는 학자인 바루크 부시Baruch Bush는 갈등을 "인간 고유의 시련"이라고 말한다. 또한 갈등은 우리 자신과 타인에 대해 공부할 수 있는 특별한 기회를 제공한다고 얘기한다.[21] 갈등에 관한 좋은 소식은 갈등이 우리 삶에 널리 퍼져 있기 때문에 우리가 제시하는 전략과 전술을 연습할 기회도 무수히 많다는 것이다.

갈등을 관리하는 방법

✅ 갈등 적응력을 위한 역량 개발 체크리스트

갈등 적응력 전략을 구사하기 위해 다음 중에서 이미 개발한 역량이 있는지 확인하자. 더욱 성공적으로 갈등을 관리하기 위해 어떤 역량을 좀 더 발전시키고 싶은지 신뢰할 만한 사람과 상의해보자.

1. 나는 유연하다. (   )
상황들을 판단하는 방식, 다양한 사회적 상황에 접근하는 방식을 바꿀 수 있다. 나는 내 생각에 갇히거나 인간관계에서 고집을 부리는 일이 거의 없다.

2. 나는 집중력을 유지할 수 있다. (   )
내가 옳아야 하고 더 똑똑해야 하며 더 우월해져야 한다고 생각하지 않는다. 이런 생각으로 주의가 산만해지는 일 없이 계속 목표에 집중할 수 있도록 스스로를 단련한다.

3. 나는 긍정적인 면을 볼 수 있다. (   )
불쾌한 상황이나 불편한 갈등에서 의식적으로 장점과 가치를 찾는다. 현재의 부정적인 감정을 떨치고 생각할 수 있다.

4. 나는 내 감정을 잘 다스릴 수 있다. (   )
나는 스스로 진정하고 내 감정이 어떤지 얘기해 상대방의 반감과 적대감이 고조되지 않도록 막을 수 있다. 내 감정을 조절해서 일할 수 있으므로 스트레스에

과민하게 반응해 갈등을 악화시키지 않는다.

5. 나는 신뢰할 수 있는 조언자들을 다양하게 사귀는 데 능숙하다. (   )
기술적인 업무 문제뿐만 아니라 까다로운 사람, 까다로운 상황에 어떻게 접근해야 할지에 관해서도 조언과 지혜를 구할 사람들이 있다. 한두 사람에게만 의견을 구하지 않는다. 우리 팀과 조직, 나에게 도움이 된다면 특별히 좋아하지 않는 사람에게도 조언을 구할 수 있다.

6. 나는 회의 전후에 내 행동들을 되돌아본다. (   )
나는 대화나 협상 전후에 내 행동들에 대해 생각할 시간을 갖는다. 나는 계획을 세우고, 전략을 고안하고, 도발적인 분쟁에 적용할 전술을 선택할 수 있다. 나는 성공과 실패를 거치며 배운다.

7. 나는 다른 관점으로 볼 수 있다. (   )
의견이 일치하지 않아도 대안을 고려할 수 없을 정도로 내 관점에 갇히지 않는다. 나는 기꺼이 마음을 열 수 있다.

8. 나는 자세와 태도를 번갈아가며 일할 수 있다. (   )
목표에 따라 매우 독립적으로 움직이거나 매우 '상호'의존적으로 행동하는 등 내 자세를 전환할 수 있다. 상황에 따라 무엇이 필요한지 파악하는 능력이 나에게 있기 때문이다.

9. 나는 변화할 수 있다. (   )
조직 내에서 나는 어떤 상황에서는 매우 협조적이고, 어떤 상황에서는 매우 경쟁적이다. 나는 변화하는 상황의 맥락을 읽을 수 있다.

갈등을 관리하는 방법

10. 나는 내가 누구이고 무엇을 위해 존재하는지 알고 있다. (   )

내 능력이나 적응 의지에는 한계가 있다. 나는 가치관, 원칙, 윤리 의식을 가지고 있으며, 이는 의견 충돌에 적응하는 내 역량의 경계를 형성한다. 나는 진실한 사람이다.

10장

원칙적
저항 전략

저항과 혁명,
갈등에 대처하는 마지막 선택

　베이징에서 의료 용품 공장의 한 미국인 중역이 노동자 100명에게 인질로 잡힌 적이 있다. 노동자들은 자신들이 다니는 공장이 폐쇄된다는 소문을 듣고서 급여 미지급에 분노하며 '공정하고 합리적인' 보상을 요구했다.

　그리스에서는 이런 일도 있었다. 파산 직전에 놓인, 접착제와 타일 세정제를 만들던 비오미Vio.Me사에서 일어난 일이었다. 이 회사의 직원 절반이 자신들 앞에 닥친 문제를 해결하기 위해 친환경 세제와 섬유 유연제를 생산하는 공장으로 쇄신하자는 데 투표를 했다.

　애팔래치아에서는 빈곤층을 대상으로 헤드 스타트Head Start 프로그램(저소득층 자녀가 충분한 교육을 받지 못해 빈곤의 악순환을 겪지 않도록 취학 전 아동을 대상으로 시행하는 미국의 교육 지원 제도, 일종의

　　　　　　　　　　　　　갈등을 관리하는 방법

공립 어린이집)을 운영하던 비영리단체의 한 직원이 내부 고발을 했다가 해고당하는 사건이 발생했다. 그 단체는 예산 삭감에 대처하기 위해 우유 보조금, 장애 아동 언어 치료 같은 프로그램들을 없애면서 직원들은 고액 연봉을 유지해왔다.

1997년 캘리포니아주 팰로앨토에서는 10년 전 애플 컴퓨터에서 쫓겨난 스티브 잡스가 회사로 복귀했다. 그때 잡스는 이사회에 회사를 회생시키려면 한 명을 제외하고 이사진 모두가 사임해야 한다는 최후통첩을 보냈다. 그들은 그렇게 했다.

조지 버나드 쇼 George Bernard Shaw는 "합리적인 사람은 자신을 세상에 맞추고, 비합리적인 사람은 세상을 자신에게 맞추려 애쓴다. 그러므로 모든 진보는 비합리적인 사람에게 달려 있다"라고 말했다.

그러니 한번 비합리적이 되어보자.

이 장에서는 갈등 적응력으로도 벽에 부딪혔을 때 직원, 관리자, 경영진, 기타 리더가 무엇을 할 수 있는지 설명한다. 드문 일이긴 하지만, 상황에 맞는 갈등 관리 전략을 세웠는데 그것이 윤리적으로, 도덕적으로, 법적으로, 실질적으로 실행할 수 없는 전략이거나 단순히 잘못된 전략인 경우도 얘기한다. 또한 갈등의 판도를 바꿀 대체 전략들을 알려주고, 이런 전략이 실현될 가능성이 높은 조건들을 제시한다.

지금부터 원칙에 기반한 저항이 일어날 조건이 충분했던 비극적 이야기와 희망적 이야기 두 가지를 소개하겠다.

2010년 4월 20일 오후 9시 47분, 석유시추선 딥워터 호라이즌 Deepwater Horizon호가 폭발했다. 그날 일찍 열린 안전 회의에서 관리자들과 기술자들 사이에 격렬한 갈등이 발생했고, 영국석유공사(브리티시 페트롤리엄BP, British Petroleum)의 최고 관리자가 자기 지위를 이용해 강요했다. 폭발을 피해 마지막으로 탈출한 승무원들 중 한 명인 마이크 윌리엄스Mike Williams는 CBS 뉴스 프로그램 〈식스티 미니츠60 Minutes〉[1]에서 BP 관리자가 시추 속도를 더 빠르게 올리라고 지시했다고 말했다. 트랜스오션Transocean 관리자가 표준 안전 절차에 따라 유정을 폐쇄하는 방법을 설명하고 있었는데 BP 관리자가 끼어들었다. 윌리엄스는 "BP 회사 직원이 바로 제 옆에 앉아 있었습니다. 그는 말 그대로 활기차게 '내 프로세스는 그와 다릅니다. 우리는 이런 식으로 해야 합니다'라고 지시했습니다"라고 설명했다.

또 다른 승무원인 정비사 더글러스 브라운Douglas Brown도 비슷한 이야기를 했다. 브라운은 연방 수사관들에게 폭발 당일 정오 무렵에 "의견 차이"가 있었고, BP "회사 직원"과 트랜스오션 직원 3명 사이에 "충돌"이 일어났다고 말했다. "회사 직원은 기본적으로 '이건 이렇게 되어야겠지요'라고 말했고", 트랜스오션 시추선 직원들은 "마지못해 동의했다".[2]

명백한 안전 문제에도 불구하고, 현장의 최고위 관리자는 위험한 조치를 지시했고 부하 직원들은 이에 따랐다. 권력 남용이라고 부르든, 이보다 더 위험할 수 없는 상황인데도 권력에 맞서는 데

갈등을 관리하는 방법

실패했다고 하든, 어쨌든 11명이 사망하고 17명이 부상당했다. 그리고 1억 7,600만 갤런의 기름이 멕시코만으로 흘러들었다.[3]

1966년에 마빈 밀러Marvin Miller는 메이저리그 야구선수협회의 수장으로 선출됐다. 그 전에는 구단주들이 돈과 선수들의 커리어를 통제했고, 선수들은 불만을 제기하지 않았다. 메이저리그 스포츠에서 돈은 곧 권력이었고, 그 돈은 한정되어 있었다. 하지만 밀러는 권력과 돈을 바라보는 시각이 달랐다. 그는 모두가, 선수와 구단주 둘 다 더 많은 것을 얻을 방법이 있다고 생각했다.

먼저 밀러는 당시 선수들을 설득했다. 구단이 선수에 대한 권리를 영원히 소유한다는 규정인 야구의 보류 조항reserve clause이 사실상 선수를 자기 커리어를 좌우할 권한이 없는 재산으로 만든다고 말이다. 1974년, 그는 앤디 메서스미스Andy Messersmith와 데이브 맥널리Dave McNally를 설득해 계약서에 서명하지 않고 1년을 경기하게 했다. 연말에 그는 두 선수에게 고충 중재를 신청하도록 했고, 두 선수는 소속 구단에 대한 모든 법적 의무에서 해방됐다. 그렇게 자유계약선수제도Free agent가 탄생했다.

밀러는 메이저리그 야구선수협회의 전무이사로 17년(1966~1983)을 근무했다. 그동안 그는 약세였던 협회를 미국에서 가장 강력한 노조로 탈바꿈시켰다. 또한 선수들의 평균 연봉을 1만 9,000달러에서 24만 1,000달러로 12배 이상 인상하는 데 기여했다.

밀러의 비전과 리더십은 구단주를 포함한 야구계 전체의 부를 증가시켰다. 그는 메이저리그 야구를 전문화하고, 주요 엔터테인먼트 산업으로 빠르게 발전시켰다. 저임금 선수들을 더 많은 팬과 더 많은 수익을 창출하는 스타로 발돋움하게 했다.

권력을 고정 파이로 바라보는 사고방식에 갇혀 있던 베이스볼 커미셔너 보위 쿤Bowie Kuhn은 자유계약선수제도가 메이저리그 야구를 파산시킬 것이라고 예측했다. 그러나 메이저리그 야구는 그 이후에 오히려 연간 70억 달러 규모의 비즈니스로 성장했다. 밀러가 경제 모델과 권력 역학 관계에 변화를 일으킨 덕분에 구단주들은 밀러의 리더십 이전보다 훨씬 많은 돈을 벌게 되었고 선수들도 마찬가지다.

'저항rebellion'이나 '혁명revolution'과 같은 단어는 대부분의 관리자들을 겁먹게 하는 경향이 있으므로 용어부터 정의하겠다. 저항은 사소한 항의부터 전면적인 격변의 폭동에 이르기까지 다양하다. 여기서 '저항'이란 부적절한 방식, 파괴적인 방식으로 갈등에 대응하기 위한 적극적이고 의도적인 선택이다. 이는 갈등 게임의 규칙에 도전하는 직접적인 시도다.

'혁명'은 다르다. 혁명은 비교적 단기간에 일어나는 권력이나 조직 구조의 근본적인 변화와 관련이 있다. 선거는 대체로 권력 교체를 가져오더라도 시간이 오래 걸리고 선거와 관련된 변화가 그 근

갈등을 관리하는 방법

본부터 뒤흔드는 경우가 드물다. 그러므로 혁명이 아니다. 2011년, 이집트는 호스니 무바라크Hosni Mubarak의 30년 독재 통치를 종식시켰다. 이후 민주적 선거를 거쳐 일시적으로나마 대통령을 교체하는 혁명을 경험했다. 1997년에 스티브 잡스가 애플을 다시 장악한 사건은 과히 혁명적이었다. 회사의 권력, 사람, 목적이 갑작스럽게 급진적으로 다시 설정됐기 때문이다.

저항은 무질서한 방식으로 갈등에 대응하는 선택이다. 이는 권력 관계와 구조에 혁명적인 변화를 가져올 수도 있고 그렇지 않을 수도 있다. 저항과 혁명은 모두 현상 유지의 균형을 깨뜨리고 심각한 결과를 초래하게 된다. 그 모든 관련자들(주로 권력자)에게 불안과 스트레스를 유발하는 경향이 있다. 이런 대응 방식은 신중하고 전략적인 고려를 거쳐 아주 조심스럽게 사용해야 한다. 그런데도 두 가지 대응책 모두 직장 생활의 어느 시점에서 필요할 수 있다. 유용하게 사용할 수 있는 경미한(저항) 또는 중대한(혁명) '핵무기급' 옵션으로 갈등 도구 상자에 넣어두자.

무엇이 저항을
불러일으키는가?

어떤 사람들은 타고난 혁명가다. 버클리대학 교수 프랭크 설로웨이Frank Sulloway는 그의 저서 《타고난 반항아Born to Rebel: Birth Order, Family Dynamics, and Creative Lives》에서 이렇게 주장한다. "역사를 통틀어 맏이보다 늦게 태어난 자녀들이 현상 유지에 도전할 가능성이 더 높다." 그의 연구에 따르면 형제자매의 급진적인 성향은 출생 순서에 따라 다르다. 이는 부모의 총애를 받기 위해 서로 다른 전략을 채택하기 때문이다.

설로웨이는 맏이들은 자신을 부모나 권위자와 더 많이 동일시하고 가정에서 상대적으로 특권을 누리는 경향이 있다는 사실을 발견했다. 따라서 맏이들은 현상 유지를 지지한다. 이에 비해 전통적인 가족의 위계질서에서 상대적으로 불이익을 받는 둘째부터 후순위 출생자들은 이에 저항하는 경우가 많다. 따라서 나중에 더 급진

갈등을 관리하는 방법

적인 반체제 성향으로 이어진다. 그의 연구 결과는 사회가 아닌 가족이 역사의 변화를 주도하는 위대한 혁명적 발전의 주요 인큐베이터임을 시사한다.[4]

그런데도 연구 결과, 조직 내 갈등에 혁명적으로 대응하도록 이끄는 주요 동인은 리더의 행동이나 회사의 움직임에서 위법성을 감지하는 것이다. 합법적인 리더와 안정적인 계층 구조는 더 높은 수준의 협력으로 이어지고, 권력이 높은 사람은 이끌고 권력이 낮은 사람은 따른다.[5] 그러나 권력이 낮은 사람들이 자기 리더가 불법을 일삼는다고 여기면 어떻게 될까? 리더의 권력이 높아도 지시를 받아들일 가능성이 낮아지고, 일방적으로 그 상황을 바꾸려고 시도할 가능성이 높아진다.

위법성은 불안정성과 변화 가능성을 의미한다. 그래서 위법성을 감지하면 권력이 낮은 사람은 갈등으로 얻을 수 있는 잠재 이익에 초점을 맞추기 시작한다. 그 반면, 권력이 높은 사람은 손실을 피하는 데 중점을 둔다.[6]

여러분에게 이런 과제가 주어졌다고 가정해보자. 기술 업계에서 최고의 성과를 내던 어느 회사의 연구개발팀이 지속적인 긴장감 속에서 생산성 저하 문제를 일으키고 있는데, 이를 어떻게 해결할 수 있을까? 초기 조사 결과, 매우 효율적이지만 인정사정없는 팀장이 수년간 이 팀을 이끌어왔다. 그 팀장은 팀원과 스태프들을 야단치면서 공개적으로 굴욕감을 주곤 했다. 그런데 이는 팀과 업계에서 어느 정도는 '일상적인 일'이었다. 그런 데다가 회사에서 가장 성과가 좋은 연구개발팀으로 잘 돌아가고 있었다. 그 덕분에 모두가 지금까지 그의 리더십 스타일에 따랐다. 이게 이 팀의 현재 상황이다.

그런데 문제가 발생했다. 신입 인턴 중 한 명이 팀장에게 성희롱을 당했다고 신고한 것이다. 이 일이 불거진 이후에야 그런 행위가 수년 동안 계속되어왔다는 사실이 밝혀졌다. 성희롱을 당한 다른 여성들은 일자리를 잃을까 봐 두려워 공개적으로 고발하지 못했다. 그 인턴에 관한 소문이 퍼지자 모든 것이 바뀌었다. 고위 경영진이 팀장에게 책임을 묻기 시작했다. 팀원들도 팀장의 적개심을 참아주지 않고 회의에서 팀장의 행동을 지적하기 시작했다. 팀 회의 분위기는 완전히 호전적으로 변했고 생산성이 급격히 떨어졌다.

이 회사에서 일어난 일을 이해하는 방법에는 여러 가지가 있다. 그러나 심리적인 관점에서 보면 리더는 팀원들이 정당하다고 인식하는 경계선을 넘어버렸다. 직장에서의 권력 남용과 공포는 일상화되고, 대부분의 사람들에게 용인할 수 있는 문제처럼 보였다. 그러나 젊은 인턴에게 저지른 이 특수한 범죄는 한계점을 넘어서서 시스템을 불안정하게 만들고 팀의 가치를 급락시켰다.

연구에 따르면 상대적 박탈감도 혁명을 부르기 쉬운 또 다른 조건이다. '상대적 박탈감'은 사람들이 내가 가진 것과 내가 가질 자격이 있다고 느끼는 것 사이에 차이가 있음을 인식하는 데서 비롯

갈등을 관리하는 방법

된다. 이는 자기 상황을 다른 사람들과 비교해 자신이 주변 사람들보다 더 적게 가지고 있음을 깨달을 때 느끼게 되는 불만감이다. 일반적으로 상대적 박탈감은 사람들 또는 집단들 사이에 벌어지는 갈등과 폭력의 주요 원인 중 하나로 여겨진다.[7] 한 집단이 마땅히 누려야 할 것을 박탈당하고 있다고 느낄 때, 특히 합법적인 구제 수단이 거의 없을 때 사람들은 더욱 극단적인 조치를 취할 가능성이 훨씬 높아진다.[8]

저항심에 영향을 줄 수 있는 국가 또는 조직 문화의 또 다른 측면은 네덜란드 사회심리학자 헤이르트 호프스테더Geert Hofstede가 이름한 '권력 거리power distance'다. 이는 문화, 조직, 기관의 힘없는 구성원들이 불평등한 권력 분배를 어느 정도로 받아들이고 예상하는지를 나타낸다. 즉 국가나 조직이 전반적으로 불평등을 감수하는 정도를 보여주는 지표다. 미국은 100점 만점에 40점으로, 권력 거리 지수가 매우 높은 아랍 국가(80점)에 비해서는 낮은 점수를 받았다. 그러나 권력 거리 지수가 매우 낮은 오스트리아(11점)에 비해서는 상대적으로 높은 점수를 받았다. 권력 거리 지수가 낮은 국가에서 일하는 직원들은 권력자의 행동에 우려를 표명하고 자신의 일탈 행동을 정당화할 가능성이 높다.[9]

자기평가
얼마나 저항심을 타고났는가?

다음 질문들에 대답하면서 여러분이 얼마나 태생적으로 저항심에 이끌리고 있는지 파악할 수 있다. 각 문항에 아래 숫자로 표시해보자.

1: 전혀 아니다	2: 아니다	3: 보통이다
4: 그렇다	5: 매우 그렇다	

1. 나는 기회를 포착하는 데 탁월하다. (　)

2. 내가 어떤 아이디어를 신뢰한다면 어떤 장애물도 그 아이디어를 실현하는 데 방해가 되지 않는다. (　)

3. 나는 마음에 들지 않는 것이 보이면 해결책을 찾는다. (　)

갈등을 관리하는 방법

4. 나는 권력자한테도 아주 편안하게 진실을 말한다. (   )

5. 나는 항상 준비되어 있다. (   )

6. 나는 내 삶을 개선할 혁신적 방법들을 지속적으로 모색한다. (   )

7. 나는 대화를 시작하면 사람들이 그 대화 내용과 관련해 생각을 하도록 유
   도한다. (   )

8. 나는 남들보다 훨씬 먼저 좋은 기회를 알아차린다. (   )

9. 나는 일하면서 항상 더 나은 방법을 찾는다. (   )

10. 나는 세부 사항에 주의를 기울인다. (   )

11. 나는 어떤 기회가 주어지더라도 기회라는 믿음이 있으면 반드시 이루어
    낸다. (   )

12. 어디에 가든지 나는 건설적인 변화를 이끌어내기 위해 영향력을 발휘해
    왔다. (   )

13. 나는 관심의 중심이 되어도 상관없다. (   )

14. 내 아이디어를 현실로 만드는 것보다 더 자극적인 일은 없다. (   )

15. 나는 다른 사람들이 방해해도 내 아이디어를 지키기 위해 싸우기를 좋아
    한다. (   )

채점

점수를 합산한 후에 다음 가이드라인을 참고하자. 점수가 매우
높다면 이 전략을 과도하게 사용할 가능성이 크다. 하지만 점수가
낮아도 우려할 만한 상황일 수 있다.

점수	의미	스스로 질문하기
40점 미만	갈등 상황에서 거의 저항하지 않는다.	환경이 이 전략을 지원하지 않는가? 아니면 이 전략을 제대로 활용하지 못하는가?
40~49점	이 전략으로 기울고 있다.	이 전략을 적절한 상황에서 충분히 사용하고 있는가?
50~59점	이 전략을 꽤 많이 사용한다.	이 전략을 너무 많이 사용하지는 않는가? 혹시 잘못된 맥락에서도 사용하고 있지는 않은가?
60점 이상	대부분의 상황에서 이 전략에 의존한다.	이 전략을 과도하게 사용하는지도 모른다. 이 전략을 올바른 맥락에서 효과적으로 사용하고 있는가? 갈등 관리를 위해 다른 전략들도 같이 사용할 필요가 있지는 않은가?

갈등을 관리하는 방법

조직평가
조직이 저항할 수밖에 없게 만드는가?

다음 질문들에 대답하면서 주변 환경이 얼마나 저항하도록 부추기거나 자극하는지 알아보자. 각 문항에 아래 숫자로 표시하면 된다.

1: 전혀 아니다   2: 아니다   3: 보통이다

4: 그렇다   5: 매우 그렇다

1. 나는 직장에 대해 대체로 부정적인 의견을 가지고 있다. (   )

2. 직장에서 나와 동료들은 경영진의 결정에 이의를 제기하기를 꺼린다. (   )

3. 우리 조직에서는 관리자가 부하 직원을 대할 때 자기 직위의 권한과 힘을 강압적으로 행사하는 것이 관례다. (   )

4. 내가 일하는 곳은 윤리적이지 않다. (   )

5. 내가 느끼기에 우리 조직 내에는 우려의 목소리를 낼 수 있는 안전하고 적법한 장소가 없다. (   )

6. 우리 조직에서는 관리자가 부하 직원들과 상의하지 않고 대부분의 결정을 내릴 것으로 예상된다. (   )

7. 내 생각에 내가 일하는 곳 같은 회사들은 정직하지 않다. (   )

8. 내가 일하는 조직이 종종 정부 규정을 따르지 않는 것 같다. (   )

9. 내가 근무하는 조직에서는 관리자가 직원들의 관점을 묻는 일이 좀처럼 없다. (   )

10. 내가 일하는 곳에서는 상사들이 대부분의 규칙과 정책을 무시하기 일쑤이다. (   )

11. 내가 일하는 곳에서는 특정 인종이 더 우대받는 것 같다. (   )

12. 내가 일하는 곳은 매우 불공평하다. (   )

13. 직장에서 관리자가 중요한 책무를 위임하는 경우는 거의 없다. (   )

14. 우리 조직에는 부패가 만연하다. (   )

15. 전반적으로 우리 조직의 문제점이 긍정적인 면들을 가리고 있다. (   )

채점

점수를 합산하면 15~75점 사이가 된다. 점수가 높을수록 조직에서 저항 전략을 고려해볼 만하다. 이제 자기평가 점수와 방금 완료한 조직평가 점수를 비교해보자.

자기평가 점수: _____

조직평가 점수: _____

　일반적으로 두 점수가 비슷할수록 이 전략을 분별력 있게 사용하고 있을 가능성이 높다. 물론 갈등 상황마다 분위기가 다르므로 이 전략을 언제 누구와 함께 사용해야 할지 구분해야 한다.

원칙적 저항을 고려할 필요가 있는 6가지 이유

직장 상사와 분쟁하면서 그 결과가 어떻든 의도적으로 현행 그대로 유지하는 데 반기를 드는 여러 이유가 있다. 몇 가지 분명한 이유는 다음과 같다.

1. 상사가 속임수를 쓰거나 사기꾼이다.

상사나 다른 상급자가 사람들을 속이거나 법을 위반하는 모습을 한두 번 본 것이 아니다. 상사의 말을 믿을 수 없다는 것을 깨닫게 되었다.

2. 상사가 사람들을 괴롭힌다.

직장에서 자기 자신 또는 다른 사람들이 존엄성과 존중의 기본 인권 기준에 위배되는 대우를 받는다고 생각한다. 상사가 사회적

갈등을 관리하는 방법

약자들을 이용하는 사례를 반복적으로 목격했다.

3. 상사가 근로자나 소비자를 불필요하게 부상 위험에 노출시킨다.

자신은 물론 다른 사람들도 합의된 업무 수행 범위를 넘어서서 위험한 상황에 처하는 일이 너무 많다.

4. 상사가 불만과 고충을 토로할 모든 공정한 기회를 차단한다.

정책, 관행, 근무 조건 등에 정당하게 이의를 제기하고 싶어도 옴부즈퍼슨ombudsperson 사무실이나 중재 센터처럼 문제를 공유하고 시의적절하게 해결할 수 있는 적합한 장소가 없다.

5. 상사가 불법적인 활동이나 부도덕한 활동을 부추긴다.

상사가 법을 위반하는 것을 직접 목격하지는 못했지만, 상사가 직원들에게 부도덕하거나 불법적인 행위를 하도록 조장한다.

6. 상사가 잘못을 은폐하거나 직원에게도 그렇게 하도록 요구한다.

회사가 특정한 정보를 숨기거나 파기해 평판을 지키고, 감독 기관의 처벌 조치를 피하느라 지나치게 노력하는 것 같다.

즉 이런 상황들에서는 적절하게 대응하는 것이 오히려 부적절하게 느껴진다.

만성적 저항은
자신을 고립시킨다

누구나 이유 없이 반항하는 동료, 즉 만성적으로 직장에 대해(그리고 대체로 자기 삶에 대해서도) 불만이 가득하고 비판적인 타고난 불평분자를 한 명쯤은 알 것이다. 이런 캐릭터들이 직장에서 중요한 역할을 할 수 있다. 이들은 종종 악마의 옹호자 역할을 하면서 의사 결정 과정을 견제하는 역할을 해준다. 하지만 파괴적인 힘으로 작용할 수도 있다.

우리 교수진 중 한 명인 토마스도 이 증후군을 앓고 있으며 그 고통을 함께하고 있다. 10년 전, 그는 컬럼비아대학의 명문 연구소에서 고위 관리직을 맡은 적이 있다. 그러나 연구소의 인지도를 높이기 위해 카리스마 넘치는 새 소장이 부임해서 연구소를 정리하며 토마스를 대신했다. 그는 여전히 컬럼비아대학 교수진이었으므로 공개적인 교체라는 당혹감에도 불구하고 계속 남아 있었다. 그는

갈등을 관리하는 방법

분명히 부당한 취급을 당했다고 생각했으며 굴욕감을 느꼈다.

토마스의 쓰디쓴 감정은 곧바로 드러났다. 교수진 회의와 다양한 소위원회 회의에서 그는 매우 비판적인 목소리를 냈다. 그는 종종 교수진 앞에서 보류 중인 결정과 조치들에 여러 가지 우려를 제기했다. 그의 판단은 꽤 정확했지만, 지나치게 냉소적이며 대놓고 연구소장의 리더십을 경멸했다. 그 결과, 그의 견해는 대개 무관심 속에 묻히거나 완전히 무시당했다. 리더의 결함을 폭로하고 자기 능력을 과시하는 지칠 줄 모르는 작전을 펼치면서, 그는 대체로 다른 교수진을 소외하고 자신을 더욱 고립시켰다. 토마스는 추종자 없는 저항군이다.

갈등에 효과적으로
저항한다는 것

　업무 갈등에 맞서 저항을 선택하려면 신중하게 고려하고 전략적으로 결정해야 한다. 이 책에서 다루는 모든 전략 중에서 이 전략이 제일 위험하고, 심각한 결과를 가져올 수 있다. 일반적으로 관리자는 일탈과 반항을 싫어하고, 조직은 무질서보다 질서를 선호한다. 따라서 직장에서 저항하면 특히 직급이 낮을수록 호된 대가를 치르게 될 가능성이 높다.

　다행히도 지역사회 조직과 정치 운동의 세계에서는 이 전략을 진지하게 고민해왔다. 사울 알린스키Saul Alinsky의 《급진주의자를 위한 규칙Rules for Radicals》, 진 샤프Gene Sharp의 《비폭력 행동의 정치학 2부The Politics of Nonviolent Action, Part Two》, 모턴 도이치의 〈억압과 그 변화에 대해 생각하기 위한 프레임워크Framework for Thinking About Oppression and Its Change〉 등의 고전들에서 이 접근법의 다양한 전술을 상세하게 설

　　　　　　　　　　　　　　갈등을 관리하는 방법

명했다. 이 책들에 언급된 많은 방법은 조직 갈등이나 산업 갈등의 맥락에서 효과적일 수 있다. 여기에서는 직장과 관련된 몇 가지 전술을 좀 더 자세히 설명한다.

10가지 저항·혁명 전술

설득 전술 1 상대방의 이익에 호소하라

직장에서 도덕적, 윤리적, 법적 벽에 부딪혔다면 가장 먼저 상대방의 이익에 호소해야 한다. 상대방은 자기가 요구하는 일이 어떤 의미인지 잘 모를 수 있다. 따라서 상대방의 입장이나 요구에 의문을 제기하면서 잠재적인 비용과 영향이 드러나도록 프레임을 짜는 것으로 물밑 작업을 한다. 이는 상대방의 제안이 불편하다는 것을 알리는 방법이다. 그와 동시에 상대방에게 체면을 잃지 않고 조용히 자기 요구를 철회할 방안을 제시하는 방법이기도 하다.

살충제를 수입하는 작은 회사의 영업 사원이 대형 유통업체에 100만 갤런이 넘는 불량품을 판매했음을 뒤늦게 알아차리고 사장을 찾아갔다.

"처음에 사장님은 그냥 모른 척 내버려둬야 한다고 생각했습니다. 여러 중국 생산 공장부터 우리 회사, 여러 미국 유통업체, 여러 지역 유통업체, 수백 명의 농부까지 공급망이 너무 길었거든요. 사장님은 우리가 그럴듯하게 책임을 부인할 수 있다고 말했습니다. 책임을 전가할 수 있다고요."

하지만 영업 사원은 사장의 의견에 강하게 반대했다. "그건 도박입니다. 실패하면 앞으로 다른 제품도 팔지 못하게 될 거예요."

"그 제품을 회수하는 데만 수백만 달러가 들어요." 사장이 경고했다.

"사장님 말씀이 맞아요. 하지만 그렇게 하지 않으면 장기적으로 더 많은 비용이 들 것입니다. 우리는 신뢰를 잃게 될 거예요. 아무도 우리를 다시는 신뢰하지 않을 것입니다."

결국 영업 사원은 윤리 문제는 차치하고서라도 모든 창고와 농부에게까지 이 문제를 해결해줘야 한다고 사장을 설득했다. 그러지 않으면 사업적으로 자멸할 위험이 있다고 말이다.

강단 있는 실용주의자인 사장도 마지못해 동의했다.

상사의 이익에 호소하기 어렵다면 두 번째 설득 전술로 넘어가자.

설득 전술 2 도덕적 가치에 호소하라

우리는 대부분 긍정적인 자아상을 선호하고 자신이 기본적으로 괜찮은 사람이라 믿고 싶어 한다. 자기 행동이 긍정적인 자기 이미지와 일치하지 않는다는 사실을 알게 될 때 느끼는 부조화를 싫어한다. 특히 진부하고 비열한 의도나 행동을 보이기 쉬운 갈등 상황에서, 사람들의 공정하고 품위 있고 인간적인 측면을 강조하면 그 차이가 부각돼 부조화가 더욱 심해진다.

2013년 4월 24일, 방글라데시에서 8층짜리 라나 플라자 건물이 무너져 1,000여 명이 넘는 사람들이 사망했다. 그 대부분은 의류 공장에서 일하던 젊은 여성들이었다.[10] 그때 대런은 지구 반대편에서 베네통, 월마트, 봉마르셰를 겨냥했던 언론 감시도 피할 수 있을 만큼 작은 규모의 의류 수입 회사에서 관리자로 일했다. 그는 사내에서 진보주의자라는 놀림을 자주 받았다. 그 때문에 이 문제로 동료들과 차례로 얘기하기 시작하면 끝없는 논쟁이 이어지겠다고 예상했다. 그래서 그는 며칠을 기다렸다가 CEO가 참석하는 경영 회의에서 이 문제를 제기했다. 그는 조용히, 그리고 가장 강력한 효과를 낼 수 있을 때 이 문제를 제기하고 싶었다.

"방글라데시에서 우리가 수행하는 사업을 살펴본 사람이 있습니까? 라나 플라자 사건과 우리의 연관성은요?" 대런이 물었다.

품질 관리자는 아무 연관이 없다고 장담했다.

"좋아요. 그럼 홍보는 걱정할 필요가 없겠네요. 하지만 뉴스 보도를 보면 방글라데시의 전반적인 환경이 또 다른 사건이 터지기 일보 직전인 것 같습니다. 우리 공급업체가 책임감 있게 운영되도록 추가 조치를 취할 계획이 있나요, 아니면 방글라데시에서 완전히 철수할 계획인가요?"

CEO는 조용히 앉아 경청하기만 했다.

품질 관리자와 공급망 관리자는 사회 감사[11]를 받지 않은 방글라데시 공장들에 주문 하청을 주는 일이 없는지 면밀히 살피고 있다고 설명했다.

마침내 CEO가 입을 열었다. "나는 우리와 함께 비즈니스를 하는 모든 사람을 더 자세히 들여다봤으면 합니다. 지구 반대편에 있는 공장 근로자들의 삶도 이 방에 있는 사람들의 삶만큼 중요합니다."

물론 모든 사람이 그 CEO처럼 열린 마음을 가진 것은 아니다. 어떤 경우에는 이런 전술이 상대방을 화나게 하거나 방어적으로 만들지도 모른다. 상대방은 단순히 여러분이 자신을 조종하려 들고 본인만 옳다고 생각하는 사람이라 느낄지 모른다. 아니면 자기 행동의 부정적인 면만 과장한다고 느낄 수 있다. 그렇다면 세 번째 전술을 써보자.

설득 전술 3 그냥 거부하라

<u>스스로</u> 정당하다고 생각할 수 없는 방식으로 갈등에 대응하라고 요구받는 경우가 있다. 그리고 그런 요구를 잠자코 따랐을 때 어떤

결과가 초래될지 설명하려고 해도 누구의 귀에도 들어가지 않을 때가 있다. 이럴 때는 거부하는 것이 최선이다. 불법적이거나 부도덕하거나 비윤리적인 요구를 받는다면, 이를 묵인하기를 거부하고 일단 침묵을 지켜보자. 이렇게만 해도 갈등하는 상대방을 불안하게 만들거나 겁먹게 해서 자기 요구를 철회하고 다시 생각하게 할 수 있다.

영업 사원이 고객에게 거짓말을 하라는 요청을 받거나, 회계 담당자가 스프레드시트에 허위 숫자를 입력하라는 지시를 받는다면 어떨까. 연구자가 데이터를 위조하라는 지령을 받거나, 제조 담당자가 안전 규칙을 무시하라는 명령을 받는다면? 이런 경우에 간단하고 단호하게 거절해야 한다. 그렇게 해서 자신과 다른 사람들을 위험에 빠뜨리고 있다는 메시지를 권력자에게 전달할 수 있다.

설득 전술 4 더 크게 말하라

거부해도 소용이 없으면 볼륨을 높여야 할 때다. 혼자서 갈등 중인 상대방을 설득하려 시도했는데도 별 효과를 거두지 못했다면 다른 사람들을 끌어들이자. 친구나 동료에게 갈등 상황에 관해 얘기하고 조언과 충고를 구하는 일부터 시작해 보라. 자기 대의에 동조해줄 동료들을 모집하는 것도 가능할지 모른다.

갈등을 관리하는 방법

다른 사람들의 일자리를 위험에 빠뜨리지 않고서는 이 같은 갈등 상황을 해결할 수 없다면 내부 신고가 필요할 때다. 상사에게 얘기하거나, 상사와 분쟁하는 경우라면 그 상사의 상사들에게 얘기하는 것도 포함된다. 조직 내에 분쟁 해결 메커니즘이 있다면, 옴부즈퍼슨이나 조언을 줄 수 있는 인사팀 내의 다른 중립적인 직원에게 얘기할 수도 있다. 이 단계의 주요 목적은 조직 내의 다른 사람들을 동원해 올바른 일을 하고 분쟁을 종식하는 것이다. 이 전술은 관료적인 조직일수록 잘 작동하는 경향이 있지만, 내부 신고를 장려하는 형식적 메커니즘이라도 갖춰져 있어야 한다.[12]

일반적으로 내부 신고자의 불만 표현이나 저항 행위는 고립되기 쉬워서 무시당하고 덮이기 일쑤다. 따라서 내부 신고를 하려면 장기적으로 그같이 반복되는 조치에 대비해야 한다. 그동안 증거를 준비해 자기 신뢰성을 입증할 수 있으면 성공 가능성이 높아진다. 또한 형식적인 고충 처리 채널은 거의 작동하지 않으므로 항상 대안을 마련해야 한다.[13]

토야는 교외의 한 병원에서 간호사로 일했다. 그녀가 일하는 병동의 사무원인 메러디스는 병동에서 간호 서비스를 조정하는 업무를 담당했다. 메러디스는 환자가 화장실 부축, 투약, 기타 다른 도움을 필요로 하는 경우 간호조무사나 간호사에게 알렸다.

그 병동의 주요 갈등 원인은 메러디스였다. 그녀는 괴롭힘을 일삼았다. 메러디스는 한번 표적을 정하면 그 사람을 과로하게 만들고, 신랄하게 비판하며, 조롱하곤 했다. 병동 매니저는 호감형이고 협력적이지만 메러디스를 무서워하는 겁쟁이였다. 때때로 그는 메러디스의 '스타일'에 대해 메러디스 본인에게 얘기하겠다고 말했지만, 아무 변화도 일어나지 않았다.

한번은 토야가 메러디스의 표적이 되었다. 토야는 메러디스에게 맞설 자신이 없었다. 토야는 갈등을 싫어했다. 토야는 메러디스를 달래고 피하려 노력했지만, 상황은 더 나빠질 뿐이었다. 결국 토야는 사랑하던 일을 그만두기로 결심했고, 친구는 그녀에게 네 번째 선택지를 제시했다. "메러디스의 행동은 비열할 뿐만 아니라 비윤리적이야. 윤리감사부에 신고해야 해."

이제 토야는 강해질 필요 없이 솔직하기만 하면 되었다. 윤리감사부와 여러 차례 회의하고 문서화 작업을 반복했다. 그런 후에야 토야의 병동 매니저는 메러디스를 다른 병동으로 이동시키겠다고 소심하게 말했다. 하지만 다른 병동 매니저는 겁쟁이가 아니었다. 2주 후, 메러디스는 인사팀으로부터 전화로 해고 통보를 받았다.

설득 전술 5 더 널리 알려라

첫 번째 전술부터 네 번째 전술까지 전부 효과가 없다면 밖으로 (외부에) 호루라기를 불어야 할 때다. 이는 큰일이며, 어떻게 진행

갈등을 관리하는 방법

되든 자신과 타인에게 심각한 나쁜 결과를 가져올 수 있다.

　인디애나주립대학과 오하이오주립대학의 학자들은 효과적인 내부 고발에 도움이 되는 조건들을 설명했다.[14] 그들은 내부 고발에 성공할 가능성이 높은 상황에 대해 조언했다. 내부 고발자가 조직 내에서 (특히 위법 행위자와 대조적으로) 신망이 높고 고위직에 있는 경우라면 성공 가능성이 높다.

　또한 익명성을 포기하고 초기에 신원을 밝히는 경우, 불만 접수자가 내부 고발에 대응할 수 있을 만큼 충분한 권한이 있고 신뢰도가 높은 경우(내부 고발자를 지지하는 경우), 조직이 위법행위에 크게 의존하지 않는 경우도 이에 해당한다. 위법행위가 발생했다는 증거가 상당한 설득력을 가지는 경우, 더욱이 그 행위가 불법인지 아닌지 모호하지 않고 명백한 경우에는 더욱 성공할 확률이 높다.

　물론 이런 조건들이 모두 충족되는 경우는 드물다. 하지만 이 목록에 체크 표시를 많이 할수록 더 좋은 기회를 만들 수 있다. 초기에 자기 신원을 밝히고, 조치를 취해줄 수 있는 권한을 가진 사람에게 불만을 제기해야 한다. 그리고 강력하고 확실한 부정행위 증거를 제공하는 등 자신의 주장을 뒷받침할 수 있는 요소는 반드시 신경을 써야 한다.

　인디애나주 엘크하트에 있는 피자헛 프랜차이즈 점주가 매장 매니저인 토니 로어Tony Rohr에게 추수감사절에도 문을 열어야 한다고 말했다. 그때 로어는 "추수감사절 영업에 대해 얘기해봐야 합니다.

이건 옳지 않아요. 모두를 일하게 할 수는 없습니다"라고 반대했다.[15] 사장은 경쟁이 치열해서 문을 닫을 여유가 없다고 말했다. 로어가 반발했다. "우리는 직원들에게 신경을 쓰는 회사, 직원들이 추수감사절 휴가를 쓰는 회사가 되지는 못하나요?"

그래서 로어는 사장의 지시에 따라 사직서를 작성했다. 대신 그는 조용히 나가기를 거부하고, 추수감사절에 매장을 열지 말아야 하는 이유를 조목조목 설명하는 편지를 썼다. 이 사실을 알게 된 CNN 지역방송국이 토니를 인터뷰했다. 그는 휴일에는 가족과 함께 보낼 수 있어야 한다고 생각한다며 방송국에다가 얘기했다.[16] 결국 피자헛 본사는 프랜차이즈 점주들이 "심각한 판단 오류를 범했다"라고 인정했고, 점주들은 토니를 다시 고용하는 데 동의했다.[17]

권력 전술 6 자기 힘을 모아라

앞서 언급한 전술들과 병행할 수 있는 또 다른 전술이 있다. 자기 힘을 키워서 갈등 중인 자신과 상대방 사이의 권력 역학 관계에 변화를 일으키는 것이다.

넬슨 만델라는 로벤 섬 교도소에서 27년 동안 복역하며 훌륭한 예를 보여주었다. 훈련된 복서였던 만델라는 교도관들이 수감자들을 깨우기 한 시간 전인 매일 새벽 4시 30분에 일어나 훈련을 시

갈등을 관리하는 방법

작했다. 만델라는 감옥에서도 자신의 권력과 통제력을 유지하려면 건강을 지키고 자신의 신체 단련 운동을 계속 해나가는 것이 중요하다고 믿었다.

또한 만델라는 교도소의 규칙과 규정을 주의 깊게 공부했다. 거기에 명시된 자신의 권리와 특권, 그리고 교도관이 행사할 수 있는 권한의 범위와 한계를 충분히 숙지했다. 이를 필요할 때마다 활용하기 위함이었다.

그리고 만델라는 도덕과 품위를 잃지 않는 자아 개념을 굳건히 지켰다. 교도관들이 자신에게 주입하는 경멸적 자아상에 굴복하기를 거부했다. 이런 행동들을 토대로 그는 끔찍한 상황에서도 자신의 신체적, 절차적, 정신적 힘을 유지하고 북돋울 수 있었다.

권력 전술 7 동맹과 지원군을 모아라

저항과 혁명에는 동맹이 중요하다. 아파르트헤이트에 맞서 투쟁하는 동안, 만델라와 아프리카민족회의 지도자들은 국제 협회들을 비롯해 국제사회의 주요 구성원들과 관계를 맺고 발전시키기 위해 상당한 노력을 기울였다. 이 같은 국제사회 구성원들이 가해준 경제적, 법적, 도덕적 형태의 압력이 남아프리카공화국 정부에 중대한 영향을 미쳤다. 그리하여 결국 만델라를 감옥에서 석방하고 아프리카민족회의와 협상하게 만들었다. 이 강력한 동맹 네트워크가 없었다면, 오늘날에도 남아프리카공화국에는 아파르트헤이트가 여전히 득세하고 있을지 모른다.

이 전술을 직장에 적용하는 예로는, 한 부서의 여러 사람이 함께 관리자를 찾아가 조건이나 처우에 불만을 제기하는 일을 들 수 있다. 월마트가 근로자의 공개 발언에 보복 조치를 한 적이 있었다. 이에 항의하기 위해 월마트 근로자들은 12개 주 28개 매장에서 대규모 노동 시위를 조직하고 파업을 벌였다.[18]

권력 전술 8 권력자의 규칙을 역이용하라

저명한 지역사회조직가인 사울 알린스키는 "가진 자들은 공개적으로 책임, 도덕, 법, 정의의 수호자인 것처럼(대개 그것들과 거리가 멀면서도) 행세한다. 그로 인해 그들은 자신들의 고귀한 도덕과 규정을 지켜야 한다는 압박을 끊임없이 받는다. 종교를 포함한 어떤 조직도 스스로 만든 규범을 다 지킬 수는 없다"라고 말했다.[19] 다시 말해 때로는 억압받는 사람이 억압자의 규칙, 정책, 권력을 이용해 억압자를 억압할 수 있다는 뜻이다.

실제로 알린스키는《급진주의자를 위한 규칙》에서 다양한 전술을 설명한다. 지역사회 구성원들이 관료주의 조직의 불필요한 요

갈등을 관리하는 방법

식 절차를 이용해 조직이 자기 규칙과 규정에 얽매여 옴짝달싹 못 하도록 만드는 전술들이다. 차별적인 대출 관행으로 비난받은 지역 은행을 상대로 온 동네 사람들이 항의한 사례가 있다. 동네 사람들이 죄다 그 은행으로 몰려가 1달러로 저축 계좌를 개설한 다음, 다시 줄을 서서 그 계좌를 해지했다. 항의의 한 형태로, 공항이나 기차역 같은 공공시설의 화장실을 이용하지 못하도록 하는 것도 비슷한 전술이다. 이런 모든 행위는 조직의 정책 범위 내에 속하지만, 조직 내부에 혼란을 불러일으키는 데 사용될 수 있다.

펜실베이니아주립대학이 비노조 직원들에게 '온라인 건강 프로필 작성'과 '예방적 신체검사'를 의무화한다는 계획을 고지했다. 그때 매슈 웨스너Matthew Woessner 교수가 이의를 제기했다.[20] 웨스너는 그 정책이 급여가 제일 적은 일부 직원들에게만 적용될뿐더러, 남성이 '매월 고환 검사'를 받는지, 또는 여성이 '정기적인 유방 검사'를 받는지 온라인으로 공개하도록 요구하는 것은 사생활 침해라고 생각했다. 이를 준수하지 않을 경우에 월 100달러(약 14만 원)를 공제하는 것은 당연히 강압적인 행위였다.

그래서 웨스너는 모든 직원에게 공개서한을 보내, 의무적인 온라인 건강 설문 조사에 가짜 정보를 입력하라고 선동했다. "예를 들어 저는 키가 112센티미터이고 몸무게는 23킬로그램이며(웹사이트에서 허용하는 최솟값), 마지막으로 콜레스테롤 검사를 받은 것은 생후 6개월 때였습니다." 그는 웹 설문 조사에 입력한 정보들이 정확한

지 따로 확인할 방법이 없음을 대학 인사 부서에 미리 확인했다.

대학은 규정 준수를 요구할 수는 있었지만, 터무니없는 정보를 문제 삼아 응답자를 처벌할 수는 없었다. 이 같은 항의와 다른 저항 조치들, 그리고 전국적인 여론 악화에 대처하기 위해,[21] 로드니 에릭슨Rodney Erickson 총장은 몇 달 후에 공제를 중단하고 규정 미준수로 인한 불이익도 없을 것이라고 발표했다.[22]

권력 전술 9 조직적 비협력을 통해 권력자의 권력을 줄여라

캐럴 하넷Carol Harnett이 열두 살이었을 때 그녀가 다닌 교구敎區학교 반 학생들은 시민 불복종 운동을 벌였다. 인사 전문가인 하넷의 설명에 따르면,[23] 그녀에게는 코스텔로 부인Mrs. Costello이라는 특별한 교사가 있었다. 그 교사는 어린 학생들에게 마하트마 간디와 마틴 루서 킹을 소개하고 독립적인 사고를 장려했다. 또한 학생들에게 교실을 어떻게 배치하면 좋을지, 커리큘럼은 어떻게 짜면 좋을지 선택권을 주었다. 학생들은 일렬로 늘어선 책상을 거부하고, 더욱 창의적으로 배치했다. 하지만 이 변화를 발견한 교장 베르나데트 수녀Sister Bernadette가 코스텔로 부인에게 책상을 다시 일렬로 배치하고, 그렇게 관대한 태도를 보이지 말라고 지시했다.

그날 밤, 수많은 전화가 빗발치는 가운데 교실의 운동가들은 마

갈등을 관리하는 방법

틴 루서 킹의 아이디어를 따르자고 모두를 설득했다.

다음 날, 학급 전체가 일주일간의 침묵을 시작했다. 교장이 아이들을 꾸짖었다. "이제 너희는 시키는 대로 하는 법을 배워야겠구나." 하지만 학급은 굳건히 버텼고, 결국 베르나데트 수녀는 협상에 나섰다.

우리는 시민 불복종을 조직 내부에서 발생한다고 생각하는 데 익숙하지 않다. 일반적으로 시민 불복종이라고 하면 미국의 시민권 운동, 여성 운전 금지에 항의하는 사우디아라비아 여성들[24]과 같이 부도덕한 법에 항의하는 시민들을 떠올리기 마련이다. 하지만 학생들도 할 수 있는 일이라면 성인 근로자들도 할 수 있고, 실제로 그렇게 하고 있다.

브리티시컬럼비아주 빅토리아의 사서들은 지방자치단체의 다른 근로자들이 받는 보수보다 훨씬 낮은 보수를 받고 있었다. 여기에 항의하기 위해 그들은 연체료 징수를 중단했다.[25] 월마트 직원들은 다른 직원들에 대한 부당한 해고에 항의하고, 전년도에 월마트 이사회에 합류한 야후 CEO 머리사 메이어Marissa Mayer와의 면담을 요구하다가 야후 본사에서 체포됐다.[26] 시애틀의 한 고등학교 교사들은 기자회견을 열어 시험 표준화에 협조하지 않겠다고 발표했다. 이 행동은 시애틀의 다른 학교들로 확산됐다.[27]

비협력은 비폭력 항의나 저항의 한 형태다. 그 효과를 보려면 전략적으로 수행해야 한다. 비협력 전술은 완전한 전략을 세우고 적웅력을 발휘하며 실행하지 않는 한 역효과를 낼 가능성이 매우 높다. 우리 역사에는 비폭력 시위를 벌인 시위대가 비극적인 참사를 겪어야 했던 사례가 가득하다. 그러나 비협력 전술을 토대로 눈부시게 발전한 시위와 사회운동도 같이 등장한다.

권력 전술 10 권력을 쟁취하라

다른 모든 방법이 실패하면 직접 행동에 나서야 할 때다. 의료용품 공장에서 성난 베이징 노동자들이 미국인 중역을 인질로 잡은 일이 바로 이런 경우다. 그리스의 비오미사에서는 친환경 세제와 섬유 유연제를 생산하기 위해 직원들이 나서서 공장을 인수하고 개조한 일이 있었다. 스티브 잡스가 애플 이사회에 최후통첩을 했을 때도 이와 같은 일을 한 것이다. 만약 딥워터 호라이즌호의 엔지니어들이 적극적으로 저항에 나섰다면 상황이 어떻게 달라졌을지 상상해보라.

이 전술은 당연히 가장 위험하다. 하지만 다른 모든 방법이 실패할 경우를 대비해 최후의 수단이자 백업 계획으로 항상 고려해야 한다.

저항 전략을 위해
꼭 알아야 할 것들

저항과 혁명은 위험한 일이며, 단순히 소란을 피우는 것 이상의 의미를 갖는다. 높은 수준의 도덕적, 윤리적 사고가 필요하다. 윤리적인 위반이 심각하다면 비폭력 전략과 전술에 대한 교육이 필수적이다.

직장 내 '혁명가들'은 장기간 계속될 강도 높은 갈등을 예상하고 견뎌낼 줄 알아야 한다. 적극적인 자기주장, 동료 혁명가들과의 협력도 중요하다. 이런 기본 요소들과 끈기만 있다면 때로는 자비, 지지 구축, 지배, 회유와 순응, 자율성, 적응력 전략을 구사하지 않고도 갈등을 해결할 수 있다.

✅ 원칙적 저항을 위한 역량 개발 체크리스트

효과적 저항 전략을 구사하기 위해 다음 중에서 이미 개발한 역량이 있는지 확인해보자. 내 답변들에 대해 신뢰할 수 있는 누군가와 이야기를 나누자.

1. 나는 권위에 의문을 제기할 수 있다. (   )
나는 윤리적으로 고려해야 할 사안들을 제기하고, 사람들이 그에 관해 생각하도록 기꺼이 질문을 던진다. 나는 다른 사람들에게 공정성을 고려하도록 촉구할 수 있다.

2. 나는 의식적으로 분별력을 키우는 연습을 한다. (   )
나는 많은 상황이 단순히 검은색이나 흰색으로 나누어지지 않고 회색이나 다른 여러 색으로 표현된다는 것을 안다. 그 같은 상황들에 과도하게 대응하지 않도록 사려 깊게 고려할 수 있다. 불쾌하거나 불공정한 일 중에는 항의할 가치가 없는 일들도 있지만, 그렇지 않은 일들도 있다.

3. 나는 내 행동에 대해 충분히 생각한다. (   )
논란을 불러일으킬 행동을 취하기 전에 내 행동의 목적, 변화를 가져올 최선의 방법, 내가 직면하게 될 위험을 충분히 고려한다. 나는 단순히 감정에 사로잡히거나 내가 옳다는 독선에 갇혀 반응하지 않는다. 나에게는 유의미한 목표와 확실한 계획이 있다.

4. 나는 확실한 입장을 견지할 수 있다. (   )

내 행동들에 대해 신중하게 생각한 후 충분히 중요하다는 믿음이 생기면 사람들이 좋아하지 않을 입장이라도 고수할 수 있다. 무언가 잘못되어간다고 생각할 때는 어려운 질문을 할 용기도 있다.

5. 나는 소신 있게 말하고 당당하게 행동하는 방법을 안다. (   )

입장을 밝히는 것 이상으로 내 생각을 펼칠 수 있고, 시끄러운 소리를 만들 수 있다. 또한 권위에 대항하는 데 따르는 감시와 잠재적인 반발을 견딜 수 있다.

6. 나는 내 감정을 조절하는 데 능숙하다. (   )

열정적으로 표현하는 것이 설득력 있고 효과적일 때는 그렇게 하지만, 상황에 따라 내 감정의 강도를 낮출 수 있다.

7. 나는 강도 높은 갈등과 마주하는 데 능숙하다. (   )

나는 권위에 맞서거나 특정 사람, 집단, 정책 등에 반대하는 목소리를 낼 때 발생하는 감정의 소용돌이를 견딜 수 있다. 나는 사람들이 나에게 화를 내도 대처할 수 있다.

8. 나는 지지자들을 모을 수 있다. (   )

격렬한 갈등이 길게 이어질 때 나를 지지할 사람들에게 연락을 취해 조언, 정서적 지원, 피드백을 요청한다. 때로는 나의 항의에 동참해달라고도 요청한다. 나는 혼자서 싸우거나 자신을 고립시키지 않는 더 나은 방법을 알고 있다.

9. 나는 회복력이 있다. (   )

나는 역경에서 다시 일어선다. 나는 좌절에 대처하는 데 능숙하다. 나는 무언가를 바꾸려고 시도했다가 성공하지 못하더라도 일과 삶의 다른 영역을 즐길 수 있다.

10. 나는 집요하다. (   )

충분히 중요한 일이라면 포기하지 않고 계속 노력한다. 더 많은 것을 위해 돌아온다. 싸울 가치가 있는 일이라면 몇 번이고 싸울 의미가 있다.

《 맺음말 》

5단계 갈등 관리

이 책은 조직에서 갈등을 이용해 권력의 사다리를 오르내릴 수 있게 해주는 7가지 전략과 70가지 전술, 그리고 많은 과학적 근거를 제시한다. 이제 어떻게 해야 할까? 갈등 지능을 높이고 결과적으로 직장 내 갈등과 관계에 대한 만족도를 높이기 위한 다음 단계는 무엇일까? 마지막으로, 거의 모든 상황에서 갈등을 관리하는 데 필요한 간단한 단계별 활동을 제시한다.

1단계 갈등 상황일수록 자신에 대해 더 잘 알아라

갈등을 경험한 직후에 자신의 느낌, 생각, 행동 반응을 되돌아봐라. 그러면서 자신의 일반적인 성향, 함정, 감정적 핫 버튼을 더 잘 알아차리는 연습을 해보자.[1] 간단히 혼자서 성찰하고 일기를 써보라. 친구나 신뢰하는 동료들과 대화를 하면서, 또는 갈등 관리 워크숍이나 코칭 과정에 참석해 이를 수행할 수 있다. 이 책의 각 전략마다 제공하는 짧은 설문지를 작성하면 갈등 상황에서 여러분이 선호하는 전략을 미리 파악할 수 있다.

여러분은 어느 쪽에 속하는가?

- 긍정적 감정보다 부정적 감정의 비율이 높은 감정 저장소를 가지고 있다.
- 권력이 높은 사람들이 걸려들기 쉬운 하향식 권력-갈등 함정에 빠지는 편이다. 권력 분석을 무시하고, 무적의 방탄복을 입은 듯 초낙관주의에 사로잡히고, 규칙을 어기고, 항상 지배하려 들고, 도를 넘어 너무 멀리 나간다.
- 권력이 낮은 사람들이 걸려들기 쉬운 상향식 권력-갈등 함정에 빠지는 편이다. 협상에 관한 열망과 포부가 불필요하게 부족하고, 낮은 기대와 분노에 갇히거나, 동료와의 분쟁에서 자기 지위를 유지하는 데 예민하게 신경을 쓴다.

여러분은 대체로 어떻게 반응하는가?

- 협력하고 지지하며 책임을 다한다.
- 권력이 높은 사람들에게 도움과 지지를 요청한다.
- 이기기 위해 다른 사람에게 명령하고 통제한다.

갈등을 관리하는 방법

- 아무 말도 하지 않고 참으며 받아들인다.
- 다른 사람들과 거리를 두고 혼자서 일을 처리한다.
- 어떤 대가를 치르더라도 이기기 위해 다른 사람들과 끈질기게 경쟁한다.
- 공통 기반을 찾기 위해 노력하고 갈등을 공동 과제로 재구성한다.
- 권력에 저항해 싸운다.
- 상황에 따라 위의 모든 항목에 다 해당한다.

여러분에게 만연한 사고방식과 갈등 적응력을 더욱 엄격하게 평가해보고 싶다면 웹사이트(WWW.MakingConflictWork.com)를 방문해보라. 간단한 지침에 따라 갈등 지능 평가CIA, Conflict Intelligence Assessment를 완료할 수 있도록 링크해놓았다. 갈등 지능 평가를 완료하면 여러분의 평가 결과를 볼 수 있다. 또한 이를 완료한 다른 수많은 직원, 관리자, 경영진의 점수와 여러분의 점수를 비교할 수 있는 간략한 개별 피드백도 받아볼 수 있다.

CIA는 컬럼비아대학 연구팀이 조직 내 다양한 상황에서 여러 유형의 갈등을 처리하는 경향을 평가하기 위해 개발했다. 이 테스트는 15가지 업무 갈등 시나리오를 제시한다. 참가자들은 그 각각의 상황에서 일반적으로 어떻게 대응하는지 응답한다. 선택 옵션들에는 권력 차이에 따른 주요 갈등 전략들이 반영되어 있다. 이는 수년간의 독창적인 연구를 기반으로 한다. 피드백으로는 몇 가지 기본 정보를 토대로 참가자들이 자신의 강점, 그리고 '갈등 지능 지

수CIQ, Conflict Intelligence Quotient'를 향상하려면 더 노력해야 할 영역을 파악할 수 있도록 한다. 또한 강점과 갈등 지능을 더욱 강화하기 위한 일련의 구체적인 훈련법도 빠트리지 않고 제시해준다.

사람들은 대부분 커리어를 쌓아가는 과정에서 온갖 갈등 상황을 맞닥뜨리게 된다. 그런데 그 경험에 따라 갈등 관리 성향과 선호도도 바뀌는 경향이 있다. 따라서 1~2년마다 한 번씩 우리 웹사이트를 방문해 갈등 지능 평가를 해보라고 권장한다. 자신의 갈등 관리 역량을 위해 도전 과제를 파악하고 성장 영역을 더 깊이 성찰하는 기회로 삼을 수 있을 것이다.

예를 들어 전략적 회유와 순응을 다룬 7장, 크리스틴의 이야기로 돌아가보겠다. 고향에 있는 같은 회사의 지사로 옮긴 크리스틴은 새 직장에서 처음에는 즐거웠다. 그녀는 목표를 달성해 자신의 아이디어와 의견을 듣고 싶어 하는 자비로운 관리자 밑에서 일했다.

그러나 자상한 상사는 전 상사인 행크보다 더한 관리자로 교체됐고, 그녀는 다시 전략적 회유와 순응 모드로 전환했다. 이 관리자는 모든 의견 불일치 상황에서 지배적으로 군림하면서 세부적인 사항까지 통제했기 때문이다. 이번에는 더 큰 대가를 치러야 했다. 어느 날, 그녀는 새로운 독재자에게 자신이 얼마나 화가 났는지 알렸다. 그 결과는 90일간의 성과 개선 계획으로 돌아왔다. 거기에서 살아남았지만, 그녀의 새로운 목표는 이제 다른 새 일자리를 찾을 때까지 전략적으로 회유하고 순응하며 유화하는 것이다.

2단계 갈등 상황을 예리하게 읽어라

갈등 지능을 높이기 위한 다음 단계는, 여러분이 겪는 갈등 상황과 그 갈등으로 얽히게 된 관계들의 중요한 측면들을 정확하게 읽어낼 역량을 키우는 것이다. 때때로 우리는 예고 없이 갈등의 한가운데 놓이게 된다. 이럴 때는 시간을 들여 스스로 물어보는 연습을 해야 한다. '내가 이 갈등에 참여해 관계를 맺어야 하는가? 다른 사람들이 나를 지지하는가, 반대하는가, 아니면 둘 다인가? 누가 더 많은 권력을 가지고 있는가?' 그리고 그에 따라 행동한다.

분쟁 속으로 들어가고 있다는 느낌이 들 때도 있다. 갈등이 시작되려 하거나 갈등이 확대될 것 같다는 직감이 들 때다. 갈등이 발생할 가능성이 있는 상사나 인사 담당자의 사무실로 불려 가거나, 급여나 직책에 대한 기대치 등을 논의하는 공식 협상이 예정되어 있는 경우도 바로 그런 때다.

이런 상황들을 대비해 우리는 사전 협상 계획, 사전 갈등 관리 계획을 수립하도록 도와주는 '갈등 지능 목표 설정 및 갈등 계획 설문지Conflict Intelligence Goal-Setting and Conflict-Planning Questionnaire(부록 참고)'를 고안했다. 사전 갈등·협상 계획 프로세스를 안내하는 이 설문지는 예상되는 갈등 상황을 해결하는 데 필요한 핵심적인 요소들과 적절한 전략들을 파악하도록 도와준다. 이는 다른 분쟁 당사자들과 그동안 어떤 성격의 감정들을 쌓아왔는지, 긍정성 대 부정성

맺음말

비율이 어떠한지 탐색하는 데 도움이 될 것이다. 현재 처한 상황의 성격과 조건을 파악하는 데도 도움이 된다.

이 양식은 갈등 지능과 관련해 우리가 제공하는 교육과정과 워크숍에서 현재 사용하고 있다. 이는 어떤 유형의 갈등 상황인지, 그 상황에서 사용할 수 있는 전략과 전술에는 무엇이 있는지 사전에 검토하도록 도와준다.

물론 진행 중인 갈등에 대한 여러분의 분석이 틀릴 수도 있고, 다른 사람들은 그 갈등을 다른 시각으로 바라볼 수도 있으며, 논쟁이 진행되면서 갈등 양상이 바뀔 수도 있다. 그렇더라도 되도록 사전 갈등 분석을 수행하면 다양한 전략과 전술에 대한 감각을 되살리고, 필요한 경우에 더 잘 적응하도록 준비할 수 있다는 점에서 가치가 있다.

3단계 갈등 관리 전략과 전술을 실천하라

다양한 상황에서 내가 어떤 전략과 전술을 구사할 수 있는지 늘 염두에 두자. 스스로 물어보자.

- 나는 각각의 전략을 효과적으로 실행하는 데 얼마나 숙련되어 있는가?
- 갈등을 더 낮은 강도, 더 협력적인 작용, 더 공개적인 과정으로 전환하기

　　　　　　　　　　　　　　　갈등을 관리하는 방법

위해 내가 이용할 수 있는 수단으로는 무엇이 있는가?

• 이 상황에서 권력을 사용하는 나의 역량과 기술은 어떠한가?

다행히도 삶은 갈등을 경험하고 새로운 전략을 연습하도록 충분한 기회를 준다. 각 전략에 대한 자신의 역량과 기술 수준은 온라인 갈등 지능 평가와 갈등 계획 워크시트로 파악할 수 있다.

4단계 자기 선택의 결과에 대해 성찰하라

갈등이 있을 때는 시간이 지나면서 그 상황이 어떻게 전개될지 생각해보라. 내가 선택한 행동들의 단기적인 효과와 결과는? 장기적으로는 어떤 결과를 불러올까? 일반적으로 건설적인 전략들(실용적 자비, 협력, 지지 구축 등)은 장기적으로 비용이 '적게' 들고, 모든 관련된 사람에게 만족스러운 결과를 가져올 가능성이 높다는 점을 기억하자.

5단계 자기 손익을 항상 계산하라

궁극적으로 갈등 상황에서 여러분의 손익을 고려하는 것이 중요하다. 협력적이고 회유적인 전략에서 경쟁적이거나 논쟁적인 전략으로 전환해야 할 때를 파악하라. 상황에 '맞는' 방식으로 갈등에 대응해야 할 때는 물론이고 그렇지 않을 때도 파악해야 한다. 갈등 상황에서 다른 사람들이 어떤 형태로 내가 넘지 않으려는 선을 넘어서는지 알아야 한다. 적극적으로 저항해야 할 때가 언제인지도 파악해놓자.

일상에서 마주하는 수많은 갈등은 함정과 가능성을 동시에 제시한다. 갈등은 나 자신과 타인에 대해 배우고, 성장하며, 자기 힘을 느낄 기회를 제공한다. 갈등은 잘못된 것을 바로잡으며 나를 둘러싼 관계와 세상을 바꾸고 혁신해 더 낫게, 더 정의롭게 만들 수 있는 가능성을 제공한다. 갈등은 인간의 조건을 더 잘 이해할 드문 기회를 제공하기도 한다. 갈등 과정을 거치면서 다른 사람들은 내 말에 귀를 기울이게 되고, 나에게 중요한 것이 무엇인지 인식할 수 있다. 나 또한 갈등 과정에서 다른 사람들이 삶의 과제들을 어떻게 헤쳐나가는지 진심으로 보고 들을 수 있다. 어떤 의미에서 각각의 갈등은 모두 최고의 자아best self로 연결될 새로운 기회, 즉 진실로 인간일 수 있는 새로운 기회를 제공한다.

물론 그 반대도 마찬가지다.

궁극적으로 선택은 여러분의 몫이다.

갈등을 관리하는 방법

부록

갈등 지능 목표 설정과 갈등 계획 설문지

Making Conflict Work

1. 이 갈등에서 내 목표는 무엇인가?

단기 목표: _____

_____

_____

장기 목표: _____

_____

_____

2. 내가 선호하는 결과가 얼마나 중요한가?

약간 중요함 (　　)　　　　　　　중요함 (　　)

매우 중요함 (　　)　　　　　　　극도로 중요함 (　　)

3. 그 결과가 왜 나에게 중요한가?

_____

_____

4. 무엇이 내 목표를 달성하는 데 방해가 되는가?

_____

_____

갈등을 관리하는 방법

5. 나는 누구와 갈등하고 있는가?

개인: _____
_____
_____

집단: _____
_____
_____

6. 내 목표를 달성하기 위해 이 관계가 어느 정도 필요한가?

전혀 필요하지 않다 (   )　　　약간 필요하다 (   )
상당히 필요하다 (   )　　　대단히 필요하다 (   )
완전히 필요하다 (   )

7. 갈등 중인 상대방이 나와 같은 편인가, 반대편인가?

나와 함께한다(협력적 윈윈 솔루션으로 차이를 극복한다) (   )
나에게 반대한다(경쟁적 윈루즈 솔루션으로 차이를 해결한다) (   )
둘 다에 해당한다(매우 일반적인 경우로, 협력적 솔루션과 경쟁적 솔루션
을 조합해 차이를 해결한다) (   )

8. (공식적인 권위의 측면에서) 상대방이 나보다 권력이 높은가, 낮은가?

권력이 더 높다 (   )   권력이 더 낮다 (   )

9. 이 의견 충돌 결과에 영향을 미치기 위해 비공식적인 권력을 사용할 수 있는가? 비공식적인 권력에는 공식적인 권한이나 직위 권력, 공식 직함 이외에 여기에 나열한 것과 같은 방법도 포함된다. 자세한 내용은 갈등 전략들을 설명한 각 장의 마지막에 있는 '역량 개발 체크리스트'를 검토하라.

- 경청하기(부정적인 감정을 완화하기 위해)
- 다른 관점으로 바라보기(경직되거나 고집스러운 사람으로 보이지 않도록 하여 의견 충돌 시에 경쟁력을 높여준다)
- 다른 사람들의 이해관계에 호소하기(상대방도 내 이해관계에 호소할 수 있도록)
- 협력하기(다른 사람들이 나와의 주고받기에 참여하도록 동기부여하기 위해)
- 상담하기(다른 사람들이 자기 목표를 달성하도록 어떤 방법이 있는지 진지하게 제안한다. 그 보답으로 그들에게서 나를 돕고자 하는 동기를 이끌어낼 수 있다)
- 긍정성 만들기(긍정적인 감정을 쌓고 호감도를 높여 다른 사람들이 나와 함께 일을 해결하도록 동기부여하기 위해)
- 호혜적 관계 구축하기(분쟁 중에도 보답하려는 인간의 본능적 성향이 활성화되도록 다른 사람들을 위해 행동한다)
- 이성적으로 설득하기(뭐든 아는 체하는 사람처럼 들리지는 않도록)
- 인맥 형성 및 연합(필요할 때 기꺼이 나를 지지하고 옹호해줄 조직 내 지원자들을 만든다)

갈등을 관리하는 방법

- 의존도 높이기(전문성이나 틈새시장을 활용해 다른 사람들이 나를 필요로 하게 만들어 나와 싸우거나 나를 지배하려는 대신 협상하도록 동기부여한다)
- 순응하도록 유도하기(집단 규범이나 조직 문화를 내세워 의견 충돌 시에 상대방에게 영향력을 행사한다)
- 규칙과 정책을 잘 알아놓기(때로는 상대방의 권력과 합법성을 거론해 갈등을 해결할 수 있다)

10. 내 목표를 완전히 달성할 수 없는 경우, 이 정도의 최종 협상 결과로도 충분한가? 아니면 최선의 대안은 무엇인가?

이보다 못한 결과에도 만족한다. (   )

더 좋은 기회를 기다린다. 긴급한 상황이 아니다. (   )

상대방의 이해관계에 호소해 내가 원하는 것을 얻어낼 창의적 대안이 있다. (   )

다른 수단과 관계를 통해, 또는 나 혼자서 목표를 달성할 수 있다. 그 방법은? (   )

_____

_____

나는 상대방과의 관계를 끊어도 다른 방법으로 목표를 달성할 수 있다. (   )

_____

_____

나는 내 목표를 달성하지 못하거나 충분한 대안을 마련하지 못하면 팀이나 조직을 떠날 수 있다. (   )

_____

_____

11. 따라서 다음 전략 중 내가 원하는 결과를 얻을 가능성이 가장 높은 전략(또는 전략들의 조합)은 무엇인가?

실용적 자비 (   )   지지 구축 (   )

건설적 지배 (   )   전략적 회유와 순응 (   )

선택적 자율성 (   )   협력 (   )

경쟁 (   )   갈등 적응력 (   )

원칙적 저항 (   )

《 미주 》

머리말

1. E. K. Wayne, "It Pays to Find the Hidden but High Costs of Conflict," *Washington Business Journal*, afternoon edition newsletter, May 9, 2005.

2. I. W. Zartman and J. Z. Rubin, *Power and Negotiation* (Ann Arbor, MI: University of Michigan Press, 2002); J. C. Magee and A. D. Galinsky, "Social Hierarchy: The Self-Reinforcing Nature of Power and Status," *Academy of Management Annals* 2, no. 1 (2008): 351–98; J. C. Magee, A. D. Galinsky, and D. H. Gruenfeld, "Power, Propensity to Negotiate, and Moving First in Competitive Interactions," *Personality and Social Psychology Bulletin* 33, no. 2 (2007): 200–212; J. Z. Rubin and B. R. Brown, *The Social Psychology of Bargaining and Negotiation* (New York): Academic Press, 1975.

3. D. Tjosvold, "Unequal Power Relationships Within a Cooperative or Competitive Context," *Journal of Applied Social Psychology* 11 (1981): 137–50; D. Tjosvold, "Power and Social Context in Superior-Subordinate Interaction," *Organizational Behavior and Human Decision Processes* 35 (1985a): 281–93; D. Tjosvold, "Effects of Attribution and Social Context on Superiors' Influence and Interaction with Low-Performing Subordinates," *Personnel Psychology* 38 (1985b): 361–76; D. Tjosvold, "Interdependence and Power Between Managers and Employees: A Study of the Leadership Relationship," *Journal of Management* 15 (1989): 49–64; D. Tjosvold, *The Conflict Positive Organization* (Reading, MA: AddisonWesley, 1991); D. Tjosvold, "The Leadership Relationship in Hong Kong: Power, Interdependence, and Controversy," in *Progress in Asian Social Psychology*, ed. K. Leung, U. Kim, S. Yamaguchi, and Y. Kashima, vol. 1 (New York: Wiley, 1997); D. Tjosvold and B. Wisse, *Power and Interdependence in Organizations* (New York: Cambridge University Press, 2009).

1장 갈등과 권력의 본질

1. C. K. W. De Dreu and M. J. Gelfand, "Conflict in the Workplace: Sources, Dynamics and Functions Across Multiple Levels of Analysis," in *The Psychology of Conflict and Conflict Management in Organizations*, ed. C. K. W. De Dreu and M. J. Gelfand (New York: Lawrence Earlbaum, 2008).

2. T. Parker-Pope, "Is Marriage Good for Your Health?" *New York Times Magazine*, April 4, 2010.

3. M. P. Follett, "Power," in *Dynamic Administration: The Collected Papers of Mary Parker Follett*, ed. E. M. Fox and L. Urwick (London: Pitman, 1973); original work published in 1925.

4. D. Tjosvold, *The Conflict-Positive Organization* (Reading, MA: Addison-Wesley, 1991).

5. D. Tjosvold, "The Leadership Relationship in Hong Kong: Power, Interdependence, and Controversy", in *Progress in Asian Social Psychology*, ed. K. Leung, U. Kim, S. Yamaguchi, and Y. Kashima, vol. 1 (New York: Wiley, 1997).

6. For an extensive discussion of the pathologies of cooperation, see M. Deutsch, *Distributive Justice: A Social-Psychological Perspective* (New Haven, CT: Yale University Press, 1985).

7. R. M. Emerson, "Power-Dependence Relations," *American Sociological Review* 27, no. 1 (1962): 31–41.

8. BATNA는 《YES를 이끌어내는 협상법Getting to Yes》(Boston: Houghton Mifflin, 1981)의 저자이자 하버드 협상 프로그램의 로저 피셔Roger Fisher와 윌리엄 유리William Ury가 발전시킨 개념이다.

9. R. L. Pinkley, M. A. Neale, and R. J. Bennett, "The Impact of Alternatives to Settlement in Dyadic Negotiation," *Organizational Behavior and Human Decision Making Processes* 57, no. 1 (1994): 97–116; P. H. Kim, "Strategic Timing in Group Negotiations: The Implications of Forced Entry and Forced Exit for Negotiators with Unequal Power," *Organizational and Human Behavior Processes* 71, no. 3 (1997): 263–86; P. H. Kim and A. R. Fragale, "Choosing the Path to Bargaining Power: An Empirical Comparison of Batnas and Contributions in Negotiations," *Journal of Applied Psychology* 90, no. 2 (2005): 373–81; P. H. Kim, R. L. Pinkley, and A. R. Fragale, "Power Dynamics in Negotiation," *Academy of Management Review* 30, no. 4 (2005): 799–822; E. A. Mannix, "The Influence of Power, Distribution Norms, and Task Meeting Structure on Resource Allocation in Small Group Negotiation," *International Journal of Conflict Management* 4, no. 1 (1993): 5–23.

갈등을 관리하는 방법

10. See D. C. McClelland, *Power: The Inner Experience* (New York: Irvington, 1975).

11. M. Sashkin, "Participative Management Is an Ethical Imperative," *Organizational Dynamics* 12, no. 4 (1984): 5 – 22; R. M. Kanter, "Some Effects of Proportions on Group Life: Skewed Sex Ratios and Responses to Token Women," *American Journal of Sociology* 82, no. 5 (1977): 965 – 83.

12. J. S. Nye, Jr., "Soft Power," *Foreign Policy* 80 (1990): 153 – 71.

13. Ibid.

14. C. A. Crocker, F. O. Hampson, and P. R. Aall, *Leashing the Dogs of War: Conflict Management in a Divided World* (Washington, DC: US Institute of Peace Press, 2007), 13.

15. P. T. Coleman and M. Voronov, "Power in Groups and Organizations," in *The International Handbook of Organizational Teamwork and Cooperative Working*, ed. M. West, D. Tjosvold, and K. G. Smith, pp. 229 – 54 (New York: John Wiley & Sons, 2003).

16. M. Deutsch, *The Resolution of Conflict: Constructive and Destructive Processes* (New Haven, CT: Yale University Press, 1973).

2장 권력-갈등의 함정들

1. J. R. Curhan, H. Anger Elfenbein, and H. Xu, "What Do People Value When They Negotiate? Mapping the Domain of Subjective Value in Negotiation," *Journal of Personality and Social Psychology* 91, no. 3 (2007), 493 – 512.

2. B. E. Wexler, *Brain and Culture: Neurobiology, Ideology, and Social Change* (Boston: MIT Press/Bradford, 2008).

3. A. Bechara, "The Role of Emotion in Decision-Making: Evidence from Neurological Patients with Orbitofrontal Damage," *Brain and Cognition* 55 (2004), 30 – 40.

4. M. Losada, "The Complex Dynamics of High Performance Teams," *Mathematical and Computer Modeling* 30, no. 9 – 10 (1999): 179 – 192; M. Losada and E. Heaphy, "The Role of Positivity and Connectivity in the Performance of Business Teams: A Nonlinear Dynamics Model," *American Behavioral Scientist* 47, no. 6 (2004): 740 – 765.

5. J. M. Gottman, "The Roles of Conflict Engagement, Escalation, and Avoidance in Marital Interaction: A Longitudinal View of Five Types of Couples," *Journal of Consulting and Clinical Psychology*, 61, no. 1 (1993): 6 – 15; J. M. Gottman, et al., *The Mathematics of Marriage: Dynamic Nonlinear Models* (Cambridge, MA: MIT Press, 2002).

6. J. C. Magee, A. D. Galinsky, and D. H. Gruenfeld, "Power, Propensity to Negotiate,

and Moving First in Competitive Interactions," *Personality and Social Psychology Bulletin* 33, no. 2 (2007): 200–212.

7.   Andy J. Yap, Malia F. Mason, and Daniel R. Ames, "The Powerful Size Others Down: The Link Between Power and Estimates of Others' Size," *Journal of Experimental Social Psychology* 49, no. 3 (May 2013): 591–94.

8.   S. T. Fiske and J. Berdahl, "Social power," in *Social Psychology: Handbook of Basic Principles,* ed. A. W. Kruglanski and E. T. Higgins, 2nd ed. (New York: Guilford, 2007).

9.   Ibid.

10. I. W. Zartman and J. Z. Rubin, *Power and Negotiation* (Ann Arbor. MI: University of Michigan Press, 2002).

11. P. K. Piff, D. M. Stancato, S. Côté, R. Mendoza-Denton, and D. Keltner, "Higher Social Class Predicts Increased Unethical Behavior," *Proceedings of the National Academy of Sciences 109* (2012), 4086–91.

12. P. Brown and S. C. Levinson, *Politeness: Some universals in language usage* (New York: Cambridge University Press, 1987); B. M. DePaulo and H. S. Friedman, "Nonverbal communication," in *The Handbook of Social Psychology,* ed. D. T. Gilbert, S. T. Fiske, and L. Gardner, 4th ed., vol. 2, pp. 3–40 (New York: McGraw-Hill, 1998).

13. C. Anderson and J. L. Berdahl, "The Experience of Power: Examining the Effects of Power on Approach and Inhibition Tendencies," *Journal of Persoality and Social Psychology* 83 (2002), 1362–77.

14. Zartman and Rubin, *Power and Negotiation.*

15. C. Anderson and A. D. Galinsky, "Power, Optimism, and the Proclivity for Risk," *European Journal of Social Psychology* 36 (2006): 511–36; J. K. Maner, M. T. Gailliot, D. Butz, and B. M. Peruche, "Power, Risk, and the Status Quo: Does Power Promote Riskier or More Conservative Decision-Making?" *Personality and Social Psychology Bulletin* 33 (2007), 451–62.

16. Magee and Galinsky, "Social Hierarchy."

17. Ibid.

18. L. Babcock and S. Laschever, *Women Don't Ask: Negotiation and the Gender Divide* (Princeton, NJ: Princeton University Press, 2003).

19. R. Rosenthal and L. Jacobson, *Pygmalion in the Classroom* (New York: Holt, Rinehart and Winston, 1968).

20. R. Humphrey, "How Work Roles Influence Perception: Structural-Cognitive Processes and Organizational Behavior," *American Sociological Review 50* (1985),

242 – 52.

21. P. G. Zimbardo, *The Lucifer Effect: Understanding How Good People Turn Evil* (New York: Random House, 2007).

22. R. M. Kanter, "Powerlessness Corrupts" *Harvard Business Review*, 2009.

23. N. Mandela, *Long Walk to Freedom* (Dubuque, IA: Little Brown, 1995).

24. Magee and Galinsky, "Social Hierarchy."

25. C. K. W. De Dreu, "Coercive Power and Concession Making in Bilateral Negotiation," *Journal of Conflict Resolution* 39, no. 4 (1995): 646 – 70.

26. Zartman and Rubin, *Power and Negotiation*.

27. Ibid.

28. Ibid.

3장 갈등 지능

1. R. Kim, P. T. Coleman, C. Chung, and K. Kugler, "Culture and Conflict Landscapes in Organizations," working paper.

2. M. Deutsch, *The Resolution of Conflict: Constructive and Destructive Processes* (New Haven, CT: Yale University Press, 1973).

3. R. Fisher and W. Ury, *Getting to Yes* (Boston: Houghton Mifflin, 1981); W. Ury, *Getting Past No* (New York: Bantam Books, 1991).

4. T. C. Schelling, *The Strategy of Conflict* (Cambridge, MA: Harvard University Press, 1960).

5. See also R. J. Lewicki, B. Barry, D. M. Saunders, and J. W. Minton, *Negotiation*, 4th ed. (New York: McGraw Hill, 2003).

4장 실용적 자비 전략

1. G. L. Graham, "If You Want Honesty, Break Some Rules," *Harvard Business Review*, repr. R0204B (2002): 42 – 47.

2. See M. P. Follett, "Power," in *Dynamic Administration: The Collected Papers of Mary Parker Follett*, ed. E. M. Fox and L. Urwick (London: Pitman, 1973), original work published in 1925.

3. R. M. Kanter, preface to *Mary Parker Follett—Prophet of Management: A Celebration of Writings from the 1920s*, ed. Pauline Graham (London: Pitman, 1973).

4. D. W. Johnson and R. T. Johnson, *Cooperation and Competition: Theory and*

Research (Edina, MN: Interaction Books (1989); D. W. Johnson, and R. T. Johnson, "New Developments in Social Interdependence Theory," *Psychology Monograph* 131, no. 4 (2005): 285 – 360.

5. F. Karakas and E. Sarigollu, "Benevolent Leadership: Conceptualization and Construct Development," *Journal of Business Ethics* 108, no. 4 (2011): 537 – 53.

6. V. H. Vroom and A. G. Jago, "The Role of the Situation in Leadership," *American Psychologist 62*, no. 1 (Jan. 2007): 17 – 24.

7. S. H. Appelbaum, D. Hebert, and S. Leroux, "Empowerment: Power, Culture and Leadership — A Strategy or Fad for the Millennium?" *Journal of Workplace Learning: Employee Counseling Today* 11, no. 7 (1999): 233 – 54; M. Beirne, Empowerment and Innovation: Managers, *Principles and Reflective Practice* (Northampton, MA: Edward Elgar Publishing, 2006).

8. W. C. Bogner, "Robert H. Waterman, Jr., on Being Smart and Lucky," *Academy of Management Executive* 16, no. 1 (2002): 45 – 50; J. O'Toole, *Leading Change* (San Francisco: Jossey-Bass, 1995).

9. D. Tjosvold, *The Conflict Positive Organization* (Reading, MA: Addison-Wesley, 1991); D. Tjosvold, "The Leadership Relationship in Hong Kong: Power, Interdependence, and Controversy," in *Progress in Asian Social Psychology*, ed. K. Leung, U. Kim, S. Yamaguchi, and Y. Kashima, vol. 1 (New York: Wiley, 1997).

10. Karakas and Sarigollu, "Benevolent Leadership."

11. D. C. McClelland, *Power: The Inner Experience* (New York: Irvington, 1975), p. 20.

12. Vroom and Jago, "The Role of the Situation in Leadership," *American Psychologist* 62 (2007).

13. 이는 D. W. 존슨과 R. T. 존슨이 1898년부터 수행한 750건의 연구를 1989년에 메타분석한 결과다.

14. Karakas and Sarigollu, "Benevolent Leadership."

15. 한 연구에 따르면, 매우 성공적인 중역들 중 90퍼센트가 부하 직원들의 커리어에 대해 자기 커리어만큼 또는 그 이상으로 신경을 쓰는 것으로 나타났다. 자기 커리어에만 집중하는 중역은 4퍼센트에 불과했다. Ibid., 537-53. 중국의 한 제조 회사에서 686명에 이르는 상사와 부하의 관계를 연구한 또 다른 결과에서도 자비로운 리더십이 성공적인 업무 결과와 강력한 관련이 있는 것으로 나타났다. D. Tjosvold, "The Leadership Relationship in Hong Kong: Power, Interdependence, and Controversy," in *Progress in Asian Social Psychology*, ed. K. Leung, U. Kim, S. Yamaguchi, and Y. Kashima, vol. 1 (New York: Wiley, 1997).

갈등을 관리하는 방법

16. Karakas and Sarigollu, "Benevolent Leadership."

17. Ibid.

18. D. Kearns Goodwin, *Team of Rivals: The Political Genius of Abraham Lincoln* (New York: Simon and Schuster, 2005).

19. Ibid.

20. Vroom and Jago, "Role of the Situation in Leadership."

21. Ibid.

22. Ibid.

23. F. Karakas and E. Sarigollu, "The Role of Leadership in Creating Virtuous and Compassionate Organizations: Narratives of Benevolent Leadership in an Anatolian Tiger," *Journal of Business Ethics* 113, no. 4 (2013): 663–78.

24. L. W. Fry, "Toward a Theory of Spiritual Leadership," *Leadership Quarterly* 14 (2003): 693–727; L. W. Fry and M. S. Nisiewicz, *Maximizing the Triple Bottom Line Through Spiritual Leadership* (Stanford, CA: Stanford University Press, 2013).

5장 지지 구축 전략

1. B. Thomas, *Building a Company: Roy O. Disney and the Creation of an Entertainment* Empire (New York: Hyperion, 1998), p. 3.

2. Ibid., p. 2.

3. Ibid., p. 3.

4. I. W. Zartman and J. Z. Rubin, *Power and Negotiation* (Ann Arbor, MI: University of Michigan Press, 2002), p. 277.

5. M. D. Ainsworth, *Infancy in Uganda* (Baltimore, MD: Johns Hopkins Press, 1967; J. Mercer, *Understanding Attachment: Parenting, Child Care, and Emotional Development* (Westport, CT: Praeger Publishers, 2006).

6. M. Losada and E. Heaphy, "The Role of Positivity and Connectivity in the Performance of Business Teams: A Nonlinear Dynamics Model," *American Behavioral Scientist* 47 (2004): 740–65.

7. J. M. Gottman and N. Silver, *The Seven Principles for Making Marriage Work* (New York: Three Rivers Press, 1999); J. M. Gottman, C. Swanson, and K. Swanson, "A General Systems Theory of Marriage: Nonlinear Difference Equation Modeling of Marital Interaction," *Personality and Social Psychology Review* 6, no. 4 (2002): 326–40.

8. Gottman and Silver, *Seven Principles; Losada and Heaphy*, "Role of Positivity and

Connectivity."

9. See M. E Turner and A. R. Pratkanis, "Twenty-Five Years of Groupthink Theory and Research: Lessons from the Evaluation of a Theory," *Organizational Behavior and Human Decision Processes* 73 (1998): 105–15; D. W. Johnson, R. T. Johnson, and D. Tjosvold, "Constructive Controversy: The Value of Intellectual Opposition," in *The Handbook of Conflict Resolution: Theory and Practice*, ed. P. T. Coleman, M. Deutsch, and E. C. Marcus, 3rd ed. (San Francisco: Jossey-Bass, 2014).

10. D. Tjosvold, *The Conflict Positive Organization* (Reading, MA: Addison-Wesley, 1991).

11. D. Tjosvold, "The Leadership Relationship in Hong Kong: Power, Interdependence, and Controversy," in *Progress in Asian Social Psychology*, ed. K. Leung, U. Kim, S. Yamaguchi, and Y. Kashima, vol. 1 (New York: Wiley, 1997); D. Tjosvold and B. Wisse, *Power and Interdependence in Organizations* (New York: Cambridge University Press, 2009).

12. 이는 모턴 도이치의 '사회관계에 관한 대략적 법칙Crude Law of Social Relations'으로 알려져 있다. See M. Deutsch, *The Resolution of Conflict* (New Haven, CT: Yale University Press, 1973).

6장 건설적 지배 전략

1. M. Siebert and A. L. Ball, *Changing the Rules: Adventures of a Wall Street Maverick* (New York: Free Press, 2002).

2. http://www.seniorwomen.com/articles/mchugh/articlesMcHughIntSiebert.html.

3. M. H. Bazerman and M. A. Neale, *Negotiating Rationally* (New York: Free Press, 1992); L. Thompson and R. Hastie, "Judgment Tasks and Biases in Negotiations," in *Research in Negotiation in Organizations*, ed. B. H. Sheppard, M. H. Bazerman, and R. J. Lewicki, vol. 2, pp. 31–54 (Greenwich, CT: JAI Press, 1990).

4. D. R. Carney, A. J. C. Cuddy, and A. J. Yap, "Power Posing: Brief Nonverbal Displays Affect Neuroendocrine Levels and Risk Tolerance," *Psychological Science* (2011), 1363–68.

5. J. Hogan, H. Hogan, and R. B. Kaiser, "Management Derailment: Personality Assessment and Mitigation," chap. 15 of *APA Handbook of Industrial and Organizational Psychology*, vol. 3 (Washington, DC: American Psychological Association, 2010).

6. K. Lewin, R. Lippitt, and R. White, "Patterns of Aggressive Behaviour in Experimentally Created 'Social Climates,'" *Journal of Social Psychology* 10, no. 2 (1939): 271–99.

7. http://www.businessweek.com/stories/2006-11-26/mistakes-made-on-the-road-toinnovation.

8. Ibid.

9. D. Reina and M. Reina, *Trust and Betrayal in the Workplace: Building Effective Relationships in Your Organization* (San Francisco: Barrett-Koehler Publishers, 2006).

10. W. Isaacson, *Steve Jobs* (New York: Simon & Schuster, 2011).

11. Ibid., p. 359.

12. Ibid., pp. 119, 122, 123, 146, 178.

13. See D. G. Pruitt and S. H. Kim, *Social Conflict: Escalation, Stalemate, and Settlement*, 3rd ed. (New York: McGraw-Hill, 2004).

7장 전략적 회유와 순응 전략

1. Y. Ogasawara, *Office Ladies and Salaried Men: Power, Gender, and Work in Japanese Companies* (Los Angeles: University of California Press, 1998).

8장 선택적 자율성 전략

1. J. Gleick, *Genius: The Life and Science of Richard Feynman* (New York: Pantheon Books, 1992).

2. R. L. Pinkley, M. A. Neale, and R. J. Bennett, "The Impact of Alternatives to Settlement in Dyadic Negotiation," *Organizational Behavior and Human Decision Making Processes* 57, no. 1 (1994): 97–116; P. H. Kim, "Strategic Timing in Group Negotiations: The Implications of Forced Entry and Forced Exit for Negotiators with Unequal Power," *Organizational and Human Behavior Processes* 71, no. 3 (1997): 263–86; P. H. Kim and A. R. Fragale, "Choosing the Path to Bargaining Power: An Empirical Comparison of Batnas and Contributions in Negotiations," *Journal of Applied Psychology* 90, no. 2 (2005): 373–81; E. A. Mannix, "The Influence of Power, Distribution Norms, and Task Meeting Structure on Resource Allocation in Small Group Negotiation," *International Journal of Conflict Management* 4, no. 1 (1993): 5–23.

3. H. R. Markus, and S. Kitayama, "Culture, Self, and the Reality of the Social," *Psychological Inquiry* 14, no. 3 (2003): 277–83.

9장 효과적 갈등 적응력 전략

1. N. Doidge, *The Brain That Changes Itself: Stories of Personal Triumph from the Frontiers of Brain Science* (New York: Penguin Books, 2007); A. Pascual-Leone, N. Dang, L. G. Cohen, J. P. Brasil-Neto, A. Cammarota, and M. Hallett, "Modulation of Muscle Responses Evoked by Transcranial Magnetic Stimulation During the Acquisition of New Fine Motor Skills," *Journal of Neurophysiology* 74 (1995): 1037–45.

2. C. S. Burke, K. C. Stagl, E. Salas, L. Pierce, and D. Kendall, "Understanding Team Adaptation: A Conceptual Analysis and Model," *Journal of Applied Psychology* 91 (2006): 1189–1207.

3. D. Hicks, "How Functional Aspects of Identity Become Dysfunctional in Protracted Conflict" (paper presented at the Annual Conference of the International Association for Conflict Management, San Sebastian, Spain, July 1999); R. Kegan, *In Over Our Heads: The Mental Demands of Modern Life* (Cambridge, MA: Harvard University Press, 1995); J. Piaget, *The Construction of Reality in the Child* (New York: Ballantine, 1937); E. H. Schein, "How Can Organizations Learn Faster? The Challenge of Entering the Green Room," *Sloan Management Review* 34 (1993): 85–92.

4. D. Druckman and C. Mitchell, "Flexibility in Negotiation and Mediation," *The ANNALS of the American Academy of Political and Social Science* 542, no. 1 (1995): 10–23; S. M. Farmer and J. Roth, "Conflict handling behavior in work groups: Effects of group structure, decision processes, and time," *Small Group Research* 29 (1998): 669–713; R. Fisher and W. Ury, *Getting to Yes: Negotiating Agreement Without Giving In* (Boston: Houghton Mifflin, 1981).

5. D. G. Pruitt and J. Z. Rubin, *Social Conflict: Escalation, Stalemate, and Settlement* (New York: Random House, 1986); E. Van de Vliert, M. C. Euwema, and S. E. Huismans, "Managing Conflict with a Subordinate or a Superior: Effectiveness of Conglomerated Behavior," *Journal of Applied Psychology* 80, no. 2 (1995): 271–81; E. Van de Vliert, A. Nauta, M. C. Euwema, and O. Janssen, "The Effectiveness of Mixing Problem Solving and Forcing," in *Using Conflict in Organizations*, ed. C. K. W. De Dreu and E. Van de Vliert, pp. 38–52 (London: Sage Publications, 1997).

6. C. Chung, P. T. Coleman, and M. Gelfand, "Conflict, Culture and Complexity: The Effects of Simple Versus Complex Rules in Negotiation" (working paper, Columbia University, 2014).

7. R. E. Ployhart and P. D. Bliese, "Individual Adaptability Theory," in *Understanding Adaptability*, ed. S. Burke, L. Pierce, and E. Salas, pp. 3–39 (Oxford: Elsevier, 2006).

갈등을 관리하는 방법

8. C. S. Burke, K. C. Stagl, E. Salas, L. Pierce, and D. Kendall, "Understanding Team Adaptation: A Conceptual Analysis and Model," *Journal of Applied Psychology* 91 (2006): 1189 – 1207.

9. E. H. Schein and W. Bennis, *Personal and Organizational Change Through Group Methods* (New York: Wiley, 1965).

10. See I. W. Zartman and J. Z. Rubin, *Power and Negotiation* (Ann Arbor. MI: University of Michigan Press, 2002).

11. Van de Vliert, Euwema, and Huismans, "Managing Conflict"; Van de Vliert, Nauta, Euwema, and Janssen, "Effectiveness of Mixing Problem Solving and Forcing."

12. G. R. Williams, *Legal Negotiation and Settlement* (St. Paul, MN: West, 1983); G. R. Williams, "Style and Effectiveness in Negotiation," in *Negotiation: Strategies for Mutual Gain*, ed. L. Hall, pp. 151 – 74 (Newbury Park, CA: Sage, 1993).

13. P. T. Coleman and K. G. Kugler, "Tracking Adaptivity: Introducing a Dynamic Measure of Adaptive Conflict Orientations in Organizations" (working paper).

14. Ibid.

15. R. Hooijberg and M. Schneider, "Behavioral Complexity and Social Intelligence: How Executive Leaders Use Stakeholders to Form a Systems Perspective," in *The Nature of Organizational Leadership*, ed. S. Zaccaro and R. J. Klimoski (San Francisco, CA: Jossey-Bass, 2001); R. Hooijberg and R. E. Quinn, "Behavioral Complexity and the Development of Effective Managerial Leaders," in *Strategic Management*, ed. R. L. Phillips and J. G. Hunt (New York: Quorum Books/Greenwood Publishing, 1992).

16. G. Morgan, *Images of Organization* (Thousand Oaks, CA: Sage Publications, 1997).

17. M. LeBaron, "The Alchemy of Change: Cultural Fluency in Conflict Resolution," in *The Handbook of Conflict Resolution: Theory and Practice*, ed. P. Coleman, M. Deutsch, and C. Marcus (San Francisco: Jossey-Bass, 2014).

18. Ibid.

19. K. W. Thomas, "Conflict and Conflict Management: Reflections and Update," *Journal of Organizational Behavior* 13, no. 3 (1992): 265 – 74.

20. G. Lenczowski, *American Presidents and the Middle East* (Durham, NC: Duke University Press, 1990), p. 131.

21. B. Bush and J. Folger, *The Promise of Mediation* (San Francisco: Jossey-Bass, 1994).

1. "Blowout: The Deepwater Horizon Disaster," 60 Minutes, CBS News, May 16, 2010.

2. MSNBC: http://www.msnbc.msn.com/id/37363106/#.

3. E. K. Wilson, "Oil Spill's Size Swells," *Chemical and Engineering News* 88, no. 39 (Sept. 27, 2010), http://pubs.acs.org/cen/news/88/i39/8839notw7.html; http://articles.latimes.com/2010/aug/03/nation/la-na-oil-spill-20100803; and http://hosted.ap.org/dynamic/ stories/U/US_GULF_OIL_SPILL?SITE=FLTAM&SECTION=HOME.

4. F. Sulloway, *Born to Rebel: Birth Order, Family Dynamics, and Creative Lives* (New York: Vintage Books, 1997).

5. J. Lammers, A. D. Galinsky, E. H. Gordijin, and S. Otten, "Illegitimacy Moderates the Effects of Power on Approach," *Psychological Science* 19 (2008): 558–64.

6. Ibid.

7. R. K. Merton, "Social Structure and Anomie," *American Sociological Review* 3 (1938): 672–82; T. R. Gurr, Why Men Rebel (Princeton, NJ: Princeton University Press, 1970).

8. I. Walker and H. J. Smith, *Relative Deprivation: Specification, Development, and Integration* (Cambridge, UK: Cambridge University Press, 2001).

9. G. Hofstede, *Culture's Consequences: International Differences in Work-Related Values*, 2nd ed. (Beverly Hills CA: SAGE Publications, 1984).; G. Hofstede, G. J. Hofstede, and M. Minkov, *Cultures and Organizations: Software of the Mind*, 3rd ed. (New York: McGrawHill, 2010).

10. http://theworldoutline.com/2013/05/the-rana-plaza-collapse-while-death-toll-risespressure-on-western-retailers-and-bangladeshi-government-grows/.

11. '사회 감사social audit'는 사회적 책임을 다하는 기업의 노력을 공식적으로 감사하는 것이다. 기업의 자선 기부 기록, 자원봉사 활동, 에너지 사용, 투명성, 근무 환경, 직원 급여, 복리 후생 등의 요소를 검토해 기업이 사업하는 지역에서 어떤 종류의 사회적, 환경적 영향을 미치고 있는지 평가한다. 사회 감사는 선택 사항으로, 기업은 사회 감사 여부와 함께 그 결과를 공개할지, 아니면 내부적으로만 사용할지 선택할 수 있다(www.investopedia.com).

12. J. P. Near and M. P. Miceli, "Effective Whistle-Blowing," *Academy of Management Review* 20, no. 3 (July 1995): 679–708.

13. Ibid.

14. Ibid.

15. http://www.nydailynews.com/news/national/pizza-hut-manager-refuses-open-thanksgiving-forced-resign-article-1.1531530?.

16. http://www.ibtimes.com/pizza-hut-manager-tony-rohr-fired-refusing-open-

갈등을 관리하는 방법

restaurantthanksgiving-day-1488698.

17. http://www.cnn.com/2013/11/28/us/pizza-store-thanksgiving-firing/.

18. http://truth-out.org/video/item/12066-wal-mart-workers-in-12-states-stage-historic-strikesprotests-against-workplace-retaliation.

19. Alinsky, S. *Rules for Radicals*, 1971, p. 152.

20. http://pa-aaup.com/2013/07/30/the-penn-state-healthcare-mandate-and-a-call-for-civildisobedience/.

21. http://blogs.hbr.org/2013/08/attention-human-resources-exec/; http://www.npr.org/blogs/health/2013/08/02/208167230/penn-state-to-penalize-workers-who-refuse-healthscreenings.

22. http://gantdaily.com/2013/09/19/penn-state-suspends-fee-for-employees-who-dont-takehealth-care-survey/.

23. C. Harnett, personal interview, November 18, 2013.

24. http://www.cnn.com/2013/10/26/world/meast/saudi-arabia-women-drivers/.

25. http://www.canada.com/vancouversun/news/story.html?id=c40c507f-19a0-4bbd-a465-48245151076d&k=3577.

26. http://www.thenation.com/blog/174964/fired-walmart-workers-arrested-protest-yahooheadquarters#.

27. http://www.good.is/posts/how-mass-civil-disobedience-at-a-seattle-high-school-catalyzedthe-education-spring.

맺음말

1. For a list and discussion of "hot buttons," see C. Runde and T. Flanagan, *Building Conflict Competent Teams* (San Francisco: Jossey-Bass, 2008).

갈등을 관리하는 방법

초판 인쇄 2024년 3월 15일
초판 발행 2024년 3월 25일

지은이 피터 T. 콜먼, 로버트 퍼거슨
옮긴이 김미양
펴낸이 정은영
편집 정지연
마케팅 정원식
디자인 엄혜리

펴낸곳 마리북스
출판등록 제2019-000292호
주소 (04037) 서울시 마포구 양화로 59 화승리버스텔 503호
전화 02)336-0729, 0730 팩스 070)7610-2870
홈페이지 www.maribooks.com
Email mari@maribooks.com
인쇄 (주)신우인쇄

ISBN 979-11-93270-15-8 (03300)